Siegfried Zepf, Dietmar Seel
Von der Gesellschaft im Subjekt

In der Reihe PSYCHE UND GESELLSCHAFT sind bisher unter anderem folgende Titel erschienen:

Steffen Elsner, Charlotte Höcker, Susan Winter, Oliver Decker, Christoph Türcke (Hg.) Enhancement. Kritische Theorie und Psychoanalytische Praxis. 2021.
Florian Bossert Viraler Angriff auf fragile Subjekte. Eine Psychoanalyse der Denkfähigkeit in der Pandemie. 2022.
Klaus Ottomeyer Angst und Politik. Sozialpsychologische Betrachtungen zum Umgang mit Bedrohungen. 2022.
Carlo Strenger Die Angst vor der Bedeutungslosigkeit. Das Leben in der globalisierten Welt sinnvoll gestalten. 2. Aufl. 2022.
Hans-Jürgen Wirth Gefühle machen Politik. Populismus, Ressentiments und die Chancen der Verletzlichkeit. 2022.
Vera King Sozioanalyse – Zur Psychoanalyse des Sozialen mit Pierre Bourdieu. 2022.
Daniel Burghardt, Moritz Krebs (Hg.) Verletzungspotenziale. 2022.
Florian Hessel, Pradeep Chakkarath, Mischa Luy (Hg.) Verschwörungsdenken. 2022.
Caroline Fetscher Tröstliche Tropen. Albert Schweitzer, Lambarene und die Westdeutschen nach 1945 (2 Bände). 2023.
Martin Teising, Arne Burchartz (Hg.) Die Illusion grenzenloser Verfügbarkeit. Über die Bedeutung von Grenzen für Psyche und Gesellschaft. 2023.
Martin Altmeyer Das entfesselte Selbst. Versuch einer Gegenwartsdiagnose. 2023.
Saskia Gränitz Bilder der Wohnungsnot. Ideologische Phantasmen in der Geschichte der Fürsorge. 2024.
Hanspeter Mathys Mit Gott – gegen die Welt. Über die Anziehungskraft des christlichen Fundamentalismus. 2024.
Stefan Etgeton Das böse Erbe der Erlösung. Destruktive Gruppenbildung und christlicher Antisemitismus. 2024.
Steffen Elsner, Charlotte Höcker, Oliver Decker, Christoph Türcke (Hg.) Desintegration und gesellschaftlicher Zusammenhalt. Kritische Theorie – Psychoanalytische Praxis. 2024.

PSYCHE UND GESELLSCHAFT

HERAUSGEGEBEN VON JOHANN AUGUST SCHÜLEIN
UND HANS-JÜRGEN WIRTH

Siegfried Zepf, Dietmar Seel

Von der Gesellschaft im Subjekt

Historischer Materialismus und Psychoanalyse

Psychosozial-Verlag

Bibliografische Information der Deutschen Nationalbibliothek
Die Deutsche Nationalbibliothek verzeichnet diese Publikation
in der Deutschen Nationalbibliografie; detaillierte bibliografische Daten
sind im Internet über http://dnb.d-nb.de abrufbar.

Originalausgabe
© 2024 Psychosozial-Verlag GmbH & Co. KG, Gießen
info@psychosozial-verlag.de
www.psychosozial-verlag.de
Finale redaktionelle Überarbeitung: Florian Daniel Zepf
Umschlagabbildung: © Emily Zepf
Umschlaggestaltung und Innenlayout nach Entwürfen von Hanspeter Ludwig, Wetzlar
ISBN 978-3-8379-3366-6 (Print)
ISBN 978-3-8379-6242-0 (E-Book-PDF)

Inhalt

»Wenn jemand imstande wäre, im einzelnen nachzuweisen, wie sich [...] die allgemeine menschliche Triebanlage, ihre rassenhaften Variationen und ihre kulturellen Umbildungen unter den Bedingungen der sozialen Einordnung, der Berufstätigkeit und Erwerbsmöglichkeiten gebärden, einander hemmen und fördern, wenn jemand das leisten könnte, dann würde er die Ergänzung des Marxismus zu einer wirklichen Gesellschaftskunde gegeben haben.«

Sigmund Freud, 1933

Ein Blick zurück

> »Eine Erkenntnis von heute kann die Tochter eines Irrtums von gestern sein.«
>
> *Marie von Ebner-Eschenbach, 1861*

Nimmt man es genauer, begann die Arbeit an diesem Buch mit einem Irrtum vor über 50 Jahren. Einer der Autoren hatte sich damals mit den psychosomatischen Erkrankungen im engeren Sinn auseinandergesetzt, die als eine spezifisch menschliche Erkrankung gelten (z. B. Jores, 1956). Da Menschen nicht ohne Gesellschaft leben können, tauchte in diesem Zusammenhang das Problem der soziogenen Morbidität auf. Mit diesem Begriff wurden bestimmte Krankheiten als symptomatische Folge einer überindividuellen und pathogenen Konstellation verschiedener sozialer Felder verstanden, womit schon der Begriff deutlich werden ließ, dass das Wesen dieses Krankheitstypus weder im Theorierahmen naturwissenschaftlicher Medizin noch in einer Psychoanalyse eingefangen werden konnte, die sich gegenüber Gesellschaftstheorie abkapselt. Grotjahn (1912) und Friedmann (1952) hatten die soziogene Morbidität aus unterschiedlichen Perspektiven formuliert, und schließlich war man auf Alexander Mitscherlich gestoßen. Er hatte diese psychosomatischen Erkrankungen als eine »Soziale Krankheit« begriffen. Sie entstehe,

> »wenn der Anspruch der Gesellschaft so terroristisch in das Individuum hinein vorgetragen wird, dass Abweichungen von den Gebotenen und Verhaltensnormen permanente, intensive Angst erwecken und damit die spontane Rückäußerung des Individuums auf die gesellschaftlichen Zustände gelähmt erscheint« (Mitscherlich, 1957, S. 30).

Der gesellschaftlichen Verursachung dieser Erkrankungen war in seiner Habilitationsschrift nachgegangen worden. In dieser Schrift (Zepf, 1976)[1]

---

1 Diese Arbeit war Teil der Habilitationsschrift *Zur gesellschaftlichen Determination einiger Verhaltensqualitäten psychosomatisch erkrankter Patienten mit funktionellen Herzbeschwer-*

wurde das Subjekt aus psychoanalytischer Perspektive und Gesellschaft aus der Sicht des Historischen Materialismus begriffen, sodass man mit zwei Problemkreisen konfrontiert war: Dem einer Vermittlung des einerseits trieb- und andrerseits gesellschaftlich bestimmten menschlichen Verhaltens und dem einer Metatheorie. Für die Psychoanalyse war der Mensch ein triebbestimmtes, für den Historischen Materialismus ein gesellschaftlich bestimmtes Wesen, und von Anbeginn war klar, dass eine Metatheorie erforderlich war, wenn man beabsichtigt, empirische Zusammenhänge auf das Niveau begriffener Zusammenhänge anzuheben. Ehe die *besonderen* Zusammenhänge sozialer, psychischer und somatischer Prozesse im psychosomatisch erkrankenden Subjekt in einer Weise konzeptualisiert werden konnten, welche der komplexen Sachlage angemessen ist, war eine Metatheorie notwendig, in der die *allgemeinen* Zusammenhänge von biologischen, psychischen und sozialen Gesetzmäßigkeiten durchschaubar gemacht waren.

Aus der Sicht des Historischen Materialismus bestimmt die Produktionsweise auch die Strukturen zwischenmenschlicher Interaktionen. Damit war gesagt, dass eine widersprüchliche Produktionsweise auch die Strukturen zwischenmenschlicher Interaktionen notwendig widersprüchlich werden lässt und die Subjektivierung des menschlichen Individuums, die ein Produkt dieser Interaktionen ist, als eine Vergegenständlichung dieser Widersprüche aufzufassen war. Die Triebe wurden als Schaltstelle verstanden, über die sich widersprüchliche Interaktionen als spezifische, innersystemische Widersprüche in der Subjektivität »dieses« Individuums vergegenständlichen.

Hilfreich für die Lösung des Widerspruchs zwischen dem Verständnis des menschlichen Wesens in der Psychoanalyse und im Historischen Materialismus war eine Feststellung Lucien Sèves. Sève (1972, S. 34f.) hatte festgehalten, dass die Lebensaktivität »*im Verhältnis zum Bedürfnis das Grundlegende*« ist, und sich aus »der ›augenscheinlichen‹ Illusion, das Elementarschema einer jeden Aktivität sei Bedürfnis-Aktivität-Bedürfnis, B-A-B (statt Aktivität-Bedürfnis-Aktivität, A-B-A) [...] die hartnäckige Il-

---

den, *Asthma bronchiale* und *Colitis ulcerosa*, die 1973 dem Fachbereich Medizin der Universität Kiel vorgelegt worden war. Im Zuge des Verfahrens wurde dem Autor nahegelegt, die Habilitationsschrift um diesen gesellschaftstheoretischen Teil zu kürzen und sie lediglich als eine objektivierende, empirische Untersuchung zu präsentieren. Amputiert um den gesellschaftstheoretischen Teil war sie 1975 angenommen worden.

lusion [ergibt], dass die Aktivität nur den Zweck habe, ›die Bedürfnisse zu befriedigen‹«. Auch die eher beiläufige Bemerkung Rubinsteins (1946, S. 777), dass sich Bedürfnisse »im Prozess ihrer Befriedigung selbst« bilden, war von Bedeutung. Im Rahmen von Alfred Lorenzers (1970) Theorie der Interaktionsformen ließ sich mithilfe beider Überlegungen ein psychoanalytischer Triebbegriff entwickeln, welcher die Annahmen inhaltlich vorformulierter Triebwünsche und ihrer autonomen Entwicklungssequenz verabschiedete. Die erogenen Zonen, die somatischen Quellen der Triebe, konnten auf die Stimulation durch die Eltern bei der Befriedigung der sog. »großen Körperbedürfnisse« (Freud, 1900, S. 571) zurückgeführt und die Triebwünsche, die sich danach auf die Wiederholung dieser Stimulation richten, letztendlich als gesellschaftlich hergestellt begriffen werden. Die Zentralaussage war, dass die objektiven Widersprüche, in der sich die Gesellschaft mit sich selbst befindet, sich über widersprüchliche Interaktionen und daraus folgenden widersprüchlich strukturierten Triebwünschen in Widersprüche im Subjekt transferieren.

Der Widerspruch zwischen der Triebbestimmtheit des menschlichen Wesens, wie es von der Psychoanalyse Freuds verstanden wurde, und seiner gesellschaftlichen Bestimmtheit, wie es in der 6. Feuerbach-These formuliert war, schien gelöst. Über das Konzept des Interaktionsengramms, dem neuro-physiologischen Substrat der Interaktionsformen, konnte darüber hinaus eine je lebensgeschichtlich strukturierte individuelle Biologie konzeptualisiert und demonstriert werden, wie die biologische Natur des Menschen durch seine soziale Natur dialektisch negiert und zu ihrer Erscheinungsform wird. Indem körperliche Prozesse vermittels der Interaktionsengramme in spezifischer Weise verschaltet werden, erwies sich das neurophysiologische Substrat der Interaktionsformen im Individuum als das zentrale Strukturmoment, in welchem die Gesetzmäßigkeiten biologischer Funktionsabläufe abhängig von der Lebenspraxis in spezifische Beziehungen zueinander gebracht werden. Im Menschen wird ihr Zusammenspiel im Wesentlichen geregelt durch die spezifischen Gesetze seiner sozialen Existenz, welche sowohl für bestimmte Verbindungen körperlicher Funktionsabläufe wie auch für die Struktur des Zusammenhangs seiner seelischen Prozesse verantwortlich sind.

In der damaligen Konzeption erschien die Widersprüchlichkeit der gesellschaftlichen äußeren Natur des Menschen auf körperlicher Ebene und vermittelte sich zugleich über seine innere Triebnatur ins Seelenleben. Nach der Lektüre von Laplanche mussten wir uns allerdings eingestehen, dass diese Konzeption einer Mystifikation aufgesessen war. Laplanche hatte den psychoanalytischen Triebbegriff und mit ihm die Aufgabe der Verführungstheorie durch Freud problematisiert und Freuds Triebbegriff als eine Erscheinungsform des Unbewussten der Eltern im Kind ausgewiesen, das sich über enigmatische Botschaften verbaler und nonverbaler Art ins kindliche Seelenleben transplantiert. Wenn man also das Seelenleben als eine Erscheinungsform widersprüchlicher Triebwünsche auffasst, wird es zu einer Erscheinungsform von dem, dessen mystifizierte Erscheinungsform es selbst schon war. Wir begriffen, dass in diesem Verständnis das gesellschaftliche Wesen des Menschen im Menschen nicht auf den ihm zugehörigen, sondern auf einen entstellenden Begriff gebracht war. Die Probleme einer soziogenen Morbidität und der dazu notwendigen metatheoretischen Vermittlung von psychoanalytischen und historisch-materialistischen Einsichten harrten unverändert einer Lösung.

Die Frage, wie sich im Falle der Neurose soziogene Morbidität herstellt, wollten wir nicht mit einer unzureichenden Antwort in die Geschichte verabschieden. Allerdings war es nicht dem ungelösten Problem allein geschuldet, dass wir zu einem vergangenen Thema zurückkehrten. Ein weiterer Grund war, dass uns in der erneuten Auseinandersetzung mit diesem Problem dämmerte, wie viel wir von dem, was uns damals bewegte, in unserer Vergangenheit zurückgelassen hatten. In Anbetracht des immer enger werdenden Spalts von Politik und Ökonomie, der uns unsere Humanität aus- und uns auf dem Selbstverwertungsinteresse des Kapitals dienliche Pseudomenschen zusammenpresst, schien uns ferner die Vergangenheit nicht mehr so beklagenswert, wie sie uns schien, als sie noch unsere Gegenwart war. Das Vergangene war uns in der Psychoanalyse die bessere Zukunft als die, die auf diesem Terrain vor uns lag. Wir wollten uns nicht zu den tausend Hunden zählen, von denen ein chinesisches Sprichwort sagt, dass sie aus dem Schatten, den ein einziger Hund anbellt, Wirklichkeit werden lassen. Wir zogen es vor, die Schatten, die wir in der Vergangenheit geworfen haben, erneut anzubellen und Vergessenes zu restaurieren.

Um nicht abermals Mystifikationen für Problemlösungen in Anspruch zu nehmen, suchten wir zunächst nach weiteren psychoanalytischen Konzepten, die von Psychoanalytikern ebenfalls als etwas verstanden wurden, welches Anderes als das zum Ausdruck bringen, was sie wörtlich sagen. Ziemlich überrascht stellten wir fest, dass praktisch sämtlichen psychoanalytischen Konzepten ein metaphorischer Charakter attribuiert wurde. Da man beim Gebrauch von Metaphern üblicherweise weiß, was man mit ihnen in einem übertragenen Sinn ausdrücken will, waren wir zugleich erstaunt, dass bei diesem Verständnis mehrheitlich offen blieb, was sich in den für Metaphern gehaltenen psychoanalytischen Konzepten metaphorisch zur Darstellung bringt. Wir befragten die als Metaphern verstandenen psychoanalytischen Konzepte Freuds auf ihren latenten Inhalt. Da Sohn-Rethel (1961) in Erweiterung von Marx' Warenanalyse überzeugend darlegte, dass selbst unsere Denkform – die Abstraktion – nicht im Denken, sondern ohne es zu wissen in der zeitlichen Trennung, der Realabstraktion von Tauschhandlung und Gebrauchshandlung wurzelt, und die psychoanalytischen Konzepte zwar von Freud verfasst, aber nicht solipsistisch erdacht, sondern in gesellschaftlichen Arbeitsbeziehungen vergleichbaren gesellschaftlichen Erkenntnisbeziehungen hergestellt wurden, war in diesem Zusammenhang das gesellschaftlich Unbewusste in Erwägung zu ziehen, von dem Marx und Engels sprachen. Mit diesem Begriff beschreiben sie ein soziales Geschehen, das in den gesellschaftlichen Beziehungen zwar wirksam, aber gesellschaftlich *noch-nicht-bewusst* ist. Wie das personale dynamische Unbewusste in falschen Begriffen im individuellen Bewusstsein erscheint, konnte auch das gesellschaftlich *Noch-Nicht-Bewusste* der Möglichkeit nach unwissentlich Eingang in die psychoanalytischen Kategorien finden und darin erscheinen. Wir dechiffrierten schließlich Freuds psychoanalytische Konzepte als Kategorien, mit deren Hilfe die seelische Erscheinungsform des gesellschaftlich *Noch-Nicht-Bewussten* in den Subjekten erfasst werden kann (Zepf & Seel, 2021).

Diese Überlegungen bekunden zugleich, wie wir die Psychoanalyse verstanden haben und verstehen, nämlich nicht als an eine bloß therapeutische Wissenschaft, die Behandlungswissen aggregiert, sich im Wesentlichen in den Versuchen erschöpft, die Erfolge ihrer Behandlungen in nomologischen Verfahren zu verifizieren und sich von großen Fragen verabschiedet hat, sondern in zentralen Punkten so, wie sie von Freud implizit verstanden wurde. Er empfahl die Psychoanalyse »nicht als Therapie« dem »Interesse [...], sondern wegen ihres Wahrheitsgehaltes, wegen der Aufschlüsse, die sie uns gibt, über das, was dem Menschen am nächsten geht, sein eigenes Wesen, und wegen der Zusammenhänge, die sie zwischen den verschiedensten seiner Betätigungen aufdeckt«, und fügt an: »Als Therapie ist sie eine unter vielen« (Freud, 1933, S. 169). Das Wesen des Menschen, das Marx zufolge in den gesellschaftlichen Verhältnissen siedelt, und die soziogene Morbidität im Blick, verstanden wir aber die Psychoanalyse nicht nur als eine Sozialwissenschaft, sondern – und im Einvernehmen mit Lorenzer (1972a, S. 165) – als eine »*kritische Sozialwissenschaft*«, die sich nicht mit dem Ausformulieren des Bindestrichs zwischen Gesellschaft und Individuum in eine Sozialpsychologie zufriedengibt. In unserem Verständnis leuchtet die Psychoanalyse das problematische Verhältnis von Individuum und Gesellschaft vom »Seelenende dieser Welt« (Brief an Fließ vom 15.10.1897, Freud, 1985b, S. 294) her aus, der Historische Materialismus betrachtet es vom gesellschaftlichen Ende her, und die analytische Sozialpsychologie fokussiert auf dieses Verhältnis in gegenläufigen, wiewohl ineinander verschränkten Perspektiven. Sie fragt nach der Art und Weise, in der in einer bestimmten Gesellschaft in den Individuen historisch-spezifische unbewusste Lebensentwürfe hergestellt werden, und nach der Funktion, die diese vom gesellschaftlichen Konsens ausgeschlossenen – und sich deshalb mit naturhafter Gewalt durchsetzenden – Lebensentwürfe für die Herstellung, Aufrechterhaltung und Veränderung der gesellschaftlichen Organisation und ihrer Institutionen haben.

Vom Verständnis der Psychoanalyse als einer kritischen Sozialwissenschaft ist auch unser Unternehmen angetrieben, die frühere und gescheiterte Vermittlung von Historischem Materialismus und Psychoanalyse zu korrigieren und eine alte Frage wiederaufzunehmen und anders als früher zu beantworten. Es ist zugleich ein Plädoyer für die Wiederaufnahme einer Debatte, ein Versuch, ins Gedächtnis zurückzurufen, was aus dem psychoanalytischen Alltagsbewusstsein durch scheinbar Neues mehr und mehr vertrieben wurde. Bei der Durchführung dieses Unternehmens wollten wir unter Einbeziehung von Laplanches Überlegungen versuchen, die frühere Vermittlung zu entmystifizieren, das Triebhafte als Eigenschaft des Unbewussten, dieses als seelische Erscheinungsformen des gesellschaftlichen Widerspruchs im Menschen aufzuklären und die Totalität von Mensch und Gesellschaft ein Stück weit dem Begriff anzunähern. Dazu sollten auch die Grundzüge einer Metatheorie gehören, deren Notwendigkeit früher behauptet worden, deren Realisierung bis anhin aber weitgehend ausgeblieben war.

Die Ideen, die diesem Buch zugrunde liegen, sind so entstanden. Unser Dank gehört Hermann Kotthoff, Werner Müller, Thierry Simonelli und Burkhard Ullrich. Wie bei unseren letzten Arbeiten (Zepf & Seel, 2019; 2021) haben sie auch diesmal das Manuskript in seinen verschiedenen Durchgangsstadien gelesen und die darin vorgetragenen Gedanken aus unterschiedlichen Perspektiven mit uns strittig diskutiert. Auch wenn vor allem stilistische Änderungen, die Gliederung der Arbeit sowie die Erörterung von Marx' *Arbeitswerttheorie* aus der Diskussion hervorgingen, heißt das nicht, dass wir uns in diesen und allen weiteren Punkten letztlich einig wurden. Bspw. waren wir mit Amin (2010) der Ansicht, dass Werte sich letztlich auf Arbeit zurückführen lassen. Diese Ansicht basiert auf Marx' Arbeitswerttheorie und Amin (ebd., S. 38) hatte geschrieben: »Letztlich ist die Menge der gesellschaftlich notwendigen Arbeitszeit der einzige ›Reichtum‹ einer Gesellschaft.« Dem wurde entgegengehalten, dass heute in den Wirtschaftswissenschaften Marx' Arbeitswerttheorie keine Rolle mehr spiele und vom Theorem, dass auch Kapital und Boden selbst wertschaffend sind, abgelöst wäre.[2] Wir argumentierten, dass die Ansicht, Kapital (und Boden) schaffen Werte, schon vor Marx vertreten wurde, Marx sie kritisiert hat und seine Kritik bislang nicht außer Kraft gesetzt wurde. Ferner führten wir an, dass es auch ganz andere Ansichten gibt und nicht die Meinung einiger der gegenwärtigen Wirtschaftswissenschaftler über die Gültigkeit von Marx' Arbeitswerttheorie, sondern die Praxis urteilt, dass diese Sicht den – falschen – Werbespruch der Banken – »Geld bringt Geld« – für bare Münze nimmt und der Erscheinung aufsitzt. Wie die Vulgärökonomie verkenne diese Sichtweise, dass ihr die Entfremdung von dem zugrunde liegt, was Menschen geschaffen haben, und dass es eben diese Entfremdung ist, die ihnen ihre Produkte und den Boden als selbst wertschaffend erscheinen lässt, obwohl nur sie Wert schaffen können.

Um nicht bei den Falschen Erwartungen zu wecken, die wir nicht einlösen werden, sollten wir vielleicht noch erwähnen, für wen das Buch nicht geschrieben wurde. Es wurde nicht für die verfasst, die von ihrer verkürzten Begrifflichkeit überzeugt sind und im Ungefähren ihres Nicht-so-genau-Wissens verharren wollen, die Normopathen, die sich durch ihre adaptive Verformbarkeit zu erkennen geben, die lebenden Plastikfiguren, denen Kopfarbeit fremd geworden ist, die sich beim Nachdenken über Gedachtes lieber ihrem Smartphone als ihrem Verstand anvertrauen und davon ungetrübte Informationen anhäufen. Adressaten sind auch nicht die marktdurchströmten, glattgebügelten und effizienzgesteuerten Selbstoptimierer, die mit der für sie wichtigsten Frage – »Was wird aus mir?« – nur noch um

---

2 In der Sicht von Marx (1894a, S. 58) ist der Profit, den das Kapital erwirtschaftet, »eine verwandelte Form des Mehrwerts, eine Form, worin sein Ursprung und das Geheimnis seines Daseins verschleiert und ausgelöscht ist«. Die Grund- oder Bodenrente – Marx nennt sie »Differentialrente« –, ist ein Teil des Mehrwerts, den der Pächter an den Grundbesitzer zahlt (ebd., S. 662).

den eigenen Nabel kreisen. Sie würden die Worte verstehen, aber nicht die Begriffe begreifen können oder wollen. Das Buch richtet sich an Zweifler, Spielverderber, Plagegeister, Nörgler, Quengler, Störenfriede, Querköpfe, die noch nicht des eigenen Sinns beraubt sind, an die *Eigen*sinnigen, denen die Gegenwart unbehaglich ist, deren nicht-normierte Gedanken vielleicht noch außer Begriff sind. Es ist an die adressiert, für die Philosophie nicht im Metzgerladen beheimatet ist, die mit dem geschwätzigen neoliberalen Gedöns, vielleicht auch mit der dazugehörenden, ökonomisch auf *analytische Psychotherapie* zugerichteten und ökumenisch zerfaserten Psychoanalyse noch nicht ihren Frieden gemacht haben. Es ist für diejenigen geschrieben, die mit der geistlosen Toleranz nicht kompatibel sind, die einem Zeitgeist korrespondiert, dem alles gleich*gültig* und *gleich*gültig zugleich ist, der Belanglosigkeiten als psychoanalytische Einsichten einübt und trainiert, sie später in Artikeln zitierfähig zu verstauen.

Unser Buch ist von anderer Art. Gewiss, es ist »schonender, kranke Stellen nicht zu berühren, wenn man dadurch nichts anderes als Schmerz zu bereiten weiß« (Freud, 1910a, S. 56). Aber: »Ein Buch«, sagt Cioran (1979, S. 67), »muss Wunden aufwühlen, sogar welche verursachen. Ein Buch muss eine *Gefahr* sein«, und wir haben unser Buch auch im Vertrauen geschrieben, dass es dem gerecht wird.

Siegfried Zepf & Dietmar Seel
im September 2021

I   Die Ausgangslage

>»Die Gesellschaft [...] muss sich im Widerstande gegen
uns befinden, denn wir verhalten uns kritisch gegen sie; wir
weisen ihr nach, dass sie an der Verursachung der Neurosen
selbst einen großen Anteil hat.«
>
> *Sigmund Freud, 1910b*

Liest man mehr als ein halbes Jahrhundert nach den 1968ern den Titel
unserer Arbeit, mag man denken, die Autoren lebten noch im Zeitgeist
vergangener Tage und akzeptierten auch heute noch nicht das damalige
Scheitern. Man könnte unterstellen, sie exhumierten eine längst begrabene
Debatte, hauchten ihr neues Leben ein und reanimierten eine Zeit, die gut
war, einfach weil sie damals noch jung waren. Die im Titel implizit ange-
kündigte Vermittlung von Psychoanalyse und Historischem Materialismus
suggeriere der Umfang des Buchs als gelungen, erkläre das Misslingen vergangener Versuche für nichtig und leugne das eigene politische Scheitern.
Dieser Eindruck würde trügen. Zwar rettet das Älterwerden einen nicht
vor der Vergangenheit, aber wir haben nicht die Absicht, unsere Vergangenheit in der Gegenwart zu bewältigen. Die Gegenwart ist, wie sie ist, und
die Vergangenheit ist, wie sie war, und wer sich dem nicht anvertraut, dem
ist die Zukunft schon Vergangenheit geworden. Aber: »Die Vergangenheit ist niemals tot. Sie ist nicht einmal vergangen«, sagt William Faulkner
(1951, S. 106). Ihr Echo ist immer in der Gegenwart, auch wenn es von nie-
manden mehr gehört wird. Vergangen wäre sie erst, wenn die Zeit die seit
über 100 Jahren offenstehende Vermittlung von Psychoanalyse und Historischem Materialismus mumifiziert in den Katakomben der Geschichte
zurückgelassen hätte und sich keiner mehr erinnerte.

Bis dahin liegt die Zukunft der Psychoanalyse noch dort, woher sie gekommen ist. Damals hatte Freud (1910b, S. 111) die Ansicht geäußert,
die wir im Eingangszitat zu diesem Kapitel festgehalten haben, nämlich,
dass die Psychoanalyse der Gesellschaft nachweise, »dass sie an der Verursachung der Neurosen selbst einen großen Anteil hat«. Zwei Jahre
davor hatte schon Ferenczi (1908, S. 22) Neurosen als »gesellschaftliche
Krankheit« bezeichnet, und zwölf Jahre nach Freud erweiterte Simmel
(1922, S. 361) diese Auffassung auf Krankheit überhaupt: »Every disease,

not only neurosis, is a social disturbance.« Danach wiederholte Fenichel (1945b, S. 194f.) Freuds Auffassung in etwas präziserer Form:

>»Neurosen sind soziale Erkrankungen […] sind das Ergebnis gesellschaftlich bedingter ungünstiger Erziehungsmaßnahmen, die einem bestimmten historisch entwickelten Gesellschaftszusammenhang entsprechen und mit einiger Notwendigkeit aus ihm hervorgehen. Sie können nicht ohne eine Veränderung dieses gesellschaftlichen Zusammenhangs geändert werden.«

Fünf Jahre nach dieser Feststellung generalisierte H. Hartmann (1950, S. 391) den Zusammenhang von Gesellschaft und Neurose auf Gesellschaft und Menschen überhaupt: »We cannot understand human beings independently of the reality in which they live«, und neun Jahre nach ihm setzte Rapaport (1959, S. 70) Verhalten und psychische Strukturen in Abhängigkeit von der Gesellschaft:

>»Die Gesellschaft […] ist die notwendige Matrix der Entwicklung allen Verhaltens. Tatsächlich hängt die Entwicklung und das Fortbestehen des Ichs, Überichs, und vielleicht aller Strukturen von der sozialen Matrix ab: Verhalten wird von ihr bestimmt und ist nur innerhalb ihrer möglich.«

Desgleichen schrieb der gewiss nicht einer Sozialkritik und linker Ideologie verdächtige Jones (1959, S. 153) im selben Jahr:

>»It is a tenet of psycho-analysis that man is throughout a social creature, and that the attempted distinction between individual and social psychology is inherently fictitious. By this is meant that his mind develops entirely out of interactions between him and other human beings, and that an individual not so built up is unthinkable.«

Versteht man psychische Erkrankungen als gesellschaftlich hergestellt, so hat dieses Thema nichts an Aktualität verloren. Aus den epidemiologischen Studien über die Häufigkeit des Auftretens psychischer Erkrankungen in der Bevölkerung geht hervor, dass in der BRD jedes Jahr 27.8 % der erwachsenen Bevölkerung von einer psychischen Erkrankung betroffen sind (Jacobi et al., 2014). In der EU wird von bis zu 164.8 Millionen Menschen ausgegangen, die eine psychische Erkrankung entwickeln (Wittchen et al., 2011). Gleichwohl ist der von Freud behauptete Nachweis bislang ebenso ausgeblieben wie eine angemessene theoretische und praktische Berücksichtigung der gesellschaftlichen Realität in der Bildung von psychischen Strukturen und Symptomen. Dies mag u. a. daran gelegen haben, dass die Psychoanalyse aus methodologischen Gründen der gesellschaftlichen Verhältnisse nicht habhaft werden und diesen Nachweis aus sich selbst heraus erbringen konnte. In die Abgeschiedenheit des Behandlungszimmers, in der Psychoanalytiker und Analysand gemeinsam versuchen, verlorene Lebensgeschichten anhand von Spuren zu rekonstruieren, dringen die sozialen Prozesse, welche der Wirklichkeit von Lebensgeschichten Struktur geben, nur in der Form ihres Erlebens ein. Psychoanalyse, stellt Brede (1984, S. 55) zu Recht fest, »ist eine Theorie des *Erlebens* von Lebensäußerungen«. D. h., nicht die objektiven, sondern die subjektiv erlebten, aber dem Erleben entschwundenen Lebensgeschichten sind Gegenstand psychoanalytischer Erkundungen. Zwar kann die Psychoanalyse ermitteln, *wie* sich diese lebensgeschichtlichen Prozesse innerlich entfalteten. Diese Prozesse waren jedoch allemal determiniert von bestimmten sozialen Bedingungen, die sich ihrem Verfahren ebenso entziehen wie deren gesellschaftliche Genese. Mit der Beantwortung der Frage, *wie* sich subjektive Strukturen bildeten und was dabei im Unbewussten auf der Strecke blieb, endet ihr Geltungsrahmen. Übersteigt die Psychoanalyse diesen Rahmen in kausaler Absicht mit der Frage, *warum* sich bestimmte subjektive Strukturen bildeten, landet sie in einem Fragebereich, in dem Antworten nicht mehr von ihr gegeben werden können, sondern von der Gesellschaftstheorie zu geben sind. Um ihre begründende Genese zu entfalten, sind die subjektiven Bildungsprozesse nicht von »Innen«, sondern von »Außen« in soziologischer Perspektive zu untersuchen und die soziologischen Erkenntnisse sind mit den psychoanalytischen Einsichten zu vermitteln.

Obzwar sich die gesellschaftliche Realität, in der ein Patient lebte und lebt, dem psychoanalytischen Verfahren entzieht, so heißt das nicht, dass Psychoanalytiker kein Bewusstsein von der gesellschaftlichen Realität besitzen und dieses Bewusstsein nicht in ihre ätiologischen Überlegungen einbeziehen. Nicht nur, dass Psychoanalytiker neurotisches Elend ritualisiert auf Papa und Mama zurückführen, obwohl sie beide gar nicht kennen und sie bestenfalls im Zuge einer logisch nicht zwingenden reduktiven Schlussbildung erreichen können. Eine kleine, aber aufschlussreiche Episode mag verdeutlichen, dass gesellschaftliche Phänomene in ihr Denken Eingang finden, und zwar auf eine Weise, die höchst fragwürdig ist. Janet Malcolm (1983, S. 51) berichtet von einem Treffen Jeffrey Massons mit etwa 30 Psychoanalytikern des Western New England Instituts, die die Meinung vertraten, dass es in der Analyse nicht darauf ankommt, ob etwas Phantasie oder Realität ist. Darauf habe Masson gefragt:

> »>Wie steht es zum Beispiel mit Auschwitz? Sie wollen mir doch sicher nicht erzählen, dass es auf die Realität von Auschwitz nicht ankommt, dass es lediglich darauf ankommt, wie die Leute es erleben? Sie wollen mir doch nicht erzählen, dass es verschiedene Weisen gibt zu erleben, oder?< Und sie sagten: >Doch, genau das wollen wir.< Dann sagte Sam Ritvo, ein wirklich anständiger, freundlicher mitfühlender Mann: >Lassen sich mich eine Geschichte erzählen. Ich hatte einen Patienten, der mit 5 Jahren aus Auschwitz herauskam; während seiner Analyse sagte er zu mir: »Auschwitz hat einen Mann aus mir gemacht.«< Es herrschte Schweigen, und ich glaubte, alle seien vollkommen entsetzt. Ich glaubte, sie würden hierin einen eindeutigen Fall von Verdrängung erkennen, nämlich, dass der Patient so redet, weil er dem, was ihm passiert war, nicht ins Auge sehen konnte. Aber diese Reaktion blieb aus. Alle Anwesenden waren sich einig, dass Auschwitz einen Mann aus diesem Patienten gemacht hatte [...]. Und die meisten dieser Leute waren Juden.«

Die Fragwürdigkeit der Schlussfolgerung des Patienten, Ausschwitz habe ihn zum Mann gemacht, ist in unserem Diskussionszusammenhang nicht das zu kritisierende Absurde. Für Masson war diese Schlussfolgerung Ausdruck von Abwehr. Zu kritisieren ist vielmehr, dass die Psychoanalytiker dieser Selbstdeutung des Patienten zustimmten und ihr privates Verständnis gesellschaftlicher Realitäten unreflektiert und unvermittelt mit psychoanalytischen Konzeptionen in Beziehung setzten. Ihre Zustimmung zur Absurdität der Schussfolgerung macht zugleich die Absurdität des Verfahrens kenntlich, mit dem sie zu dieser Schlussfolgerung gekommen sind, und unterstreicht die Notwendigkeit einer Vermittlung soziologischer und psychoanalytischer Erkenntnisse. Bei einer derartigen Vermittlung würde es nicht ausreichen, psychoanalytische und soziologische Befunde zu addieren. Erkenntnisse sind nicht in einzelnen Begriffen, sondern in Theorien, im systematischen Zusammenhang enthalten, in dem die Begriffe stehen, sodass die entsprechenden Theorien gemäß dem Zusammenhang, in dem ihrer Untersuchungsobjekte in der Realität sich befinden, zu vermitteln sind.

Mensch und Gesellschaft bilden eine Totalität, eine Einheit des Verschiedenen, deren Elemente sich wechselseitig voraussetzen und durchdringen. Ein Element bestimmt die anderen Elemente wesentlich und diese Elemente wirken auf das sie bestimmende Element zurück. Ohne Gesellschaft kann man nicht von Menschen und ohne Menschen nicht von Gesellschaft reden, die Gesellschaft bestimmt die Menschen wesentlich und die Menschen wirken auf die gesellschaftliche Organisation zurück. Obwohl nicht benannt, ist dieser Totalitätscharakter des Zusammenhangs von Mensch und Gesellschaft auch H. Hartmanns, Rapaports und Jones' Feststellung implizit. Auch in ihrer Auffassung ist Gesellschaft eine notwendige und hinreichende Bedingung für das Verständnis des Menschen. Verzichtete also die Psychoanalyse auf eine solche Vermittlung und entsorgte Freuds behaupteten Nachweis als bloßen Anspruch, hätte sie als Wissenschaft an der Wirklichkeit versagt. Eine Wissenschaft aber, die ihre Erkenntnisprobleme ungelöst in ihrer Vergangenheit zurückließe, verspielte ihre Zukunft. Mithin ist die Psychoanalyse schon um ihrer selbst willen zu einer solchen Vermittlung aufgefordert.

Aus der Notwendigkeit einer Vermittlung erwachsen mannigfaltige Probleme. Freuds Werk hat sich inzwischen in eine Vielzahl miteinander inkonsistenter Konzepte und Theorien zerlegt (z. B. Hanly, 1983; Zepf, 2018). Shervin (2003, S. 1019) urteilt:

> »Psychoanalysis as a science and as a practice is in grave danger of conceptual rootlessness [...]. Clinical practices and clinical theories proliferate, with no grounding in a general theory necessary to validate its propositions.«

Fine & Fine (1991) weisen auf signifikante Unterschiede im Verständnis der Deutung der Übertragung, der Abwehr, des Widerstandes, der Aggression und primitiver Impulse hin. In derselben Weise offenbart die von Hamilton (1996) durchgeführte Untersuchung der Arbeitsweise von 65 Psychoanalytikern – davon 62 Mitglieder der IPA – eindrucksvoll, dass eine kaum mehr überschaubare Vielfalt sich wechselseitig ausschließender Anschauungen, Subjektivismus und Eklektizismus nicht nur auf theoretischer Ebene, sondern auch in der Handhabung behandlungstechnischer Regeln vorherrscht. Es ist mithin unklar, mit welcher psychoanalytischen Konzeption soziologische Einsichten in Beziehung zu setzen wären.

Es scheint, als könnte man dieses Problem lösen, indem man die Konzepte am Kriterium der Wahrheit prüft und die Konzeption auswählt, die der Wahrheit am nächsten kommt. Dieser Weg ist jedoch verstellt, weil Freuds (1933, S. 173) Dictum, »Wahrheit [kann] nicht tolerant sein«, außer Kraft gesetzt und die Intoleranz der Wahrheit durch eine geistlose Toleranz ersetzt wurde, der in der Praxis alle Konzepte trotz ihrer Inkonsistenzen gleichermaßen gültig sind (z. B. Lussier, 1991; Richards, 1990; Schafer, 1990; Wallerstein, 1988). Da kein Konzept mehr als unwahr gilt, kann auch kein Konzept mehr als wahr gelten. Mit der Diversifizierung von Freuds Konzepten wurde zugleich der Wahrheitsanspruch suspendiert. Will man also den wissenschaftlichen Nachweis führen, dass sich bildende psychischen Strukturen gesellschaftlich bedingt und Neurosen eine gesellschaftliche Krankheit sind, ist es sicherlich nicht ausreichend, gesellschaftliche Erkenntnisse zu einer Anhäufung von psychoanalytischen Konzepten in Beziehung zu setzen, die gleichermaßen unwahr sind. Aufklärung hätte sich in diesem Fall wieder in Mythologie zurückverwandelt (Horkheimer & Adorno, 1947).

Historischer Materialismus

Auf soziologischer Seite gibt es ebenfalls verschiedene Theorien, die nicht miteinander kompatibel sind. Orientiert man sich an Bernfeld, Jacobson, A. Reich (s. Goggin & Goggin, 2001), Fenichel (1934), E. Federn (Dahmer, 1984), Fromm (1932), Parin (1975), W. Reich (1929) und Simmel (Jones, 1957, S. 401), für die am ehesten der Historische Materialismus mit der Psychoanalyse kompatibel war, scheint es naheliegend, sich in diesem Zusammenhang auf diese soziologische Theorie zu konzentrieren. Auch liegen von psychoanalytischer Seite bereits verschiedene Vermittlungsversuche vor (z. B. Fenichel, 1934; Fromm, 1932; Reich, 1929), auf die man sich berufen könnte. Man könnte auch auf Freud verweisen, dessen Haltung zum Historischen Materialismus nicht nur ablehnend war. Außer dass er Soziologie auf »angewandte Psychologie« (Freud, 1933, S. 194) reduziert, argumentiert er einerseits zwar mit dem Hinweis auf die primäre Aggressionslust der Menschen gegen die Auffassung des Historischen Materialismus, dass mit der Aufhebung des Privateigentums die Feindseligkeit unter den Menschen verschwinden würde, weil dann alle Güter gemeinsam sind und alle Menschen an deren Genuss teilhaben können. Auch stimmt Freud (ebd., S. 73f., S. 193) mit Ansicht der historisch-materialistischen Gesellschaftsauffassung nicht überein, dass »die ›Ideologien‹ der Menschen nichts anderes sind als Ergebnis und Überbau ihrer aktuellen ökonomischen Verhältnisse«. Dies sei zwar wahr, aber sehr wahrscheinlich nicht die ganze Wahrheit. Die Menschheit lebe nie ganz in der Gegenwart, denn in den Ideologien lebe das Über-Ich und mit ihm die Vergangenheit fort, die Tradition des Volkes, die den Einflüssen der Gegenwart nur langsam weiche. Auch bezweifelt er die Klassenentstehung durch den Besitz und Nicht-Besitz der Produktionsmittel. Er argumentiert, dass »die Klassenbildung in der Gesellschaft auf die Kämpfe zurückzuführen« ist, »die sich seit dem Beginn der Geschichte zwischen den um ein Geringes verschiedenen Menschenhorden abspielten«. Dass die »sozialen Unterschiede [...] ursprünglich Stammes- oder Rassenunterschiede« waren, und »[p]sychologische Faktoren, wie das Ausmaß der konstitutionellen Aggressionslust, aber auch die Festigkeit der Organisation innerhalb der Horde, und materielle, wie der Besitz der besseren Waffen [...], den Sieg« entschieden hätten (ebd., S. 192).

Die These, »dass die ökonomischen Motive die einzigen sind, die das Verhalten der Menschen in der Gesellschaft bestimmen« (ebd., S. 193), wird von Freud ebenfalls infrage gestellt. Es entzöge sich seinem Verständnis, wie man die Triebregungen der Menschen, ihre Aggressionen, ihr Bedürfnis nach Liebe, ihr Streben nach Lust und Unlustvermeidung außer Acht lassen könne. Ferner sah Freud im Marxismus eine Vertröstungsreligion:

> »Ursprünglich selbst ein Stück Wissenschaft [...] hat er [der Marxismus] doch ein Denkverbot geschaffen, das ebenso unerbittlich ist wie seinerzeit das der Religion [...]. Die Werke von Marx haben die Quelle einer Offenbarung, die Stelle der Bibel und des Korans eingenommen [...]. Ganz ähnlich wie die Religion muss auch der Bolschewismus seine Gläubigen für die Leiden und Entbehrungen des gegenwärtigen Lebens durch das Versprechen eines besseren Jenseits entschädigen [...]. Dies Paradies soll allerdings ein diesseitiges sein, auf Erden eingerichtet und in absehbarer Zeit eröffnet werden« (ebd., S. 195f.).

Desgleichen merkte Freud in der Diskussion von Adlers Vortrag *Zur Psychologie des Marxismus* am 19. März 1909 an, dass er »den Nachweis unserer Gedankengänge bei Marx« nicht entdecken konnte (Nunberg & Federn, 1967, S. 157). Andererseits aber ist Freud trotz seiner Einwände der Ansicht, dass die Psychoanalyse als »Individualpsychologie [...] kein vollwertiges Verständnis [...] des sozialen Phänomens« liefern könne (Freud, 1927b, S. 367) und lobt den Historischen Materialismus noch im selben Jahr, wenige Zeilen bevor er die Soziologie auf »angewandte Psychologie« (1933, S. 194) reduziert:

> »Die Stärke des Marxismus liegt offenbar [...] in dem scharfsinnigen Nachweis des zwingenden Einflusses, den die ökonomischen Verhältnisse der Menschen auf ihre intellektuellen, ethischen und künstlerischen Einstellungen haben. Eine Reihe von Zusammenhängen und Abhängigkeiten wurden damit aufgedeckt, die bis dahin fast völlig verkannt worden waren« (ebd., S. 193).

Auch ist es ihm »unzweifelhaft, dass eine reale Veränderung in den Beziehungen der Menschen zum Besitz [im Hinblick auf ihren Aggressionstrieb] mehr Abhilfe bringen wird als jedes ethische Gebot« (1930, S. 504). Sein Einwand, der Historische Materialismus verkenne die prägende Kraft der Vergangenheit auf die Gegenwart, welche die Psychoanalyse als Über-Ich konzeptualisiert, erklärt er in einem Brief vom 10. September 1937, in dem er auf einen Vorwurf des Physikers und Biochemikers Ralph Lyndal Worrall antwortet, als hinfällig. Worrall hatte über Wissenschaftstheorie, Philosophie und Materialismus publiziert und Freud in einem Brief vorgehalten, er habe in der *Neue Folge der Vorlesungen zur Einführung in die Psychoanalyse* irrtümlicherweise behauptet, der Historische Materialismus begründe alle sozialen Veränderungen ausschließlich mit wirtschaftlichen Kräften, und ihn darauf hingewiesen, dass Marx und Engels das Wirken psychologischer Momente nicht ausschließen. Nachdem er eingesteht, dass seine Äußerungen über den Marxismus weder für gründliche Kenntnis noch für richtiges Verständnis der Schriften von Marx und Engels zeugen, antwortet Freud im Brief an Worrall vom 10. September 1937:

> »Ich habe [...] im Grunde zu meiner Befriedigung – erfahren, dass beide [Marx und Engels] den Einfluss von Ideen und Über-Ich-Faktoren keineswegs bestritten haben. Damit entfällt das Hauptstück des Gegensatzes zwischen Marxismus und Psychoanalyse, an den ich geglaubt habe« (zit. n. Jones, 1957, S. 403).

Mit einiger Wahrscheinlichkeit lässt sich annehmen, dass der Historische Materialismus nicht nur für Bernfeld, Jacobson, A. Reich, Fenichel, Fromm, Parin, Reich und Simmel mit der Psychoanalyse kompatibel war, sondern auch für Freud eine Soziologie darstellte, die mit psychoanalytischen Auffassungen zumindest nicht in einem Ausschlussverhältnis steht. Ebenso verlieren Freuds weitere, gegen den Historischen Materialismus vorgebrachten Argumente ihre Kraft, wenn man nach ihrer Substanz fragt:

➢ Wie Dahmer (1970) anmerkt, verdankt sich Freuds Gleichsetzung des Historischen Materialismus mit einer Tröstungsreligion einer mangelnden Vertrautheit mit der Marx' Theorie und fehlender Differenzierung von der stalinistischen Ideologie;

➢ Ebenso scheint die Bemerkung Freuds, dass er psychoanalytische Gedankengänge bei Marx nicht entdecken konnte, auf einer mangelhaften Kenntnis der Werke von Marx und Engels zu beruhen;

➢ Freuds (1930, S. 473) Einwand gegen die ökonomische Begründung der Entstehung von Klassen, in dem er auf die Urhorde rekurriert, wird hinfällig, wenn es eine Urhorde nie gegeben hat (z. B. Wallace, 1983);

➢ Auch sein Argument, mit der Aufhebung des Privateigentums würden die Aggressionen nicht verschwinden, verliert sein Gewicht, wenn sich Freuds Annahme eines im biologischen Erbgut der Menschen verankerten und nach außen gewendeten Todestriebs als unhaltbar erweist (z. B. Fenichel, 1945a, S. 90–92; Jones, 1957, S. 315ff.; Reich, 1933, S. 244ff.).

Auch wenn sich mit Freud eine Hinwendung der Psychoanalyse zum Historischen Materialismus nicht zwingend begründen lässt, eine bloß kritische Haltung gegenüber dem Historischen Materialismus kann mit Freud ebenfalls nicht gerechtfertigt werden.

Zur Rechtfertigung eines Rückgriffs auf den Historischen Materialismus könnte man ferner auf die historische Situation verweisen, in der die Psychoanalyse in der UDSSR reüssierte. Etkind (1993) weist darauf hin, dass die Psychoanalyse nach der Oktoberrevolution 1917 in Russland ziemlich populär war und die russischen Psychoanalytiker politisch an Trotzki gebunden waren. Zu den prominenten Analytikern gehörten Moshe Wulff, Sabina Spielrein, Vera und Otto Schmidt und ab 1918 unterstützen Lew Wygotski und Alexander Lurija den Aufbau psychoanalytischer Projekte. Prominente politische Fürsprecher der Psychoanalyse waren Karl Radek und Leo Trotzki, Lurija gründete einen von der IPA anerkannten Psychoanalytischen Zirkel in Kasan und 1922 wurde die Russische Psychoanalytische Vereinigung (RPSAO) gegründet, die mit Unterstützung Freuds 1924 provisorisch in die IPA aufgenommen wurde. Dort stellte sie mit 30 Mitgliedern ein »Achtel der IPA« (ebd., S. 243). Lurija wurde Sekretär der RPSAO, Wygotski und N. Bernstein gehörten zu den Mitgliedern. 1924 wurde Moshe Wulff ihr Präsident. 1922 erschien Freuds *Einführung in die Psychoanalyse* in russischer Sprache in 2.000 Exemplaren, die binnen vier Wochen verkauft waren. Eine Auflage, die Jones (1957, S. 121) noch 30 Jahre später »gigantisch« vorgekommen ist. Bis 1925 waren nahezu alle publizierten Arbeiten Freuds ins Russische übersetzt. Im selben Jahre erschien der Sammelband *Psychologie und Marxismus* mit Arbeiten von Reisner und Lurija. Im Jahr 1925 war diese Episode beendet. Der Große Rat der Volkskommissare hatte entschieden, das psychoanalytische Institut zu liquidieren (Etkind, 1993). Wygotski und Lurija wandten sich von der Psychoanalyse ab und den Neurowissenschaften zu.[3]

Die Inanspruchnahme des Historischen Materialismus als Gesellschaftstheorie, die mit der Psychoanalyse zu vermitteln ist, lässt sich aber weder mit Freuds Haltung noch mit sozialgeschichtlichen Reminiszenzen, der Erinnerung an frühere Psychoanalytiker und Vermittlungsversuche rechtfertigen, zumal dann, wenn Freuds Haltung zwiespältig war, die sozialgeschichtliche Reminiszenz sich auf eine zeitlich sehr begrenzte Episode bezieht und die Vermittlungsversuche gescheitert sind. Wie in der Psychoanalyse hat sich darüber hinaus auch der Historische Materialismus inzwischen in verschiedene und einander widersprechende Versionen zerlegt und eine Vermittlung von Psychoanalyse und Historischem Materialismus wird aus historisch-materialistischer Perspektive für nicht möglich erachtet (z. B. Jacoby, 1975; Lichtman, 1982) bzw. für überholt erklärt (z. B. Sandkühler, 1973). Darüber hinaus sieht sich die Arbeitswerttheorie – bekanntermaßen das Kernstück von Marx' Kapitalismuskritik – infrage gestellt (z. B. Posener, 2017). Auch spielt der Historische Materialismus weder in der gegenwärtigen psychoanalytischen noch in der aktuellen soziologischen Diskussion kaum noch eine Rolle. Er wird historisch relativiert und für zeitgebunden erklärt – Popper (1957) und Habermas (1963) sind überzeugt, dass er unzeitgemäß geworden ist –, seine Prognosen hätten sich im Urteil der Fachleute als falsch erwiesen und unsere Kollegen haben ihn unter dem Titel *Marxismus* vermutlich mehrheitlich in Karikaturen als unwissenschaftlich, weil als ideologischen Irrweg denunziert, kennengelernt.

---

3 Die Lage hatte sich entscheidend geändert: »The psychoanalytic movement slowed down, and about the year 1930 came to a standstill. From this date it officially ceased to exist, and all publication of its work ceased likewise« (Perepel, 1939, S. 299).

Heutzutage scheint das eingetreten zu sein, was Marx (1894b, S. 484) so beschrieb:

»Aller Zusammenhang mit dem wirklichen Verwertungsprozess des Kapitals geht [...] bis auf die letzte Spur verloren, und die Vorstellung vom Kapital als einem sich durch sich selbst verwertenden Automaten befestigt sich.«

Im Finanzkapital scheint sich Geld, wie schon erwähnt, selbst zu vermehren und das Kapital gänzlich unabhängig von Arbeit zu operieren. Zwar hat die Coronapandemie diese »Kapitalmystifikation« (ebd., S. 405) infrage stellen können. Aber im Verständnis der Ökonomen ist die lebendige Arbeit als Wertquelle in einer nachgeordneten Position geblieben. Da der Gewinnanspruch der Investoren primär ist, ging alles andere nur noch als Kostenfrage in die Debatte ein. »Arbeitsbedingungen und Arbeitslohn werden zu abhängigen Variablen der Marktpreise und Gewinnerwartungen« (Nies & Sauer, 2012, S. 35). Offensichtlich, meinen Nies und Sauer (ebd., S. 34), hat der Kapitalismus »ein Stadium erreicht, in dem die gesellschaftlichen Verhältnisse in einer neuen Qualität mystifiziert werden und in verkehrter Form erscheinen.« Auch angesichts eines Zeitgeists, dem sich Philosophie – einst als »Liebe zur Weisheit« und als Versuch verstand, die Welt und die menschliche Existenz zu ergründen und besser zu verstehen – in der Spielstrategie eines Fußballtrainers erschöpft, mag Nachdenken überhaupt, geschweige denn ein Versuch, diese vorherrschende verkehrte Form ideologiekritisch zu durchdringen, ebenfalls erstaunen. Deshalb kann auch ein Hinweis auf E. Federns Überzeugung –

»Within the broad field of modern anthropology marxism and psychoanalysis necessarily seem to be each other complementing fields of investigation. Without them a full understanding of society and individual will not be successful« (zit. n. Dahmer, 1984, S. 76) –

ebenso wenig genügen, um einen Rückgriff auf den Historischen Materialismus zu begründen, wie Fromms (1932, S. 41) Urteil – »*Die* Soziologie, mit der die Psychoanalyse die meisten Berührungspunkte [...] zu haben scheint, ist der historische Materialismus.« Wenn wir auf dem Historischen Materialismus beharren, weil wir keine andere Soziologie kennen, die die gesellschaftlichen Verhältnisse, in denen wir leben, tiefergehend erkundet hätte, bedarf seine Verwendung einer Rechtfertigung. D.h., wir haben uns mit der Kritik auseinanderzusetzen, die am Historischen Materialismus geübt wird, und Fromms Statement als Aufforderung zu verstehen, zu prüfen, worin die behaupteten Gemeinsamkeiten von Historischen Materialismus und Psychoanalyse bestehen. Dabei ist gleich anzumerken, dass eine Auseinandersetzung mit den verschiedenen Versionen des Historischen (und Dialektischen) Materialismus – Namen wie Althusser, Bloch, Bucharin, Gramsci, Korsch, Kosik, Lenin, Lefèbvre, Lukàcs, Mao Tsetung, Trotzki stehen dafür – den Rahmen dieses Buches bei Weitem überschreiten würde. Allein eine Darstellung der grundlegenden Unterschiede wäre zu umfangreich und die bloße Herausstellung ihrer Gemeinsamkeiten – etwa dass mit Ausnahme Mao Tsetungs in ihnen das Verhältnis zu Hegel neu und anders als von Marx und Engels bedacht wird – würde ihnen nicht gerecht. Wir werden diese unterschiedlichen Versionen beiseitelassen und unsere Position lediglich entlang der kritischen Theorie der Frankfurter Schule und dem von Lukàcs vertretenen Verständnis des Historischen Materialismus entwickeln. Auch werden wir die Einwände im nachfolgenden Kapital nur insoweit bedenken, dass unser Verständnis des Historischen Materialismus und der Psychoanalyse Profil gewinnt.

Die Vermittlung

Dass der Historische Materialismus und die Psychoanalyse sich wechselseitig als Ergänzung bedürfen, kann von keinem Vertreter der beiden ernsthaft bestritten werden.[4] Auf die psychoanalytische Auffassung, dass man Verhalten nicht verstehen kann, ohne die Gesellschaft zu berücksichtigen, haben wir hingewiesen. Selbst Freud (1905b, S. 176) war der Ansicht, dass aus

> »der Natur der Dinge, welche das Material der Psychoanalyse bilden, folgt, dass wir in unseren Krankengeschichten den rein menschlichen und sozialen Verhältnissen der Kranken ebensoviel Aufmerksamkeit schuldig sind wie den somatischen Daten und den Krankheitssymptomen.«

---

4 Reich (1929, S. 9f.) formulierte dies so: »Als Wissenschaft ist die Psychoanalyse der Marxschen Gesellschaftslehre gleichgeordnet. Jene behandelt die seelischen, diese die gesellschaftlichen Erscheinungen. Und nur insoweit gesellschaftliche Tatsachen im Seelenleben, oder umgekehrt, seelische im gesellschaftlichen Sein zu untersuchen sind, verhalten sie sich jeweils zueinander als Hilfswissenschaften.«

Vonseiten des Historischen Materialismus ist eine solche Vermittlung ebenfalls erforderlich. Einerseits ist der Mensch Objekt der gesellschaftlichen Verhältnisse, in denen er lebt. Wir wiederholen: »Die Produktionsweise des materiellen Lebens bedingt den sozialen, politischen und geistigen Lebensprozess überhaupt« und das »gesellschaftliches Sein« bestimmt das »Bewusstsein« (Marx, 1859, S. 8f.). Andrerseits aber gilt, dass

➢ die Gesellschaft das »Produkt des wechselseitigen Handelns der Menschen« ist (Marx, 1846, S. 548),

➢ die Verhältnisse der Individuen nichts anderes sind »als ihr wechselseitiges Verhalten« (Marx & Engels, 1845/46, S. 423),

➢ »das persönliche, individuelle Verhalten der Individuen [...] die bestehenden Verhältnisse schuf und täglich neu schafft« (ebd.), dass

➢ »nichts geschieht ohne bewusste Absicht, ohne gewolltes Ziel« (Engels, 1886, S. 296), und

➢ die Geschichte »*nichts* als die Tätigkeit des seine Zwecke verfolgenden Menschen« ist (Engels & Marx, 1845, S. 98).

Der Widerspruch, der zwischen der Betonung des Individuums als aktivem Element im gesellschaftlichen Handeln und der Auffassung zu bestehen scheint, dass der Mensch Objekt der gesellschaftlichen Verhältnisse ist, wird von Marx und Engels mit dem Hinweis gelöst, dass der Mensch zwar handelt, sein konkretes Handeln aber nicht aus ihm entspringt. Die Voraussetzungen, mit denen wir beginnen, sagen Marx und Engels (1845/46, S. 20),

»sind die wirklichen Individuen, ihre Aktion und ihre materiellen Lebensbedingungen, sowohl die vorgefundenen wie die durch ihre eigne Aktion erzeugten.«

Und: Zwar machen die Menschen

»ihre eigene Geschichte, aber sie machen sie nicht aus freien Stücken, nicht unter selbstgewählten, sondern unter unmittelbar vorgefundenen, gegebenen und überlieferten Umständen« (Marx, 1852, S. 115).

Dies gilt auch für die Ideen, die ihr Handeln anleiten:

»Die Menschen sind die Produzenten ihrer Vorstellungen, Ideen pp., aber die wirklichen, wirkenden Menschen, wie sie bedingt sind durch eine bestimmte Entwicklung ihrer Produktivkräfte und des denselben entsprechenden Verkehrs [...]« (Marx & Engels, 1845/46, S. 26).

Marx und Engels haben allerdings nicht erläutert, wie sich die materiellen Lebensbedingungen in ideelle, das Verhalten der Menschen bestimmende Vorstellungen umsetzen. Im Brief an Franz Mehring vom 14. Juli 1893 gesteht Engels (1893b, S. 96):

> »[W]ir alle haben zunächst das Hauptgewicht auf die *Ableitung* der politischen, rechtlichen und sonstigen ideologischen Vorstellungen und durch diese Vorstellungen vermittelten Handlungen gelegt und legen *müssen*. Dabei haben wir dann die formelle Seite über der inhaltlichen vernachlässigt: Die Art und Weise, wie diese Vorstellungen etc. zustande kommen.«

Kurz zusammengefasst ergibt sich, dass in der Auffassung des Historischen Materialismus im Menschen abstrakte Handlungsmöglichkeiten vorliegen, die aufgrund der konkreten Ansprüche des Vorgefundenen verwirklicht werden. D. h., um sich über die Entstehung dieser handlungsanleitenden Vorstellungen und damit über die Rückwirkung des Individuums auf die gesellschaftlichen Verhältnisse aufzuklären, benötigt der Historische Materialismus die Psychoanalyse ebenso als Hilfswissenschaft, wie die Psychoanalyse hilfsweise den Historischen Materialismus braucht, um die soziale Struktur zu erkennen, in der ihr Gegenstand gründet.

Man kann darüber streiten, ob die Realisierung der Handlungsmöglichkeiten in Rückwirkung der Menschen auf die gesellschaftlichen Produktionsverhältnisse in die Perspektive der allgemeineren Frage nach dem Einfluss des Überbaus auf die Basis gehört. Mit »Überbau« bezeichnen Marx und Engels die »rechtlichen und politischen Einrichtungen« und die »religiösen, philosophischen und sonstigen« Vorstellungen, die in einem »geschichtlichen Zeitabschnitts« vorherrschen, für die die »jedesmalige ökonomische Struktur der Gesellschaft die reale Grundlage« bildet (Engels, 1878, S. 25). Marx und Engels rechnen die »Empfindungen, Illusionen, Denkweisen und Lebensanschauung« (Marx, 1852, S. 139) dem Überbau zu. Ferner betonen sie, dass die »verschiedenen ideologischen Sphären [...], sobald [...] einmal durch andere, schließlich ökonomische Ursachen, in die Welt gesetzt«, selbst auf die »eignen Ursachen zurückwirken« können (Engels, 1893b, S. 98). Es scheint mithin gerechtfertigt, die Rückwirkung der Menschen auf die Produktionsverhältnisse der Rückwirkung des Überbaus auf die Basis zuzurechnen.

Bei genauerem Hinsehen wird es aber fraglich, ob die »Empfindungen, Illusionen, Denkweisen und Lebensanschauung« der Menschen wirklich als Überbauphänomene betrachtet werden können. Wenn Menschen ihre Handlungsmöglichkeit unter den vorgefundenen Bedingungen der Praxis realisieren und dabei mit den gesellschaftlichen Produktionsverhältnisse auch die materielle Basis herstellen, worauf sich der Überbau erhebt, kann man schwerlich sagen, dass ihre Tätigkeit dem Überbau und nicht der Basis angehört. Zwar konnte man hier noch annehmen, dass ihre Gedanken dem Überbau zugehören. Es dürfte aber klar sein, dass sowohl die Gedanken als auch die Tätigkeit der Individuen bei Schaffen des Überbaus – den juristischen und politischen Verhältnissen – nicht dem Überbau selbst zugehören können.

Wir wollen nicht in die Debatte eintreten, an welchem Punkt im Verständnis des Historischen Materialismus der Überbau aus der Basis entsteht und beide voneinander unterschieden werden können. Im Rahmen unserer Fragestellung müssen wir nicht entscheiden, ob das Verhalten der Menschen dem Überbau zugehört oder nicht. Es interessiert lediglich, ob und wie im Verständnis des Historischen Materialismus die Menschen auf die gesellschaftlichen Verhältnisse einwirken, aus denen sie entstanden sind, gleichgültig, ob man ihre Rückwirkung der Basis oder dem Überbau zurechnet. Da diese Rückwirkung der Menschen auf die gesellschaftlichen Verhältnisse vorgesehen ist, wird zwingend, dass auch aus Sicht des Historischen Materialismus eine Antwort auf die von Marx und Engels offengelassene Frage unabdingbar ist, wenn man den gesellschaftlichen Prozess in Gänze verstehen will:

> »Bisher haben wir hauptsächlich nur die eine Seite der menschlichen Tätigkeit, die *Bearbeitung der Natur* durch den Menschen betrachtet. Die andre Seite, die *Bearbeitung der Menschen* durch die Menschen ...« (Marx & Engels, 1845/46, S. 36).

Ausgebliebene Vermittlung – Gründe

Aus dem Beharren auf den Historischen Materialismus ergibt sich jedoch als weiteres Problem, dass die historisch-materialistische Auffassung des

Menschen nicht nur »die meisten Berührungspunkte«, sondern – wir haben das im obigen Fromm-Zitat unterschlagen – auch »die meisten Gegensätze« zur Psychoanalyse »zu haben scheint« (Fromm, 1932, S. 41), und Freuds Auffassung an zentraler Stelle widerspricht. Während für Freud die von ihren Trieben beherrschten Menschen die primären Elemente sind, aus den sich das gesellschaftliche System aufbaut, sind für den Historischen Materialismus Menschen Produkte des gesellschaftlichen Systems, in dem sie leben.

Zwar wurde von psychoanalytischer Seite vereinzelt versucht, soziologische Einsichten zu berücksichtigen. Obwohl Freud (1930, S. 504f.) der Meinung war, dass es »bei Begriffen gefährlich ist, sie aus der Sphäre zu reißen, in der sie entstanden und entwickelt worden sind«, verhielten sich Psychoanalytiker, wie Mitscherlich (1970, S. 41) anmerkt, bei ihren Versuchen, soziologische mit psychoanalytischen Einsichten zu vermitteln, wie den »wilden Analytikern« analoge »wilde Soziologen«. Dies deshalb, weil sie in psychoanalytischen Erkundungen Kategorien der Soziologie – z. B. Familie, Arbeit – nur empirisch nahmen, sie aus dem begrifflichen Zusammenhang herauslösten, in dem sie standen, und sie frei von soziologischen Erkenntnissen zur psychoanalytischen Begrifflichkeit in Beziehung setzten.

Aus diesen Versuchen erübrigte sich die Einsicht, dass »die Familie [...] die psychologische Agentur der Gesellschaft« (Fromm, 1932, S. 42; Kurs. aufgehoben) insofern ist, als »in der Produktion der gesellschaftlich erwünschten seelischen Struktur [...] die wichtigste gesellschaftliche Funktion der Familie liegt« (1936, S. 87). Aber diese Einsicht blieb folgenlos, und das Problem war mit ihr nicht gelöst. Vielmehr wurde der Widerspruch zwischen Psychoanalyse und Historischem Materialismus zugunsten der psychoanalytischen Sichtweise beseitigt. Fromms These wurde in dem Sinn verstanden, dass in der Familie inhaltlich bereits präformierte Triebwünsche sozialisiert werden und abgewehrt in gesellschaftlich approbierten Erscheinungsformen Bewusstsein gewinnen. Mit dieser Auffassung erhielten die in der Natur des Menschen verankerten Triebwünsche den Status des Wesentlichen, das in der Sozialisation in gesellschaftsspezifische Erscheinungsformen eingelassen wird. Während in historisch materialistischer Sicht Menschen individuelle Erscheinungsform der Gesellschaft sind, in der sie leben, wird in diesem Verständnis die Gesellschaft zur Erscheinungsform von Triebwünschen. In diesem Sinn fasste Fenichel (1934, S. 281) in seinem Versuch, Psychoanalyse und Historischen Materialismus zu verbinden, »das Seelenleben, wie es sich unserm Bewusstsein darstellt, als Resultante von Kräften auf, die aus dem Resultat erschlossen werden müssen«, und fügte an, dass diese

> »Kräfte [...] sich zusammensetzen aus den primitiven, im Körperlichen wurzelnden und im Verlauf der biologischen Entwicklungsgeschichte entstandenen Bedürfnissen, den sogenannten Trieben, und den Einwirkungen der Außenwelt auf diese.«

Da »Erscheinungen als aus den Trieben durch Einflussnahme der Außenwelt entstanden« (ebd.) verstanden werden, wird auch die Gesellschaft selbst als eine Erscheinungsform der »Triebstruktur des Menschen« begriffen, die »im Lauf der historischen Zeiten die gleiche geblieben« ist (ebd., S. 293).

Wie Fenichel hatten vordem Fromm (1932) und Reich (1929) unter Beibehaltung von Freuds Trieblehre eine solche Vermittlung versucht. Fromm (1932, S. 37) zufolge hat die Psychoanalyse »als Motor menschlichen Verhaltens [...] Bedürfnisse nachgewiesen, die von den physiologisch verankerten, selbst nicht unmittelbar beobachtbaren ›Trieben‹ gespeist werden«, die einer »Modifizierbarkeit [...] durch die Einwirkung äußerer, d. h. letzten Endes sozialer Faktoren« unterliegen (ebd., S. 45). Fromm fasste seine Sicht so zusammen:

> »Die aktive und passive Anpassung biologischer Tatbestände, der Triebe, an soziale ist die Kernauffassung der Psychoanalyse, und jede personalpsychologische Untersuchung geht von dieser Grundauffassung aus« (ebd., S. 39).

Reich (1929, S. 16) argumentierte, dass die Triebe »durch das gesellschaftliche Dasein des Individuums erst ihre eigentliche Form [gewinnen], indem diese die Triebbefriedigungen einschränkt«. Das »gesellschaftliche System«, so Reich (ebd., S. 19), »wirkt unaufhörlich einschränkend, umbildend und fördernd auf die primitiven Triebe ein«, die ebenfalls als eine Art biologischer Naturkonstanten gedacht waren.

Man kann also sagen, dass in diesen Vermittlungsversuchen gemeinsam die innere Triebnatur des Menschen hypostasiert und ins Zentrum gerückt wird, letztlich immer der Mensch für die gesellschaftlichen Verhältnisse verantwortlich ist und diese Verhältnisse die Erscheinungsform seiner organismischen Triebbedürfnisse verantworten, während im Verständnis des

Historischen Materialismus die gesellschaftlichen Verhältnisse den Menschen erst erschaffen und dieser die Form bestimmt, in der die gesellschaftlichen Verhältnisse in ihm erscheinen.[5]

Eine Vermittlung beider, welche diese basale Einsicht des Historischen Materialismus bewahrt hätte, dämmert bislang nicht am Horizont. Dies könnte daran liegen, dass das Interesse an einer solchen Vermittlung verloren ging. Zum einen, weil die Gesellschaft inzwischen so weit ins Innere der Individuen vorgedrungen war, dass ihre Subjektivität nur mehr am Maßstab ihrer Verkümmerung erkennbar wird. Ihre lebensgeschichtliche Besonderheit verdiffundierte im Gesellschaftlichen und hat nur noch als Marginales Bedeutung, die Subjekte selbst schrumpften auf bloße »Personifikationen der ökonomischen Verhältnisse« (Marx, 1867, S. 100), auf »Pseudomenschen« (Lichtman, 1982, S. 19), deren innerliche Entsubjektivierung sich in einer äußerlichen Individualisierung noch kundtat und gleichermaßen verbarg. Zum andern, weil heute außer den sachlogischen Problemen noch ideologische Gründe eine Vermittlung erschweren. Fraglos sind in unserer kapitalistischen Gesellschaftsform die Gedanken der Herrschenden die herrschenden Gedanken. Weil die gegenwärtigen gesellschaftlichen Verhältnisse damit problematisiert würden und das »›weltweite neurotische Elend‹ [...] ihr Broterwerb« ist (Brohm, 1972, S. 252), kann bei Psychoanalytikern, die in diesen Verhältnissen ganz gut leben und deren Gedanken meistens ebenso von den herrschenden Gedanken beherrscht sind wie die der anderen, kein Interesse angenommen werden, der Gesellschaft nachzuweisen, dass sie für seelische Erkrankungen verantwortlich ist. Dem herrschenden Interesse genügt die bloße Feststellung von Krankheitsbildern, solange sich daraus ein Handlungswissen und ein an der Kapitalverwertung orientierter Umgang mit den Erkrankungen entwickeln lassen. Wie bei einem Eisberg, von dem nur die Spitze erscheint und die Masse unter der Wasseroberfläche ist, belässt man auch das sozio-kulturelle Fundament, das in Gestalt einzelner Krankheitsbilder zum Ausdruck kommt, im Unsichtbaren (Kilian, 1970).

Versteht man mit Lefèbvre (1958, S. 93) die herrschende Ideologie als einen »Reflex« der Wirklichkeit, der sie verkürzt abbildet und die »Reflexion des Wirklichen« zu verhindern sucht, wird vielleicht einsichtig,

---

5 Wygotski (1926, S. 226) formulierte das so: »[J]eder Mensch ist bis zu einem gewissen Grade das Maß jener Gesellschaft [...], der er angehört, denn in ihm spiegelt sich die ganze Vielfalt der gesellschaftlichen Verhältnisse.«

warum Psychoanalytiker sozialkritische Themen mehrheitlich ausklammern, mit dem nicht-therapeutischen Freud nur mehr wenig anzufangen wissen und Psychoanalyse im Wesentlichen auf klinische Fragen reduzieren. Freuds Psychoanalyse siedelte die Neurose im Spannungsfeld von Individuum und Gesellschaft an und verpflichtete damit die Psychoanalytiker – wenn Neurosen verhindert bzw. geheilt werden sollen – zumindest auf eine Auseinandersetzung mit den gesellschaftlichen Verhältnissen. Ohne sich darüber im Klaren zu sein werden die Patienten von ihnen heutzutage gleichwohl ebenso sprachlos auf Anpassung an den sozialen Konsens nachsozialisiert, wie sie in ihrer Neurose noch sprachlos gegen ihn rebellierten.

Beide Gründe lassen den Verzicht auf eine Vermittlung verständlich werden. Rechtfertigen können sie ihn nicht. Schon eine epistemologisch korrekte Antwort auf die Frage, wie sich das Individuum als Subjekt bis auf einen schmalen Rest in den gesellschaftlichen Verhältnissen auflösen konnte, implizierte vorab eine Vermittlung der Erkenntnisse des Historischen Materialismus mit denen der Psychoanalyse, und ein ideologisch begründeter Erkenntnisverzicht lieferte das beanspruchte epitheton ornans »wissenschaftlich« der Psychoanalyse abermals dem Bedenken aus. Vielleicht aber mangelte es an einer solchen Vermittlung einfach nur, weil nachdenkende und kritische Psychoanalytiker längst zu den verlorenen Berufen wie die Lichtputzer gehören, die im Theater des Barock einst dafür sorgten, dass das Kerzenlicht hell genug leuchtete, sodass alles, was auf der Bühne geschah, auch gesehen werden konnte. Interesse an einer Vermittlung setzt Interesse an der Realität voraus, und Realität dringt nur sehr begrenzt durch die auswattierten Doppeltüren psychoanalytischer Praxen, hinter denen Analytiker und Patient Lebensgeschichten erkunden. Wir wiederholen: Nicht objektive, sondern subjektive, erlebte Lebensgeschichten sind Topos dieser Erkundungen. Das Einzige, das von der Realität noch durch die Doppeltüren dringt, scheint die Realität des Behandlungshonorars zu sein, sodass es kaum Erstaunen kann, wenn sich das Interesse der Psychoanalytiker an der Realität auf das Behandlungshonorar – objektiv: die Realisation des Tauschwerts ihrer Dienstleistung – beschränkt und sie ansonsten »in Frieden [leben] mit allem außerhalb ihres eigenen wohlabgegrenzten Bereichs« (Horkheimer, 1948, S. 485). Ebenso wenig kann es unter diesen Umständen befremden, dass zwar im Kampf um höhere Honorare an der Realität teilgenommen wird, von psychoanalytischer Seite aber kaum Substanzielles zur Realität staatlicher Abschottung gegen Flüchtlinge, zu Waffenexporten in kriegführende Länder oder zum

Überschwemmen afrikanischer Länder mit konkurrenzlosen europäischen Produkten zu hören ist. Schweigen gehört ebenfalls zu den Antworten der Psychoanalytiker auf den ansteigenden rechtsradikalen Populismus, die drohende Klimakatastrophe, die Kinderarmut, die Höchststrafe von zwei Jahren Freiheitsentzug für Kindesmissbrauch ggü. fünf Jahren für Ladendiebstahl und anderen gesellschaftlichen Problemen. Es scheint, als müsste man als Psychoanalytiker neben dem abgeschotteten Behandlungsraum noch anderweitig tätig sein, um nicht nur die Höhe der Behandlungshonorare, sondern die Realität kritisch zur Kenntnis zu nehmen. Die wenigen Psychoanalytiker jedenfalls, die sich in der Vergangenheit kritisch mit der Gesellschaft auseinandersetzten – etwa Klaus Horn, Susanne Langer, Alfred Lorenzer, Alexander Mitscherlich, Horst-Eberhard Richter –, waren neben ihrer Arbeit hinter der Couch noch in Berufsfeldern tätig, in denen sie mit der gesellschaftlichen Realität konfrontiert waren.

Mit Hinweis auf die eingangs zitierte Feststellung Freuds (1910b, S. 111), dass die Gesellschaft »an der Verursachung der Neurosen« mitbeteiligt ist, ließe sich einwenden, dass für eine gesellschaftskritische Haltung eine anderweitige Tätigkeit doch nicht zwingend ist. Obwohl Freud im Wesentlichen hinter der Couch arbeitete, habe er der gesellschaftlichen Realität durchaus Beachtung geschenkt. Dieser Einwand vergisst, dass Freud als Pionier seine Wissenschaft gegen reaktionäre Kritiken zu verteidigen hatte – die heute ausbleiben, obwohl die Psychoanalyse mehr und mehr sich einer Sekte anähnelt –, er in erster Linie als Wissenschaftler und nicht als analytischer Psychotherapeut arbeitete, der in ein gesundheitliches Versorgungssystem integriert war. Auch haben wir bereits darauf hingewiesen, dass Freud in der Psychoanalyse nicht bloß eine Behandlungsmethode, sondern im Wesentlichen eine Forschungsmethode sah, die er nicht als Therapie, sondern wegen der Erkenntnisse empfahl, die man durch ihre Anwendung über das menschliche Wesen gewinnen kann. Die Wirklichkeit der Psychoanalyse hat sich freilich genau gegenläufig zu der Richtung entwickelt, in der Freud die Zukunft der Psychoanalyse sah. »Der Gebrauch der Analyse zur Therapie«, schrieb Freud (1926b, S. 283), »ist nur eine ihrer Anwendungen; vielleicht wird die Zukunft zeigen, dass sie nicht die wichtigste ist.« Die Therapie rückte ins Zentrum und die psychoanalytische Forschung wurde zu einem Anhängsel, das – wie etwa die nomologische Psychotherapieforschung – für Marketingzwecke benutzt wird.

Aber auch wenn die gesellschaftliche Verursachung der Neurosen aus dem Blickfeld geriet und unser Interesse quer zum Mainstream liegt, die

Einsicht in die Notwendigkeit erfordert auch gegen die vorherrschende Intoleranz, die sich aus dem Gedanken generiert, Vergangenes sei vorbei und vergessen, die Grundlegung einer Vermittlung von Historischem Materialismus und Psychoanalyse zu versuchen. Gewiss, der kritische Gedanke sollte sich »von den konkreten Gestalten des Bewusstseins leiten lassen, gegen die er angeht« (Adorno, 1963, S. 533); aber er sollte auch »wiederkäuen, was sie vergaßen« (ebd.). Selbst wenn wir die anstehenden Probleme nicht in Gänze lösen werden, wollen wir sie doch einer Lösung näherbringen. Unsere Überlegungen weisen jedenfalls in die Richtung, in der weitere Arbeit erfolgen sollte.

Wir werden auch nicht die Widersprüche beseitigen, die zwischen verschiedenen theoretischen Konzeptionen in der Psychoanalyse bestehen – etwa den verschiedenen Narzissmustheorien, der Trieb- und Todestriebtheorie, der Ich- und Selbstpsychologie, Bindungs- und Triebtheorie, der Auffassung einer Kastrations- und Trennungsangst als zentrale Angst oder eines Ödipuskomplexes, der bereits im Alter von vier Monaten beginnt, und eines wesentlich später auftretenden Ödipuskomplexes. Wie wir uns auf sozioökonomischer Seite auf den Historischen Materialismus, werden wir uns auf psychoanalytischer Seite auf Freuds Auffassungen beschränken. Beschränken heißt jedoch nicht scholastische Begriffsexegese von Dogmen. Es soll bedeuten, bei Marx und Engels und Freud anzufangen und nicht bei ihnen zu enden. Wie der Historische Materialismus nicht in einem allgemein akzeptierten Lehrbuch vorliegt, ist auch die Psychoanalyse Freuds nicht in einer von ihm signierten systematischen Form verfügbar. Auf beiden Feldern wird also die Systematik der Begriffe, die wir verwenden werden, zumindest soweit zu entwickeln sein, dass der Zusammenhang vermittelbar wird, in dem sie im Historischen Materialismus und in der Psychoanalyse stehen. Mit »entwickeln« meinen wir eine kritische Auseinandersetzung, in der die Konzepte in ihrer Systematik durchsichtig werden.

Exkurs: Kritik an Adornos Rezeption der Psychoanalyse

Weil wir Adornos Sicht auf die Psychoanalyse weitgehend teilen, werden wir ihn öfter zu Wort kommen lassen. Da Adorno sich in letzter Zeit dem Vorwurf ausgesetzt sieht, die Psychoanalyse verzerrt zu rezipieren und mit ihr nicht ausreichend vertraut gewesen zu sein, möchten wir die kritische

Einschätzung von Adornos Psychoanalyseverständnis gleich zu Beginn am Beispiel von Ch. Schneiders Kritik substanziell relativieren. Ch. Schneider (2011, S. 285) moniert, dass in Adornos (1944b, S. 73) Feststellung, die »therapeutisch vielgerühmte Übertragung [...] ist das Schema der reflektorischen Verhaltensweise, die als Marsch hinterm Führer mit allem Geist auch die Analytiker liquidiert«, die Gleichstellung der Bindung an den Analytiker mit der Bindung an den Führer der Sache nicht gerecht wird. Er erkennt in dieser Gleichstellung keinen zufälligen »faux pas«, sondern einen konstitutiven Teil von Adornos falschem Psychoanalyseverständnis, welches er in Adornos früher Kindheit verankert sieht.

Konfrontiert man diesen Einwand mit Freuds Texten, auf die sich Adorno in seinem Psychoanalyseverständnis ausdrücklich beruft,[6] offenbart sich, dass Ch. Schneider übersieht, dass die vertretene Gleichstellung dem Grunde nach aus Freuds Texten hervorgeht. Freuds (1921) Begründung der Unterwerfung einer Masse unter eine Führerfigur in *Massenpsychologie und Ich-Analyse* entspricht strukturell der Übertragung in der psychoanalytischen Behandlung. Freud (1910a, S. 55; 1925, S. 68) stellt fest, dass Übertragung kein Spezifikum der analytischen Behandlung, sondern ein Phänomen ist, das sich »in allen menschlichen Beziehungen« herstellt, und notiert, dass die Beziehung zur Führerfigur in einer sadomasochistischen Übertragung kindlicher Erfahrungen auf einen »Vaterersatz« (1921, S. 102) gründet, auf den die Menschen ihr individuelles Über-Ich bzw. Ich-Ideal projizieren. Bezogen auf die psychoanalytische Behandlung antwortet Freud auf die Frage, »Was sind Übertragungen?«, dass sie sich durch die »charakteristische [...] Ersetzung einer früheren Person durch die Person des Arztes« (1905a, S. 279) auszeichnen, zu der in der psychoanalytischen Behandlung auch die Projektion des Über-Ichs bzw. Ich-Ideals gehören können.

Des Weiteren ist es höchst problematisch, Adornos Aussagen zur Psychoanalyse auf Aussagen eines Patienten zu reduzieren und ihm aufgrund seiner Kindheit eine prinzipielle Verbindung von Faschismus und Psychoanalyse zu unterstellen. Im zitierten Text Freuds gründet diese Verbindung in der Sache, und ohne dass Adorno auf Ch. Schneiders Couch lag, ist Ch. Schneiders Begründung dieser Verbindung eine Spekulation

---

6 Ch. Schneider (2011, S. 286) selbst zitiert aus den Nachgelassenen Schriften Adornos in folgender Weise: »»Die Psychoanalyse in ihrer strengen Gestalt‹ sei bei ihm [Adorno] ›immer nur ihre strenge Freudsche Gestalt‹.«

mit einem Erkenntniswert gleich null. Außerdem kritisiert Ch. Schneider Adornos Beschränkung der psychoanalytischen Behandlung auf Erkenntnis. Adorno (1927, S. 236) hatte geschrieben:

»Die Grundthese aller psychoanalytischen Praxis ist: dass die Heilung aller Neurosen gleichbedeutend ist mit der vollständigen Erkenntnis des Sinns ihrer Symptome durch den Kranken; mit der gelungenen Aufdeckung ihrer Stellung im Bewusstseinszusammenhang und der Gesetzmäßigkeit, der die Symptombildung, also das Zustandekommen der isoliert unverständlichen Fakten, die die Psychoanalyse notwendig machten, unterliegt. Soweit die Psychoanalyse andere Mittel verwendet als die der Erkenntnis, etwa die ›Übertragung‹, die affektive Bindung des Patienten an den Arzt, verwendet sie sie allein als Hilfsmittel und löst dieses Mittel mit der fortschreitenden Erkenntnis selbst auf. Von dem hypnotisch-suggestiven Heilverfahren, aus dem sie sich entwickelte, unterscheidet sie sich wesentlich dadurch, dass sie, selbst auf Kosten augenblicklicher Heilerfolge, niemals bei affektiven Tatbeständen stehen bleibt, sondern unerbittlich auf die Erkenntnis von deren Sinn, als die Einsicht in ihre Stellung im Zusammenhang des Gegebenen. Eine Methode aber, die derart rücksichtslos den Primat der Erkenntnis durchsetzt, lässt sich nicht als ›Therapie‹ von der Erkenntnis sondern. Die Therapie will nichts anderes sein als Erkenntnis.«

An diesem Statement missfällt Ch. Schneider besonders der Satz Adornos, in dem von der Übertragung als Hilfsmittel der Erkenntnis die Rede ist, das mit fortschreitender Erkenntnis aufgelöst wird. Dies sei eine »kühne Interpretation« und der Unwissenheit geschuldet, dass für diese Ansicht »die seinerzeit in der psychoanalytischen Theorie nicht hinreichend erkannten Bedeutung der Übertagung« verantwortlich war (Ch. Schneider, 2011, S. 284f.).

Auch diese Aussagen Adornos sind im Einvernehmen mit der Auffassung der Ziele der psychoanalytischen Therapie und der Übertragung bzw. Übertragungsneurose formuliert, die Freud geäußert hat. Schon 1906 betonte Freud (1907a, S. 118) »das Zusammenfallen von Aufklärung und Heilung«, weist ein paar Jahre später darauf hin, dass man das Unbewusste generell erst erkennen kann, »nachdem es eine [...] Übersetzung in Bewusstes erfahren hat«, und dass »die analytische Arbeit [...] uns täglich die Erfahrung machen [lässt], dass solche Übersetzung möglich ist« (1915b, S. 264). 1926 bezeichnet er die »Psycho-analyse als Wissenschaft des Unbewussten« (1926c, S. 301), und ein Jahr später formuliert er das bekannte »Junktim zwischen Heilen und Forschen«. Es besagt, dass »Erkenntnis« den therapeutischen Erfolg bringt und man nicht behandeln kann, »ohne etwas Neues zu erfahren« (1927a, S. 293).

Über die Übertragung, bzw. die Übertragungsneurose – die spezifische Form, in der die Übertragung in der psychoanalytischen Behandlung noch erscheint – hatte Freud geschrieben, dass »die verborgenen und vergessenen Liebesregungen der Kranken« nicht »*in absentia* oder *in effigie* erschlagen werden« können (1912a, S. 374). Sie sind in der Übertragung erst »aktuell und manifest zu machen« (ebd.), ehe sie »durch Bewusstmachung für die Analyse verwertet« werden können. Freud hält fest, dass die Übertragung »immer wieder vernichtet« werden muss und erst mit der »Lösung der Übertragung […] die Überzeugungsempfindung für die Richtigkeit der konstruierten Zusammenhänge beim Kranken […] hervorgerufen wird« (1905a, S. 281). Auch hier gibt Adorno Freuds Ansicht wieder, dass das therapeutische Handeln in der Psychoanalyse auf Erkenntnis angelegt ist und die Bedeutung der Übertragung gerade darin besteht, dass sie in diesem Erkenntnisprozess als Erkenntnismittel Verwendung findet.

Nicht einverstanden ist Ch. Schneider (2011, S. 285) ferner mit Adornos Zurückweisung von Fromms Auffassung, dass ein gelungener psychoanalytischer Prozess »Güte« aufseiten des Analytikers voraussetzt. Adorno (1952, S. 37f.) hatte notiert:

>»Freuds Kälte, die jene fingierte Unmittelbarkeit zwischen Arzt und Patient von sich weist und das beruflich vermittelte Wesen der Therapie offen bekennt, tut der Idee von Menschlichkeit, indem sie deren Schein unmittelbar ausschließt, mehr Ehre an als tröstlicher Zuspruch und Wärme auf Kommando. In einer Welt, wo Liebe zu einem psychotechnischen Instrument unter anderen geworden ist, wird der Liebe die Treue gehalten durch ein Denken, das darauf besteht, dass der Arzt den Patienten heilen müsse, ohne >menschliches Interesse< zu heucheln.«

Diese Notiz sieht Ch. Schneider (2011, S. 285) »vor allem einer gründlichen Unkenntnis der psychoanalytischen Praxis« geschuldet und darin begründet, dass Adorno sich selbst keiner Psychoanalyse unterzogen hatte, wie wiederholt angemerkt wird. Das Argument, dass Adornos Rezeption der Psychoanalyse fehlerhaft ist, weil er keine eigene Analyse absolviert hat, ist so absurd wie es die Ansicht wäre, ein Literaturwissenschaftler könnte nur Mangelhaftes über Romane sagen, solange er nicht selbst einen Roman geschrieben und veröffentlicht hat. Darüber hinaus ist Adornos Notiz keineswegs fehlerhaft, sondern gibt in anderen Worten präzise Freuds Auffassung wieder, die Freud in den bereits erwähnten Chirurgen- und Spiegel-Metaphern verdeutlichte. Darin rechtfertigt er die »vom Analytiker zu fordernden Gefühlskälte« damit,

> »dass sie für beide Teile die vorteilhaftesten Bedingungen schafft, für den Arzt die wünschenswerte Schonung seines eigenen Affektlebens, für den Kranken das größte Ausmaß von Hilfeleistung, das uns heute möglich ist« (Freud, 1912b, S. 380),

und fordert, dass der Analytiker seinem Analysanden »wie eine Spiegelplatte« (ebd., S. 384) funktionieren soll, der dem Analysanden nur das zeigt, was dem Analytiker gezeigt wird. Bedenkt man ferner, dass bei den heutigen analytischen Psychotherapeuten das Behandlungshonorar im Zentrum des Interesses steht, kann man durchaus den Eindruck gewinnen, als habe Adorno (1944b, S. 71) diesen Sachverhalt schon vor über 70 Jahren vorweggenommen. Damals hatte er geschrieben und zugleich verdeutlicht, gegen welche Art von Güte er argumentiert:

> »Die repressiven Züge Freuds haben nichts zu tun mit jenem Mangel an Güte, auf den die geschäftstüchtigen Revisionisten der strengen Sexualtheorie hinweisen. Die berufsmäßige Güte fingiert des Profits wegen Nähe und Unmittelbarkeit dort, wo keiner vom andern weiß.«

Ch. Schneiders Einlassungen können mithin Adornos Verständnis der Psychoanalyse Freuds nicht infrage stellen. Weder Adornos Gleichsetzung der Bindung an einen Führer mit der Bindung an den behandelnden Psychoanalytiker, seine Auffassung der Übertragung und dass Psychoanalyse auf Erkenntnis zielt, noch seine Forderung nach Gefühlskälte aufseiten des Analytikers lassen sich auf ein fehlerhaftes Psychoanalyseverständnis Adornos zurückführen. Indem Ch. Schneiders Einlassungen eine eher begrenzte Kenntnis der Texte Freuds indizieren, gerät vielmehr das Psychoanalyseverständnis des Kritikers in Zweifel.

Gliederung und Wegweiser

Auf die erwähnten früheren Vermittlungsversuche von Historischen Materialismus und Psychoanalyse werden wir zwar gelegentlich, aber nicht detailliert zu sprechen kommen. In der Wissenschaftsgeschichte der Psychoanalyse sind diese Versuche und ihre Debatte nur eine Fußnote geblieben und haben kaum Spuren hinterlassen. Auch waren nur wenige Psychoanalytiker an der Debatte beteiligt. Gegen den Widerstand des psychoanalytischen Establishments debattierten damals Bernfeld, Fenichel, Fromm, Leistikow, v. Motesiczki (alias Karl Teschitz), Reich und auf historisch-materialistischer Seite nahmen hauptsächlich Jurinetz, Sapir, Sternberg und Stoljarow an der Diskussion teil. Die Debatte wie auch das Scheitern der Vermittlungsversuche sind ausreichend dokumentiert (z. B. Dahmer, 1973; Gente, 1970; Lichtman, 1982; Nitzschke, 1989; Sandkühler, 1970) und ihre Vermittlung wurde letztendlich als Aporie, als ungelöstes Problem in die Geschichte entlassen. Da sich die Untersuchungsobjekte der Psychoanalyse und des Historischen Materialismus – das Individuum einerseits und die gesellschaftlichen Verhältnisse andrerseits – in der Totalität dialektisch durchdringen, kann man sich aber nicht mit Dahmers (1970, S. 79) Diagnose zufriedengeben, dass die beiden Wissenschaften, die Elemente dieser Totalität abbilden, lediglich »koexistieren« können. Wenn man diese Totalität begreifen will, kann man es nicht bei dieser Aporie bzw. der bloßen Koexistenz beider belassen.

Zur Entlarvung dieser Aporie als eine scheinbare sind freilich umfangreiche Vorklärungen nötig. Nach dem bisher Dargelegten gehört dazu eine Auseinandersetzung mit den Einwänden, die sich gegen den Historischen Materialismus *[Kap. II]* und gegen seine Vermittlung mit der Psychoanalyse überhaupt richten *[Kap. III]*. Auch auf die Diskussion von neueren Vermittlungsversuchen *[Kap. IV]* – die von Max Horkheimer, Herbert Marcuse, Alfred Lorenzer und Michael Schneider –, die sich dieser Aporie widersetzten, kann nicht verzichtet werden. Sie lassen die begrifflichen Fallen kenntlich werden, in die man bei einer solchen Vermittlung geraten kann, die Tretminen, die das ganz Unternehmen scheitern lassen, und können als Warnung dienen.

Weil wir Fromms (1932) Forderung teilen, dass die Grundannahmen der Gesellschaftstheorie, mit der die Psychoanalyse zu vermitteln ist, denen der Psychoanalyse epistemologisch entsprechen müssen, werden wir im Vorab auch nach dem Gegenstandsverständnis und dem Untersuchungsverfahren von Historischem Materialismus und Psychoanalyse zu fragen haben *[Kap. V]*. Eine Nachfrage beim Historischen Materialismus ergab, dass es für ihn ein gesellschaftlich Unbewusstes gibt, das auf *noch-nicht-bewusste* gesellschaftliche Prozesse referiert. Wir haben diese Einsicht in einer früheren Arbeit (Zepf & Seel, 2020) ausführlich erörtert und dargestellt, dass sich diese *noch-nicht-bewussten* gesellschaftliche Prozesse vom kulturellen Unbewussten und Noch-Nicht-Bewussten, von dem bei Bourdieu bzw. Bloch die Rede ist, sowie vom personalen dynamisch Unbewussten, von dem die Psychoanalyse handelt, in bestimmten Aspekten unterscheidet und in anderen Aspekten mit ihnen identisch ist. Ferner haben wir darüber aufgeklärt, dass es im Gegensatz zum Alltagsbewusstsein steht und sich darin mystifiziert darstellt, von dem insbesondere von Devereux, Fromm und Erdheim vertretenen psychoanalytischen Konzept eines gesellschaftlichen Unbewussten abgegrenzt. Es wurde empfohlen, das Konzept des gesellschaftlichen Unbewussten, wie es von den genannten Autoren verstanden wird, auf überindividuelle Konflikt*strukturen* zu beziehen, in denen sich Gesellschaft in die Individuen einträgt, und das kulturelle Unbewusste Bourdieus, in dem die Selbstevidenz vorherrschender Ansichten gründen soll, in eine Verbindung von vorbewussten mit unbewussten Inhalten aufzulösen.

In dieser Arbeit haben wir auch erkannt, dass das gesellschaftlich *Noch-Nicht-Bewusste* strukturell dem psychoanalytischen Verständnis des personalen dynamischen Unbewussten verwandt und nicht nur im Alltagsbewusstsein enthalten ist, sondern auch im Seelenleben des Einzelnen existiert, und in den psychoanalytischen Konzepten der Möglichkeit nach begriffen werden könnte. Analog der Psychodynamik in der Neurosenbildung wurden auch die psychoanalytischen Konzepte als ideologische Erscheinungsformen des gesellschaftlich *Noch-Nicht-Bewussten* im psychoanalytischen Bewusstsein ausgewiesen. Wir haben argumentiert, dass sich in den psychoanalytischen Konzepten das dem Menschen äußerliche, aber in ihm erscheinende gesellschaftliche Wesen solange unwissentlich zur Darstellung bringt, wie sich Psychoanalytiker der Realität ihres Gegenstandes verschließen und ihnen die gesellschaftlichen Verhältnisse verborgen bleiben, die für ihn wesentlich sind.

Um die gesellschaftliche Genese subjektiver Bildungsprozesse zu entfalten, und den Nachweis zu führen, dass Neurosen gesellschaftlich bedingt sind und H. Hartmanns, Rapaports und Jones' Vorstellungen der Sachlage angemessen beachtet werden, reichte es jedoch nicht aus, dem gesellschaftlich *Noch-Nicht-Bewussten*, das in den psychoanalytischen Kategorien beheimatet ist, zum Bewusstsein zu verhelfen. Will man Erkenntnisse des Historischen Materialismus mit den Einsichten der Psychoanalyse metatheoretisch vermitteln, ist es ebenfalls erforderlich, die Triebnatur des Menschen als eine Erscheinungsform seiner zweiten, gesellschaftlichen Natur zu enträtseln. Die von der Psychoanalyse behauptete Triebnatur des Menschen wird mithilfe von Laplanches Überlegungen als naturhaft verkannte Erscheinungsform des Sozialen entschlüsselt *[Kap. VI]* und auf ihre Konsistenz mit dem Begriff der »natürlichen Bedürfnisse« von Marx und Engels geprüft *[Kap. VII]*.

Nachdem wir das im Seelenleben und in den psychoanalytischen Konzepten enthaltene gesellschaftlich *Noch-Nicht-Bewusste* skelettiert, die von der Psychoanalyse behauptete Triebnatur des Menschen dekonstruiert und ihre Konsistenz mit dem Begriff der »natürlichen Bedürfnisse« von Marx und Engels aufgewiesen haben, werden wir begründen, warum die Vermittlung von Historischem Materialismus und Psychoanalyse metatheoretischen anzulegen ist *[Kap. VIII]*. Danach werden wir in den Kategorien des Historischen Materialismus und der Psychoanalyse aus der Perspektive der analytischen Sozialpsychologie die Vergesellschaftung des Individuums und die systemstabilisierende Rückwirkung des vergesellschafteten Individuums auf die Gesellschaft nachzeichnen *[Kap. IX]*. Die Vergesellschaftung des Individuums wird sich in dem Sinne als funktional erweisen, als die Individuen ihr personales Unbewusstes in ihre instrumentellen, der Kapitalverwertung dienenden Interaktionen einbinden, es mit dem Warenfetischismus legieren und aus irrationalen Gründen dem ebenso irrationalen kapitalistischen Gesellschaftssystem Dauer verleihen *[Kap. X]*.

Darüber hinaus werden wir das Vermittlungsproblem noch mit dem gegenwärtigen Zustand der Psychoanalyse kontrastieren und die Schwierigkeiten erörtern, die einer Entideologisierung psychoanalytischer Konzepte entgegenstehen. Wir werden darlegen, dass diese Schwierigkeiten vor allem aus einer Verbindung der Bewusstseinsformen des gesellschaftlich *Noch-Nicht-Bewussten* mit dem personalen dynamischen Unbewussten der Psychoanalytiker erwachsen, und mit nur wenig Hoffnung auf eine bessere Zukunft die Bedingungen erörtern, unter denen trotz der bestehenden Schwierigkeiten eine solche Vermittlung von Historischem Materialismus und Psychoanalyse vielleicht noch bewerkstelligt werden könnte *[Kap. XI]*.

Um Missverständnissen vorzubeugen und den Eindruck sich erst gar nicht als Überzeugung verfestigen zu lassen, dass auch wir uns jenem dogmatischen Wahrheitsanspruch verschrieben haben, der dem Marxismus innewohnen soll, wollen wir nochmals ausdrücklich betonen: Zwar sind wir der objektiven Wahrheit ebenso verpflichtet wie einer Vergangenheit, deren ungelöste Fragen noch immer in die Gegenwart hineinragen. Aber mit dieser Mutmaßung würde man auch uns Herrn Dührings Anspruch auf absolute Wahrheit zuschreiben, der Marx und Engels unverändert unterstellt wird, obwohl sie diesen Anspruch, wie wir bereits angemerkt haben, durchgängig und entschieden kritisierten (z. B. Engels, 1878, S. 78–88)[7] und für nicht realisierbar hielten (Engels, 1880, S. 206f.). Albert Camus schrieb: »Das Unrecht, das wir Marx angetan haben, werden wir nie wiedergutmachen können« (zit. n. Ebbighausen, 2013), und zu diesem Unrecht gehört auch die ideologische Vernebelung des Umstands, dass Marx und Engels für ihre Theorie keine absolute Wahrheit beanspruchten, sogar die Voraussetzungen ihrer Unwahrheit benannten und ihre Theorie darüber hinaus auf ihre eigene Überwindung hin angelegt ist. Auch wenn wir also unsere Position als historisch-materialistisch zu erkennen geben, wollen wir unsere Überlegungen lediglich zur Diskussion stellen – mit dem Ansinnen, sie auf Konsistenz zu prüfen und daraufhin zu befragen, ob sie überzeugen. Dazu gehört, sie entlang des Kriteriums zu bemessen, das für den Wahrheitsbegriff gilt, den wir vertreten. Erscheinen sie als konsistent, leuchten sie ein und erweisen sich als wahr, wenn man sie an der gesellschaftlichen Praxis misst, mag ein jeder die ihm eigenen Schlüsse ziehen. Das aber sollte er.

---

7 Dort ist u. a. zu lesen: »Wer aber den Maßstab echter, unwandelbarer, endgültiger Wahrheit letzter Instanz an Erkenntnisse legt […], der beweist damit nur seine eigne Unwissenheit und Verkehrtheit« (Engels, 1878, S. 84).

II Historischer Materialismus: Einwände

>»Nach materialistischer Geschichtsauffassung ist *das* in letzter Instanz bestimmende Moment in der Geschichte die Produktion und Reproduktion des wirklichen Lebens. Mehr hat weder Marx noch ich je behauptet. Wenn nun jemand das dahin verdreht, das ökonomische Moment sei das einzig bestimmende, so verwandelt er jenen Satz in eine nichtssagende, abstrakte, absurde Phrase.«
>
> *Friedrich Engels, 1890a*

Die historisch-materialistische Gesellschaftstheorie war und ist Gegenstand vielfacher Kritik, und wir wollen uns wenigstens mit den wichtigsten Einwänden auseinandersetzen, die gegen sie gerichtet sind. Dazu gehören die Bedenken, die vor allem gegenüber der *Arbeitswerttheorie* geäußert werden, sowie die Argumente, der Historische Materialismus wäre historisch überholt (Popper, 1957; Habermas, 1963), seine Prognosen hätten sich als falsch erwiesen, er sei unwissenschaftlich, ideologisch und stelle überhaupt einen Irrweg dar.

Die Kritik an Marx' *Arbeitswerttheorie*

Weil Marx' *Arbeitswerttheorie* der Entstehung von Kapital und der Kapitalakkumulation zugrunde liegt, ist sie nicht nur die Basis einer Kritik der politischen Ökonomie des Kapitals. Sie ist zugleich eine Struktur- und Handlungstheorie, aus der sich eine Strategie für eine mögliche gesellschaftsverändernde Praxis ergibt. In ihrem Zentrum steht die Auffassung, dass der Zeitaufwand, den Menschen im gesellschaftlichen Durchschnitt für die Herstellung einer Ware benötigen, den Tauschwert einer Ware verantwortet.[8] Die Gebrauchswerte der Waren werden als Vergegenständlichung konkreter Arbeit verstanden und die Tauschwerte der Waren als Kristallisationen unterschiedsloser, d.h. abstrakter menschlicher Arbeit begriffen. Dies gilt auch für die Herstellung der Produktionsmittel und der Arbeitskraft, die bei der Produktion einer Ware benutzt werden. Auch ihre

---

8 »Wir wissen, dass der Wert jeder Ware bestimmt ist durch das Quantum der in ihrem Gebrauchswert materialisierten Arbeit, durch die zu ihrer Produktion gesellschaftlich notwendige Arbeitszeit« (Marx, 1867, S. 201).

Herstellung erfordert menschliche Arbeit, sie sind mithin ebenfalls eine Vergegenständlichung abstrakter menschlicher Arbeit und haben insoweit auch einen Tauschwert.[9]

Die Aufwendungen menschlicher Arbeit gliedern sich in Arbeit, die für die Herstellung und Reproduktion der Arbeitskraft selbst notwendig ist, und in eine, die darüber hinausgeht und in der der Mehrwert hergestellt wird.[10] Der Mehrwert unterteilt sich in den sog. *absolute* und den *relativen* Mehrwert. Der *absolute* Mehrwert entsteht durch die Verlängerung der Arbeitszeit, die für die Herstellung und Reproduktion der Arbeitskraft notwendig ist, der *relative* Mehrwert entsteht aus einer Verkürzung der für die Reproduktion der Arbeitskraft notwendigen Arbeitszeit.[11] Um diese Verkürzung zu erreichen, muss die Arbeitsproduktivität gesteigert werden,[12] vor allem in den Wirtschaftsbereichen, in denen die Konsumgüter und die Produktionsmittel für diese Güter produziert werden. Über den *absoluten* und *relativen* Mehrwert können allein die Eigentümer der Produktionsmittel der Waren verfügen. All diese Wertarten sind im Tauschwert einer Ware enthalten, der sich auf dem Markt über den Preis realisiert.

Während sich der Tauschwert der Ware in der Produktion generiert, entsteht der Preis der Ware in der Warenzirkulation. Im Unterschied zu ihrem Wert entsteht der Preis einer Ware in der Konsumtion, und zwar

---

9 »Der Wert der Arbeitskraft, gleich dem jeder anderen Ware, ist bestimmt durch zur Produktion, als auch Reproduktion, dieses spezifischen Artikels notwendigen Arbeitszeit. Soweit sie Wert, repräsentiert die Arbeitskraft selbst nur ein bestimmtes Quantum in ihr vergegenständlichter gesellschaftlicher Durchschnittsarbeit. Die Arbeitskraft existiert nur als Anlage des lebendigen Individuums. Ihre Produktion setzt also seine Existenz voraus. Die Existenz des Individuums gegeben, besteht die Produktion der Arbeitskraft in seiner eigenen Reproduktion oder Erhaltung« (Marx, 1867, S. 184f.).

10 Marx verstand seine Arbeitswerttheorie als methodisches Instrument zur begrifflichen Rekonstruktion der Spezifik der kapitalistischen Wertproduktion. Sie wird zum Schlüssel für die Lösung des Mehrwertproblems, das Ricardo nicht zu lösen vermocht hatte. Für Marx wird es damit möglich, die kapitalistische Ausbeutung zu erklären und die Richtung des Klassenkampfes zu begründen (z.B. Ludwig, 1979).

11 Lukács (1966, S. 267) sieht zu Recht, dass sich die Ausbeutung der Lohnabhängigen »durch den absoluten Mehrwert« mehr und mehr »in Richtung auf die Ausbeutung durch den relativen Mehrwert verschiebt«, sodass »eine Steigerung der Ausbeutung bei einer Erhöhung des Lebensniveaus der Arbeiter möglich« wird.

12 Von 1977 bis 2017 stieg in den USA die Arbeitsproduktivität um etwa 60%, während sich die realen Stundenlöhne der meisten Amerikaner von 1979 an kaum veränderten (Mazzucato, 2018, S. 11).

im Wesentlichen aus dem Verhältnis von Angebot und Nachfrage.[13] Die Preisbildung, die um den Tauschwert der Ware oszilliert, ist die Bewertung der Verkäuflichkeit einer Ware. Aus dem Preis, der Erscheinungsform des Tauschwertes einer Ware auf dem Markt, entwickelten sich – vermittels der technologischen Entwicklung der Produktionsmittel – weitere Erscheinungsformen des Preises, Duplikate des realen Kapitals, die sich auf den Finanzmärkten verselbstständigten. Es entstand ein »Dualismus von ›Realwirtschaft‹ und ›finanziellem Erscheinungsbild‹« (Amin, 2010, S. 59). Zu Recht sieht Amin, dass sich der Kapitalismus nicht allein durch den Privatbesitz an realen Produktionsmitteln, sondern ebenso durch »Eigentumsinstrumente« kennzeichnet, die sich auf reales Eigentum beziehen. Wie die Börsennotierung der Eigentumstitel,[14] der Handel mit Derivaten und Devisen, die Giralgeldschöpfung der Banken etc. zeigen, zirkulieren die Eigentumsinstrumente selbst als Waren, sodass mit den neuen Formen der Wertschöpfung der Schein entstehen konnte, die Werte selbst entstünden aus dem Verhältnis von Angebot und Nachfrage, bzw. dass das Kapital oder der Boden selbst Werte schaffe. Wie bereits eingangs gesagt, folgt dieser Schein aus der Entfremdung der Menschen von den Produkten ihrer Tätigkeit. Amin (ebd., S. 101) hält die »Entfremdung« für »das Rückgrat der […] herrschenden Ideologie in der Gesell-

---

13 »Mit der Verwandlung der Wertgröße in Preis erscheint dies notwendige Verhältnis als Austauschverhältnis einer Ware mit der außer ihr existierenden Geldware. In diesem Verhältnis kann sich aber ebensowohl die Wertgröße der Ware ausdrücken, als das Mehr oder Minder, worin sie unter gegebnen Umständen veräußerlich ist. Die Möglichkeit quantitativer Inkongruenz zwischen Preis und Wertgröße, oder der Abweichung des Preises von der Wertgröße, liegt also in der Preisform selbst« (Marx, 1867, S. 117).

14 »Die Eigentumstitel auf Gesellschaftsgeschäfte, Eisenbahnen, Bergwerke etc. sind […] zwar in der Tat Titel auf wirkliches Kapital. Indes geben sie keine Verfügung über dies Kapital. Es kann nicht entzogen werden. Sie geben nur Rechtsansprüche auf einen Teil des von demselben zu erwerbenden Mehrwerts. Aber diese Titel werden […] papierne Duplikate des wirklichen Kapitals […]. Sie werden zu Formen des zinstragenden Kapitals, weil sie nicht nur gewisse Erträge sichern, sondern auch, weil durch Verkauf ihre Rückzahlung als Kapitalwerte erhalten werden kann. Soweit die Akkumulation dieser Papiere die Akkumulation von Eisenbahnen, Bergwerken, Dampfschiffen etc. ausdrückt, drückt sie Erweiterung des wirklichen Reproduktionsprozesses aus, ganz wie die Erweiterung einer Steuerliste z. B. auf Mobiliareigentum die Expansion dieses Mobiliars anzeigt. Aber als Duplikate, die selbst als Waren verhandelbar sind und daher selbst als Kapitalwerte zirkulieren, sind sie illusorisch, und ihr Wertbetrag kann fallen und steigen ganz unabhängig von der Wertbewegung des wirklichen Kapitals, auf das sie Titel sind« (Marx, 1894a, S. 494).

schaft [...] und [...] unerlässlich für die Reproduktion der kapitalistischen Produktionsverhältnisse«.

Das Konzept der *Produktionsfaktoren*

Diesem Schein sitzen die bürgerlichen Ökonomen mit ihrem Konzept der *Produktionsfaktoren* auf. Von den meisten bürgerlichen Ökonomen wird bestritten, dass die menschliche Arbeit die alleinige Quelle der Wertschöpfung ist. Das *Gabler Wirtschaftslexikon* (2018) fasst die in den meisten Lehrbüchern vertretene Ansicht dahingehend zusammen, dass für die Wertschöpfung nicht nur menschliche Arbeit, sondern auch Boden und Kapital als gleichberechtigte Faktoren verantwortlich sind. Fröhlich (2009) zeigt, dass die unterschiedlichen Ausformulierungen dieses Konzepts auf Jean-Baptiste Say (1803) basieren, der diese Lehre systematisiert und eine subjektive Werttheorie vertreten hatte. Seiner Ansicht nach könne Produktion nichts anderes sein als die Produktion von Nützlichkeit, und die Nützlichkeit einer Ware bedinge ihre Wertigkeit. Jahre vor Marx und Engels hatte Say (ebd., S. 3f.) das Gemeinsame des Werts eines Gutes auf seine Nützlichkeit zurückgeführt:

> »La valeur que les hommes attachent aux choses, a son premier fondement dans l'usage qu'ils en peuvent faire. [...] Toujours est-il vrai que si les hommes attachent de la valeur à une chose, c'est en raison de ses usages: ce qui n'est bon à rien, ils n'y mettent aucun prix. Cette faculté qu'ont certaines choses de pouvoir satisfaire aux divers besoins des hommes, qu'on me permette de la nommer *utilité*. Je dirai que créer des objets qui ont une utilité quelconque, c'est créer des richesses, puisque l'utilité de ces choses est le premier fondement de leur valeur, et que leur valeur est de la richesse. Mais on ne crée pas des objets : la masse des matières dont se compose le monde ne saurait augmenter ni diminuer. Tout ce que nous pouvons faire, c'est de reproduire ces matières sous une autre forme qui les rende propres à un usage quelconque qu'elles n'avaient pas, ou seulement qui augmente l'utilité qu'elles pouvaient avoir. Alors il y a création, non pas de matière, mais d'utilité ; et comme cette utilité leur donne de la valeur, il y a *production de richesses*. [...] La production n'est point une création de matière, mais une création d'utilité« (ebd., S. 3f.).[15]

---

15 »Der Wert, den Menschen den Dingen beimessen, gründet zuvorderst im Nutzen, den die Dinge für sie haben [...]. Wenn Menschen ein Objekt schätzen, dann wegen seines

Da Boden, Kapital und Arbeit in derselben Weise nützlich sind, schaffen sie auch gleichermaßen Wert. Boden, Kapital und Arbeit werden als selbstständige Quellen für Grundrente, Zins, und Lohn verstanden. Im folgenden Zitat sind unter dem Oberbegriff »l'industrie« alle Arbeitsleistungen zusammengefasst:

> »Soit qu'on prête de l'industrie, un capital ou un fonds de terre, ces choses concourant à créer une valeur, leur usage est une valeur aussi, et se paie pour l'ordinaire. Le paiement d'une industrie prêtée se nomme un *salaire*. Le paiement d'un capital prêté se nomme un *intérêt*. Le paiement d'un fond de terre prêté se nomme un *fermage* ou un *loyer*« (ebd., S. 36f.).[16]

Ludwig (1979) weist darauf hin, dass vor dem Hintergrund dieses Ansatzes die objektiven ökonomischen Werte und die subjektiven Werte nicht mehr zu unterscheiden sind, objektive und subjektive Werttheorien als gleichberechtigte Variationen einer allgemeinen Theorie des Güterwerts behandelt werden können, sodass problemlos von der objektiven zur subjektiven Werttheorie gewechselt werden kann. Es ist klar, wenn allen Werten Güter zugrunde liegen und diese Güter mit individuellen Bedürfnissen korrespondieren, besteht natürlich der allgemeine Nenner, auf den sich alle Werte bringen lassen, in der Bewertung der Güter durch das Individuum. »Auf diesem Wege«, urteilt Ludwig (ebd., S. 307), »wird der Subjekti-

---

Gebrauchs: was für nichts gut ist, hat auch keinen Preis. Diese Fähigkeit, die bestimmte Dinge haben und die verschiedenen Bedürfnisse der Menschen befriedigen, möchte ich als *Nützlichkeit* bezeichnen. Ich würde sagen, die Schaffung von Objekten, die überhaupt einen solchen Nutzen haben, schafft Reichtum, denn der Nutzen dieser Dinge ist die erste Grundlage für ihren Wert und ihr Wert ist Reichtum. Wir erschaffen keine Objekte: die Masse der Materialien, aus denen sich die Welt zusammensetzt, kann nicht zunehmen oder abnehmen. Alles, was wir tun können, ist, diese Materialien in einer anderen Form zu reproduzieren, die sie für eine Verwendung geeignet macht, die sie nicht hatten, oder die den Nutzen erhöht, den sie haben könnten. Wir erschaffen nicht Materie, sondern Nutzen; und da dieser Nutzen der Materie Wert verleiht, gibt es *Produktion von Reichtum* […]. Produktion ist keine Erschaffung von Materie, sondern eine Erschaffung von Nutzen« (Übers.: Th. Simonelli).

16 »Ob wir es mit dem produzierenden Gewerbe, Kapital oder Land zu tun haben, zusammen schaffen diese Dinge einen Wert. Ihre Nutzung ist auch ein Wert, wofür gewöhnlich bezahlt wird. Die Bezahlung für das produzierende Gewerbe wird als *Gehalt* bezeichnet. Die Bezahlung für einen Kapitalkredit wird als *Zins* bezeichnet. Die Bezahlung eines Grundstücksdarlehens wird als *Miete* oder *Pacht* bezeichnet« (Übers.: Th. Simonelli).

vismus in die Ökonomie eingeführt und durch die anthropologisierende Redeweise gleichzeitig kaschiert«.

Fröhlich (2009) wendet ein, dass sich Nützlichkeit nicht quantifizieren lässt und somit auch nicht als Wertmaßstab dienen kann, und Robinson (1965, S. 60) erkannte schon vor über 50 Jahren im Begriff des »Nutzen« ein tautologisches Konstrukt:

> »*Nutzen* ist ein metaphysischer Begriff von unüberwindbarer Zirkularität; *Nutzen* ist diejenige Eigenschaft der Güter, die den Individuen ihren Erwerb wünschenswert erscheinen lässt, und die Tatsache, dass die Individuen Güter zu kaufen wünschen zeigt wiederum, dass sie *Nutzen* haben.«

Marx selbst hielt die Idee verschiedener und voneinander unabhängigen und Werte produzierenden Produktionsfaktoren für falsch. Er sah in Says Vorstellungen eine »verzauberte, verkehrte und auf den Kopf gestellte Welt, wo Monsieur le Capital und Madame la Terre als soziale Charaktere und zugleich unmittelbar als bloße Dinge ihren Spuk treiben« (Marx, 1894a, S. 838) und ironisierte die Auffassung »Kapital – Profit (Unternehmergewinn plus Zins), Boden – Grundrente, Arbeit – Arbeitslohn« als »trinitarische Formel« (ebd., S. 822).

Wenn neuerdings der Boden unter das Kapital subsumiert wird und nur noch zwei Faktoren – Arbeit und Kapital – angeführt werden, ändert das nichts an der Kritik, die Fröhlich (2009, S. 77) übt, nämlich dass es bei dieser Lehre nicht um eine Erklärung ökonomischer Zusammenhänge, »sondern [...] um die *Legitimation* ›arbeitsloser‹ Einkommen« handelt:

> »In der Lehre von den Produktionsfaktoren wird eine technische Notwendigkeit (in jedem Produktionsprozess braucht man Produktionsmittel) zur Legitimierung einer bestimmten sozialen Struktur (Privateigentum an den Produktionsmitteln und die hierauf basierenden Einkommen) zweckentfremdet« (ebd.).

Die *Grenznutzentheorie*

Mit der Wertschöpfung durch die verschiedenen Formen des Finanzkapitals fiel die Wertschöpfung durch die produktive Arbeit des Menschen zunehmend ins Gesichtsfeld jenes blinden Flecks, der für die *Grenznutzen-*

theorie charakteristisch ist. Gegen Marx' *Arbeitswerttheorie* wendet bspw. Posener (2017) ein, dass Marx' Unterscheidung von Wert und Preis einer Ware gänzlich unsinnig wäre:

>»Es gibt keinen ›Wert an sich‹, ebenso wenig wie es eine Welt der Dinge an sich hinter der Welt der Erscheinungen gibt. What you see is what you get. Und damit löst sich die gesamte Marxsche Werttheorie in Luft auf.«

Nach Pfreundschuh (2017) geht die *Grenznutzentheorie* davon aus, dass sich der Wert einer Ware im Warentausch nach der Einschätzung der Ware durch das Subjekt bemisst. Wie in der Theorie der *Produktionsfaktoren* reflektieren Preise auch in der *Grenznutzentheorie* den Nutzen, den eine Ware für den Käufer hat. Auch hier entsteht der Wert der Waren erst aus dem Tauschverhältnis, destilliert sich aus dem Verhältnis von Angebot und Nachfrage,[17] aus der Spannweite zwischen dem Preis, der bei größtmöglichem Nutzen bezahlt wird, und dem Preis, der für einen Nutzen gerade noch bezahlt wird. Mazzucato (2018, S. 93) illustriert eine solche Variation des Nutzens am Beispiel eines Mars-Riegels:

>»Der erst Mars-Riegel, den Sie am Tag essen, mag ihnen großen Nutzen – Genuss, wenn nicht gar ein Glücksgefühl – bringen; er mundet Ihnen und hilft Ihnen vielleicht auch gegen den ärgsten Hunger. Aber mit jedem weiteren Riegel, den Sie essen, wird er Ihnen weniger munden, wenn Ihnen nicht gar irgendwann Übel wird. Es kommt unweigerlich der Punkt, an dem der aus dem Schokoriegel gezogene Nutzen abnehmen wird. So wird der Nutzen des letzten Riegels weniger, möglicherweise weit weniger groß ausfallen als der der zuvor konsumierten Riegel. Wir können von einem ›abnehmenden Grenznutzen‹ sprechen – in diesem Fall dem eines Schokoriegels, der Ihnen von Riegel zu Riegel weniger Wert sein wird. Umgekehrt gilt für ein Gut: Je knapper oder seltener es ist, desto mehr Nutzen ziehen Sie daraus – wir können von einem ›zunehmenden Grenznutzen‹ sprechen. Ein einziger

---

17 Es gibt noch andere Wege der Preisgestaltung. Bei der sog. »wertorientierten Preisgestaltung« wird in der Pharmaindustrie der Preis eines Medikaments nach Maßgabe der Kosten kalkuliert, die entstünden, wenn eine Krankheit mit dem zweitbesten Medikament oder gar nicht behandelt würde. Diese Art der Kalkulation führte 2014 dazu, dass für eine dreimonatige Behandlung des Hepatitis-C-Virus von dem Pharmagigant Gilead $ 94.500,– veranschlagt wurden (Mazzucato, 2018, S. 14).

Mars-Riegel auf einer einsamen Insel kann Ihnen mehr Glück verschaffen als eine beliebige Anzahl von Mars-Riegeln aus dem Laden an der Ecke.«

Auch in diesem Fall wollen wir auf die verschiedenen Spielarten dieser Theorie nur insoweit eingehen, dass mit ihrem gemeinsamen Moment unsere Position Kontur gewinnt. Das Gemeinsame der verschiedenen Spielarten besteht darin, dass – wie im Konzept der *Produktionsfaktoren* – der Nutzen als Grundlage des Werts auch bei ihnen eine tautologische Konstruktion ist und somit über den Wert gar nicht aufklären kann. Dies mag daran liegen, dass sich im Begriff des »Nutzens«, wie er im Konzept *Produktionsfaktoren* und in der *Grenznutzentheorie* verwendet wird, insgeheim ein anderer Nutzen in einem falschen Begriff und ideologisch verfremdet ins Bewusstsein eingelassen hat, nämlich der Nutzen, den Menschen für den Selbstverwertungsprozess des Kapitals besitzen. Dem Selbstverwertungsprozess des Kapitals, der unseren gesellschaftlichen Verhältnissen zugrunde liegt und sie bestimmt, sind Menschen als Warenproduzenten, die Mehrwert produzieren, sowie als Warenkonsumenten von Nutzen, indem sie den von ihnen produzierten Mehrwert realisieren und aus dem Kapital, das in die Warenproduktion investiert wurde, mehr Kapital erwirtschaften.

Eine weitere Gemeinsamkeit besteht darin, dass – wie Ricardo – auch diese Spielarten allesamt nicht in der Lage sind, *in* der konkreten Arbeit die wertschöpfende abstrakte Arbeit zu erkennen. In ihnen wird Preis und Wert einer Ware gleichgesetzt, auf das Verhältnis von Angebot und Nachfrage zurückgeführt und mit der Vernachlässigung von Marx' Unterscheidung von Wert und Preis die Differenz von Wesen und Erscheinung verkannt. So konfrontiert Posener (2017) Marx' Auffassung der wertschaffenden abstrakten Arbeit mit einer Aussage Gertrude Steins – »›A rose is a rose is a rose‹« und nicht die Erscheinungsform einer Rose an sich« – und missversteht Marx' Rekonstruktion des Konkreten als Gedankenkonkretum als Entstehungsprozess des Konkreten selbst.

Mit der Verkennung der Erscheinungsform des Tauschwertes als dessen Wesen wird der Kapitalismuskritik von Marx die ökonomische Basis entzogen und der ideologische Charakter dieser Theorie offenbar. Es galt, die Theorie auf bürgerliche Weise zu rekonstruieren, das gesellschaftliche Ausbeutungsverhältnis zu verschleiern und die existierenden Machtverhältnisse zu festigen, indem das kritische und »systemüberwindende« Potenzial von Marx' Mehrwerttheorie, wie etwa von Becker (1975, S. 208) gefordert, zum Schweigen gebracht wird (z. B. Ludwig, 1979).

Der Kapitalismus, der in der gesellschaftlichen Produktion und der privaten Aneignung des produzierten Mehrprodukts gründet, wird auf ein Verteilungsproblem reduziert, das durch Verteilungsgerechtigkeit und den Kampf um gerechten Lohn aufgehoben werden kann. Führt man freilich das Wesen der Ausbeutung anderer auf die bloße Gier der Kapitalisten zurück, wird der Kern des Problems verschleiert und den von der Ökonomie längst verdinglichten Subjekten noch ein humaner Anstrich verliehen.

Sowohl das Konzept der *Produktionsfaktoren* als auch die *Grenznutzentheorie* fallen hinter Marx' *Arbeitswerttheorie* zurück. Dies gilt ebenso für die *monetäre Werttheorie,* den sog. *Postoperaismus* und die erst kürzlich erschienenen *Überlegungen von Mazzucato* (2018).

Die *monetäre Werttheorie*

Die *monetäre Werttheorie* gehört ebenso zu den Versuchen, Marx' *Arbeitswerttheorie* zu beerdigen, wie das Konzept der *Produktionsfaktoren* und die *Grenznutzentheorie*. Sie liegt in verschiedenen Ausfertigungen vor, die sich vor allem in ihren Begründungen unterscheiden (s. Elbe, 2008). Anhand von Heinrichs (1991) Auffassung wollen wir sie exemplarisch und auf das Wesentliche reduziert erörtern. Heinrich (ebd., S. 216), der Marx' *Arbeitswerttheorie* von ihren Einflüssen der klassischen Ökonomie reinigen und weiterentwickeln will, interpretiert Marx' Warenbegriff u. a. dahingehend, dass »die Produkte ihre Wertgegenständlichkeit erst im Austausch erhalten, vor dem Austausch also noch gar keine Waren sind«. Die Wertgegenständlichkeit wäre keine substanzielle, sondern eine gesellschaftliche, und die Wertgröße würde sich im Geld darstellen, das für eine Ware bezahlt wird. Geld wiederum wäre keine Ware, sondern ein Wertzeichen, das selbst keinen Wert habe (ebd., S. 324).

Es ist unschwer zu sehen, dass in dieser Weiterentwicklung Marx' *Arbeitswerttheorie* auf der Strecke bleibt und affirmativ gewendet wird. Backhaus & Reichelt (1995, S. 68) wenden ein, dass sich Heinrich in die bürgerliche »Zweiweltenlehre« einreiht, eine zweigeteilte Welt, in der es in der einen Hälfte nur Produkte und keine Waren gibt, und in der anderen Welt Waren und der Warentausch vorliegen. Sandleben (2008) kritisiert zu Recht, dass Heinrich Marx' Theorie negiert, die Wertbildung von der Warenproduktion in die Warenzirkulation verschiebt und mit dem Streichen der Kategorie der »Wertsubstanz« Mehrwertproduktion und Ausbeutung ebenso abschafft und hinter Marx' Werttheorie zurückfällt. Während Marx' Theorie Wert und Preis einer Ware unterscheidet setzt Heinrich Wert und Preis einer Ware als identisch, und verflacht Marx' Theorie somit zu einer Preistheorie. In Marx' Auffassung wird in der Produktion mit dem Gebrauchswert auch der Tauschwert einer Ware hergestellt, die Warenpreise »oszillieren« (Engels, 1895/96, S. 909) in der Zirkulationssphäre um ihre Tauschwerte, der vergegenständlichten menschlichen Arbeitskraft, werden »durch Nachfrage und Angebot« bestimmt (ebd., S. 901f.) und als eine Erscheinungsform des Wertes einer Ware in der Zirkulationssphäre verstanden.

Wir stimmen mit Metzger (2011, S. 42) überein, dass die *monetäre Werttheorie* dem »Geldfetisch« unterliegt, den Engels (1895/96, S. 909) so beschrieb:

> »Der wichtigste und einschneidendste Fortschritt war der Übergang zum Metallgeld, der aber auch die Folge hatte, dass nun die Wertbestimmung durch die Arbeitszeit nicht länger auf der Oberfläche des Warenaustausches sichtbar erschien. Das Geld wurde für die praktische Auffassung der entscheidende Wertmesser, und dies umso mehr [...] je weniger also die zu ihrer Herstellung nötige Arbeitszeit sich kontrollieren ließ. [...] das Geld begann in der Volksvorstellung den absoluten Wert zu repräsentieren.«

Der *Postoperaismus*

Der *Postoperaismus*, der bspw. von Hardt & Negri (2000; 2004) vertreten wird, versucht Marx' *Arbeitswerttheorie* für die Gegenwart durch Historisierung außer Kraft zu setzen. Hardt & Negri gehen davon aus, dass im heutigen Kapitalismus das ganze Leben unter das Kapital subsumiert ist, Werte schafft und die immaterielle Arbeit dominiert. Zu dieser immateriellen Arbeit gehört die »Produktion von Ideen, Vorstellung, Kommunikation, Kooperation und affektive Beziehungen«, mithin des »gesellschaftliche[n] Leben[s] als solches« (2004, S. 166). Weil sich Lebenszeit nicht mehr in Arbeitszeit und Freizeit gliedern lasse, könne die abstrakte Arbeit auch nicht mehr die Wertgröße immaterieller Arbeit messen. »Die Hegemonie der immateriellen Arbeit«, schreiben Hardt & Negri (ebd., S. 130),

> »verändert tendenziell die Bedingungen der Arbeit. Man denke nur daran, wie sich der Arbeitstag unter dem immateriellen Paradigma transformiert, wie also die Einteilung in Arbeits- und Freizeit immer weniger definiert ist.

Unter dem industriellen Paradigma produzierten Arbeiter fast ausschließlich während der Arbeitszeit in der Fabrik. Wenn Produktion allerdings bedeutet, ein Problem zu lösen, eine Idee hervorzubringen oder eine Beziehung aufzubauen, dann tendiert die Arbeitszeit dazu, sich über die gesamte Lebenszeit auszudehnen. Eine Idee oder ein Bild entsteht nicht nur im Büro, sondern auch unter der Dusche oder in Träumen.«

Da Hardt & Negri davon ausgehen, dass Marx' *Arbeitswerttheorie* messbare Zeitquanten voraussetzt, wird diese Theorie in ihren Augen der gegenwärtigen Lage nicht mehr gerecht. Sie wäre von der gesellschaftlichen Realität überholt worden:

>»Unter dem gegenwärtigen Paradigma der immateriellen Produktion lassen sich die Werttheorie und entsprechend auch die Ausbeutung nicht ausgehend von messbaren Zeitquanten denken« (ebd., S. 171).

In ihrer Sicht werden Werte nicht mehr von Arbeitszeiten, sondern vom Leben selbst bestimmt. »Die Bestimmung des Werts von Arbeit und Produktion«, heißt es, liegen

>»tief im Inneren des Lebens. Die Industrie produziert nur das an Mehrwert, was durch gesellschaftliche Tätigkeit erzeugt wird – und genau aus diesem Grund liegt der Wert, unter einer Unmenge von Leben, jenseits allen Maßes« (2000, S. 373).

Und dieser Mehrwert ist nicht mehr in Waren vergegenständlicht und realisierungsbedürftig:

>»Es gäbe heute keinen Mehrwert, wäre die Produktion nicht allerorts von gesellschaftlicher Intelligenz [...] und zugleich von affektiven Ausdrucksformen, welche die gesellschaftlichen Verhältnisse bestimmen und die Artikulationen des sozialen Wesens regeln, beseelt. Der Wertüberschuss liegt heute in den Affekten begründet, in den kreuz und quer von Wissen durchzogenen Körpern, in der geistigen Intelligenz sowie in der bloßen Macht zu handeln« (ebd., S. 373).

Der Mehrwert fände sich heute im gemeinsam Produzierten, würde von Kapital nachträglich angeeignet und privatisiert. Dazu gehöre die Aneignung von »Sprachen, Ideen und Wissen: Was gemeinsam geschaffen ist, wird privat« (2004, S. 171).

Der Grundirrtum dieser Auffassung liegt in der falschen Historisierung. Hardt & Negri glauben fälschlicherweise, dass in einem früheren Stadium des Kapitalismus – etwa dem Industriezeitalter – der Wert einer Ware messbar gewesen wäre und die Kapitalisten gewusst hätten, wie viel wertbildende abstrakte Arbeit in ihren Produkten vergegenständlicht ist. Dagegen spricht nicht nur die Feststellung Engels (1895/96, S. 903), dass der »Wert [...] nicht im Bewusstsein der kapitalistischen Produktionsagenten [lebt]«, sondern auch Marx' Warenanalyse. Wir erinnern: Waren haben einen Gebrauchswert (für andere) und einen Tauschwert, der entscheidend durch die Arbeitszeit bestimmt wird, die für ihre Herstellung im gesellschaftlichen Durchschnitt benötigt wird. Aber bei der Wertgröße einer Ware handelt es sich nicht um eine ihrer sinnlichen Eigenschaften, die ihr unmittelbar zu entnehmen wäre. Die Wertgröße wird zunächst in einer anderen Ware[18] – sie gilt als Äquivalentform – und dann über den Preis, in dessen Gestalt der Wert später in der Warenzirkulation erscheint, im Geld verkörpert und dargestellt, der allgemeinen Äquivalentform.

Glaubt man hingegen, dass sich der Wert einer Ware vor dem Austausch an ihr selbst bestimmen lässt, negiert man, dass Wert »etwas rein Gesellschaftliches« ist (Marx, 1867, S. 71), ein *gesellschaftliches* Verhältnis zwischen den Arbeitszeiten, welche die einzelnen Produzenten für die Herstellung ihrer Ware aufgewendet haben. Leugnet man, dass sich der Wert einer Ware nur in einem gesellschaftlichen Verhältnis darstellen kann, sitzt man dem von Marx beschriebenen Warenfetischismus auch dann auf, wenn man unterstellt, dass sich abstrakte Arbeitszeit im Wert der Ware vergegenständlicht. Denn man tut so, als ließe sich der Wert, wie jede andere Eigenschaft, ebenfalls als Eigenschaft einer Ware bestimmen. Weil Eigenschaften eines Gegenstandes nicht aus seinem Verhältnis zu anderen Gegenständen entstehen und sich in solchen Verhältnissen nur darstellen, scheint auch eine Ware ihre »Eigenschaft unmittelbarer Austauschbarkeit ebenso sehr von Natur zu besitzen wie [die] Eigenschaft, schwer zu sein oder warm zu halten« (ebd., S. 71f.).

---

18 Wird zur Produktion der Ware A doppelt so viel Arbeitszeit aufgewandt wie zur Produktion der Ware B, tauschen sich die Waren A und B im Verhältnis 1:2. Der Wert der Ware A ist 2 x Ware B, und der Wert der Ware B ist ½ x Ware A. Die Ware A ist die Existenzform des Wertes der Ware B, und die Ware B die Existenzform des Wertes der Ware A.

Allerdings ist der Wert auch nicht eine bloß »logische Tatsache, die [...] keine empirisch messbare ist«, wie Metzger (2011, S. 164) unter Hinweis auf Engels meint. Engels (1895/96, S. 903f.) hatte geschrieben:

> »Der Wert ist keine empirische, sondern eine gedankliche logische Tatsache; der Wertbegriff in materieller Bestimmtheit bei Marx ist nichts andres als der ökonomische Ausdruck für die Tatsache der gesellschaftlichen Produktivkraft der Arbeit als Grundlage des wirtschaftlichen Daseins [...].«

Metzger übersieht, dass Engels hier die Auffassung Werner Sombarts zitiert, die er später kritisiert:

> »Bei Sombart [...] wird nicht genug berücksichtigt, dass es sich hier nicht nur um einen rein logischen Prozess handelt, sondern um einen historischen Prozess und dessen erklärende Rückspiegelung im Gedanken, die logische Verfolgung seiner inneren Zusammenhänge« (ebd., S. 905).

Hardt & Negri verwenden ganz offensichtlich Marx' Kategorien als Kleidungsstücke für andere Inhalte. Da das ganze Leben als wertschaffend verstanden wird, ist Marx Unterscheidung von produktiver und unproduktiver Arbeit aufgegeben,[19] der »general intellect« (Marx, 1857/58, S. 602), der allgemeine Verstand, der Wissenschaft zur Hauptproduktivkraft werden lässt, der Metzger (2011) – sich auf W. F. Haug berufend – zufolge bei Marx erst nach dem Kapitalismus obsiegen kann, ist laut dem *Postoperaismus* bereits im Kapitalismus verwirklicht.[20] Negri (2007, S. 21) schreibt bspw.:

> »Im Zeitalter des General Intellect wird die produktive Kooperation nicht länger von Kapital aufgezwungen, sondern ist, ganz im Gegenteil, ein Ver-

---

19 Immaterielle Arbeit wie Wissen gilt für Marx nur dann als produktive Arbeit, wenn sie der Kapitalverwertung dient. Grundsätzlich gilt: »Nur die Arbeit, die sich direkt in Kapital verwandelt, ist produktive Arbeit« (Marx, 1861/63a, S. 369), d.h. Arbeit, die »Mehrwert für den Kapitalisten produziert oder zur Selbstverwertung des Kapitals dient« (1867, S. 532).

20 Auch das *Institut für Marxismus-Leninismus* (1983, S. IXX) urteilt im *Vorwort* zu den *Grundrissen*: »Die kommunistische Arbeit hat wissenschaftlichen Charakter, sie ist die praktische Anwendung des Wissens, die ›Experimentalwissenschaft, materiell schöpferische und sich vergegenständlichende Wissenschaft‹ (s. vorl. Bd., S. 607). Die Wissenschaft wandelt sich um in eine unmittelbare Produktivkraft.«

mögen der immateriellen lebendigen Arbeit, der mentalen Arbeit, die nur kooperativ existieren kann [...]. Die kapitalistische Entwicklung ist gewissermaßen an einem Punkt angelangt, der durch eine neue ursprüngliche Akkumulation bestimmt ist, [...] deren Schlüssel der General Intellect selbst ist.«

Marx' Begriffe werden gänzlich anders definiert. Bspw. heißt es für den »Tauschwert«:

> »Der Tauschwert entspringt den gesellschaftlichen Verhältnissen im Verlaufe der Entwicklung der Produktionsweisen in ihrer Gesamtheit« (ebd., S. 18).

Ebenso wird auch »Mehrwert« und »Ausbeutung« nicht mehr als Aneignung des von Lohnabhängigen produzierten Mehrwerts, sondern als parasitäre Aneignung des allgemeinen Wissens durch das Kapital verstanden. Wright (2005, S. 189) spricht, Bologna zitierend, »von Simulation« marxistischer Kategorien und, wie es scheint, sind Hardt & Negri auf ihrem Weg »*Marx oltre Marx*« *[»Mit Marx über Marx hinaus«]* (Negri, 1979) in der Tat über Marx hinausgelangt, wobei ihnen allerdings Marx abhandengekommen ist.

Im Grunde hätten wir uns diese ganze Argumentation ersparen können. Um das Scheitern der Historisierung von Hardt & Negri zu zeigen, hätte es genügt, sie mit der Empirie zu konfrontieren, bspw. mit der Untersuchung Fröhlichs (2009). Seine Analyse der Daten des Statistischen Bundesamts der BRD aus der Zeit, in der Hardt & Negri ihre Arbeiten publizierten, zeigt überzeugend, dass die Kategorie »Wert« einer Ware auch heute noch ein materielles Substrat besitzt, das über den Preis, zu dem sie verkauft wird, empirisch ermittelt werden kann. Des Weiteren müsste auch der Fetischcharakter der Waren verschwunden sein, wenn die Warenwerte nicht mehr durch abstrakte Arbeit gebildet werden. Dann müssten die Menschen die Werte von Waren so oder doch so ähnlich verstehen, wie sie von der »neuen politische Werttheorie« (Hardt & Negri, 2000, S. 43) verstanden werden, nämlich dass sich der Wert einer Ware aus dem »gesellschaftlichen Kräfteverhältnis«, letztlich aus dem »Kräfteverhältnis im Klassenkampf« ergibt (Metzger, 2011, S. 122). Davon kann aber keine Rede sein. Es ist uns jedenfalls keine empirische Untersuchung bekannt, die dieses oder ein dem ähnliches Verständnis der Warenwerte in der Bevölkerung ermittelt hätte.

Die *Überlegungen von Mazzucato*

Mazzucatos Überlegungen sind anders gelagert. Zunächst beschreibt sie ziemlich überzeugend, wie im Kapitalismus authentische Wertschöpfung massiv unterschätzt und die parasitäre Wertabschöpfung als solche nicht erkannt wird. Neben anderen Werttheorien wird auch Marx *Arbeitswerttheorie* dargestellt. Zwar wird die Unterscheidung von *absolutem* und *relativem* Mehrwert außer Acht gelassen und auch Marx' Verständnis der Aktien, Derivate, Zertifikate als »papierne Duplikate des wirklichen Kapitals« (Marx, 1894a, S. 494) bleibt unerörtert, obwohl gerade der Finanzsektor ausführlich diskutiert wird. Aber Arbeitskraft und Arbeit, Gebrauchs- und Tauschwert, Industrie- und Handelskapital werden unterschieden, es ist von der abstrakten, mehrwertproduzierenden Arbeit die Rede und von der Kapitalakkumulation durch Abschöpfung des von den Arbeitern produzierten Mehrwerts durch die Kapitalisten. Sie sieht zu Recht: »Der Wert der Arbeitskraft drückt sich für die Arbeiter in den Löhnen aus, für die Kapitalisten in den Profiten« (Mazzucato, 2018, S. 80). Aber der Sachverhalt, der in Marx' *Arbeitswerttheorie* formuliert ist, begreift Mazzucato nicht als notwendige und zugleich hinreichende Bedingung des Kapitalismus. Vielmehr wird Marx' Theorie des Kapitalismus den Konzepten von Sir Thomas Mun, William Petty, Gregory King, François Quesnay, Anne Robert Jaques Turgot, Adam Smith und David Ricardo gleichgestellt und als eine von vielen Werttheorien historisch eingeordnet.

Soziologische Theorien des Kapitalismus scheinen für Mazzucato beliebig. Diese Haltung lässt verständlich werden, warum sich Mazzucato nicht mit den verschiedenen Werttheorien auseinandersetzt, und stattdessen eine eigene Wertdefinition anbietet. Mazzucato versteht unter ökonomischer Wertschöpfung

> »die Art und Weise, in der unterschiedliche Ressourcen (menschliche, materielle und immaterielle) bereitgestellt werden, um damit im Zusammenspiel neue Güter und Dienstleistungen zu produzieren« (ebd., S. 25).

Diese Wertdefinition kennt kein Maß des Werts und bleibt weit hinter Marx' Arbeitswerttheorie zurück. Wie in der Theorie der Produktionsfaktoren sind auch im Verständnis Mazzucatos praktisch alle verfügbaren Ressourcen wie körperliche und geistige Arbeit, Kapital, Boden an der Produktion von Wert beteiligt. Ihrem Credo zufolge müssten die Werte anders verteilt werden, sodass alle etwas davon haben. Weil sie nicht wahrhaben kann oder will, dass in Marx' *Arbeitswerttheorie* das Prinzip der ökonomischen Wertbildung in einer kapitalistischen Gesellschaftsordnung erfasst ist, die Wertschöpfung gesellschaftlich, die Wertabschöpfung aber immer privat und zugunsten der Eigner der Produktionsmittel erfolgt, kann sie noch auf »einen neuen Kapitalismus« hoffen, »von dem alle etwas haben« (ebd., Cover). Aber: »*Will man Ausbeutung abschaffen, dann geht dies nicht durch eine Reformierung der Austauschverhältnisse innerhalb des Kapitalismus, sondern nur durch die Abschaffung des Kapitalismus*« (Heinrich, 1991, S. 104).

Zwischenbilanz

Als Fazit wird erkennbar, dass die vorgestellten Konzepte mit der Entkräftung von Marx' *Arbeitswerttheorie* seiner Kapitalismuskritik die ökonomische Fundierung entziehen und damit versuchen, seine Kritik selbst verstummen lassen. Das Konzept der *Produktionsfaktoren* verschweigt, dass der Profit, den das Kapital abwirft, sich aus dem Mehrwert generiert, den die Lohnabhängigen erwirtschaftet haben. Mit dem Leugnen der abstrakten Arbeit wird in der *Grenznutzentheorie* und in der *monetären Werttheorie* die Aneignung des Mehrwerts durch das Kapital verleugnet. Im *Postoperaismus* gilt Marx' *Arbeitswertgesetz* nicht mehr, womit mit dem Mehrwert auch das Wesen des Kapitalismus abgeschafft ist, das von Marx kritisiert wurde, und in den *Überlegungen von Mazzucato* verliert sich Marx' Kapitalismuskritik in der Vielfalt der von ihr vorgetragenen andersartigen Erklärungsversuchen.

Erkennbar wird, dass, wie Jeffries (2016, S. 110) festhält, all diese Konzepte die kapitalistische Wirtschaft, Preise, Gewinne, Zins, Angebot und Nachfrage als naturgegebene Phänomene behandeln, wohingegen Marx sie als historisch-spezifische Eigenschaften eines bestimmten Wirtschaftssystems ausweist. Ihr epistemologischer Grundfehler besteht darin, dass sie allesamt den Erscheinungen verpflichtet bleiben. Wissenschaft jedoch zielt auf das Wesen, will die wesentlichen Bedingungen dieser Erscheinungen erkennen. Da die »Reproduktion des *Wesens* irgendeiner Erscheinung gleichzeitig die Enthüllung ihrer Geschichte« ist (Kopnin, 1969, S. 238), verweist der Anspruch auf eine wissenschaftliche Erklärung auf ihre Entwicklung, auf die logisch-historische Rekonstruktion der Erscheinungen. Der Mangel einer derartigen Rekonstruktion, ihre Beschränkung auf das Gegenwärtige, die für diese Konzepte kennzeichnend sind, weisen sie damit als Konzepte einer dem Anschein verpflichteten, wesenlosen Wissenschaft.

Die neueren ökonomischen Konzepte sind aber nicht nur Konzepte einer Scheinwissenschaft. Wie sich angesichts der Coronapandemie offenbart, sind es vor allem ideologische Konzepte, deren Hauptziel es ist, Marx' *Arbeitswerttheorie* zu diskreditieren. Die Verminderung des Bruttosozialprodukts, die unmittelbar aus der Reduzierung der menschlichen Arbeit folgt, demonstriert überzeugend die menschliche Arbeit als einzig wertschöpfende Tätigkeit und bestätigt die Wahrheit der bereits erwähnten, aus Marx' *Arbeitswerttheorie* geborenen Feststellung Amins (2010, S. 38), dass »die Menge der gesellschaftlich notwendigen Arbeitszeit der einzige ›Reichtum‹ einer Gesellschaft« ist.

Erkennbar wird somit auch, dass nicht zuletzt aus diesen Gründen keines der vorgestellten Konzepte Marx' *Arbeitswerttheorie* oder Y. Hahns (1999, S. 165f.) Urteil über Marx' Geld- und Kredittheorie ernsthaft infrage stellen kann:

> »Seine vom spezifischen kapitalistischen Marktverhältnis ausgehende Theorie bietet [...] viele für das Verständnis der gegenwärtigen kapitalistischen Marktwirtschaft wertvolle Gedanken. Die Marxsche Geld- und Kredittheorie stellt daher eine der aktuellsten Theorien des kapitalistischen Systems überhaupt dar.«

Betrachtet man ferner die bereits erwähnte empirische Untersuchung von Fröhlich (2009), der Daten aus den Jahren 2002 und 2004 zugrunde liegen, die vom Statistischen Bundesamt für die BRD publiziert worden waren, zeigt sich darüber hinaus, dass die Erklärungspotenz von Marx' *Arbeitswerttheorie* auch noch anderen Ansätzen überlegen ist. Die Ergebnisse seiner Untersuchung lassen sich mit Fröhlich in vier Punkten zusammenfassen:

➢ Es besteht ein »enge[r] Zusammenhang zwischen Arbeitswerten, Produktionspreisen und Marktpreisen« (ebd., S. 233);

➢ Der »›Ausbeutungsgrad‹ der Arbeit [ist] positiv mit der Kapitalintensität korreliert« (ebd., S. 236);

➢ »›Kapital‹ ist [...] kein Produktionsfaktor, also auch keine eigenständige Wertquelle«;

➢ »Profite sind unbezahlte Arbeit« (ebd., S. 237).

Da Marx' *Arbeitswerttheorie* auch noch besser als neuere Konzeptionen – Fröhlich (2009) nennt die *New Solution*, die *Preisdekomposition* von Shaikh, den *probabilistische Ansatz* von Farjoun & Machover, die *Hundertprozentige Arbeitswerttheorie* von Helmedag und die *Temporal Single System Interpretation* – über die Sachlage aufklären kann, sehen wir keinen Grund, uns von ihr zu verabschieden.[21]

Das Argument falscher Prognosen

Ebenso wenig wie wir die Kritik an Marx' *Arbeitswerttheorie* teilen können, ebenso wenig vermögen wir uns auch der weiteren Kritik am Historischen Materialismus anzuschließen. Ehe wir auf diese Kritik wenigstens kursorisch eingehen, die Hauptsätze des Historischen Materialismus vorweg. Marx (1859, S. 8f.) fasst sie im *Vorwort zur Kritik der politischen Ökonomie* zusammen. Er informiert, dass er seine Auffassungen in Abgrenzung von Hegels Rechtsphilosophie entwickelt hat, und fährt fort:

»In der gesellschaftlichen Produktion ihres Lebens gehen die Menschen bestimmte, notwendige, von ihrem Willen unabhängige Verhältnisse ein, Produktionsverhältnisse, die einer bestimmten Entwicklungsstufe ihrer materiellen Produktivkräfte entsprechen. Die Gesamtheit dieser Produktionsverhältnisse bildet die ökonomische Struktur der Gesellschaft, die reale Basis, worauf sich ein juristischer und politischer Überbau erhebt, und welcher bestimmte gesellschaftliche Bewusstseinsformen entsprechen. Die Produktionsweise des materiellen Lebens bedingt den sozialen, politischen und geistigen Lebensprozess überhaupt. Es ist nicht das Bewusstsein der Menschen, das ihr Sein, sondern umgekehrt ihr gesellschaftliches Sein, das ihr Bewusstsein bestimmt. Auf einer gewissen Stufe ihrer Entwicklung geraten die materiellen Produktivkräfte der Gesellschaft in Widerspruch mit den vorhandenen Produktionsverhältnissen oder, was nur ein juristischer Ausdruck dafür ist, mit den Eigentumsverhältnissen, innerhalb deren sie sich bisher bewegt hatten. Aus Entwicklungsformen der Produktivkräfte schlagen diese Verhältnisse in Fesseln derselben um. Es tritt dann eine Epoche sozialer Re-

---

21 Robinson (1967, S. 70) urteilte über die mit Marx' *Arbeitswerttheorie* konkurrierenden Konzepte: »Es ist die Aufgabe der reinen Logik, uns von Unsinn zu befreien – nicht, uns zu sagen, was wir glauben sollen.«

volution ein. Mit der Veränderung der ökonomischen Grundlage wälzt sich der ganze ungeheure Überbau langsamer oder rascher um.«

Von den Hauptsätzen war es vor allem der Gestus des Satzes »Es tritt dann eine Phase sozialer Revolution ein« Gegenstand der Kritik. Dieser These wurde bspw. mit dem Argument begegnet, dass die prognostizierte revolutionäre Umwälzung der Produktionsverhältnisse bis anhin in keiner kapitalistischen Gesellschaftsform stattgefunden hat. Aber wie andere Argumentationen, die den Historischen Materialismus zu desavouieren suchen, übersah auch dieses Argument Grundlegendes. Dazu gehört: Zwar wird »der Lauf der Geschichte durch innere allgemeine Gesetze beherrscht« (Engels, 1886, S. 296), dies aber nur solange wie eine »Bewusstlosigkeit der Beteiligten« besteht (1844, S. 515). Unter dieser Bedingung, macht Dahmer (1973, S. 379f.) deutlich, setzt sich in der Praxis der Menschen das, »was sich dem Bewusstsein entzieht [...] mit Naturgewalt durch«, und die »Individuen unterliegen den Gesetzen ihrer bewusstlos erzeugten (psychischen) oder sozialen zweiten Natur, als wäre es Naturgesetze«.

Dass dieser Prozess im Verständnis von Marx und Engels nur scheinbar naturgesetzlich abläuft – wir werden darauf noch ausführlich zu sprechen kommen – und nicht zwingend in einer Revolution enden muss, sondern auch anders enden kann, geht aus zwei Anmerkungen hervor. Rosa Luxemburg (1915) berichtet, dass Engels der Ansicht war, dass »die bürgerliche Gesellschaft vor einem Dilemma [steht]: entweder Übergang zum Sozialismus oder Rückfall in die Barbarei«, und in der Auffassung von Marx und Engels (1845/46, S. 35) besteht die Möglichkeit, dass sich »die ganze alte Scheiße« aufs Neue wiederholt.[22] Dies liegt daran, dass die Erscheinungsformen des Kapitalismus, die sich historisch entwickelt haben, keine hegelianische Kopfgeburten, sondern von Menschen gemacht sind:

> »*Die Geschichte* tut *nichts*, sie ›besitzt *keinen* ungeheuren Reichtum‹, sie ›kämpft keine Kampfe‹! Es ist vielmehr der Mensch, der wirkliche, lebendige

---

22 In dieselbe Richtung argumentiert Amin (2010, S. 113f.): »Marx lehrt uns auch, dass die besonders gewaltgeladenen Widersprüche entweder durch die Überwindung eines obsolet gewordenen Gesellschaftssystems oder durch die Selbstzerstörung einer Gesellschaft aufgelöst werden. Heute stellt sich die Alternative klarer denn je: Sozialismus oder Barbarei. Denn heute stimmt die Erscheinungsweise des Kapitalismus mehr denn je mit seiner Wirklichkeit überein: Ein kurzer Einschub in die Geschichte, dessen weitere Ausdehnung nur zum Tode führen kann.«

Mensch, der das alles tut, besitzt und kämpft; es ist nicht etwa die ›Geschichte‹, die den Menschen zum Mittel braucht, um *ihre* – als ob sie eine aparte Person wäre – Zwecke durchzuarbeiten, sondern sie ist *nichts* als die Tätigkeit des seine Zwecke verfolgenden Menschen« (Engels & Marx, 1845, S. 98).

Der Historische Materialismus ist nur dem Anschein nach eine Naturwissenschaft. »Andeutungen auf Höheres können nur verstanden werden, wenn das Höhere selbst schon bekannt ist« (Marx, 1857, S. 636), die Anatomie des Affen nicht ein Schlüssel zum Verständnis der Anatomie des Menschen, sondern »[d]ie Anatomie des Menschen [...] ein Schlüssel zur Anatomie des Affen« ist (ebd.). Begründungen können also auch nur vom Bestehenden in die Vergangenheit reichen und nicht in Form gesicherter Prognosen vom Bestehenden in die Zukunft weisen. Wie also die Anatomie des Affen die Anatomie des Menschen nur als Möglichkeit enthält, kann auch die Wirklichkeit dessen, was in einer Gesellschaftsform zukünftig geschieht, auf der Grundlage des Gegenwärtigen nur als Möglichkeit prognostiziert werden. Welche Möglichkeit sich realisiert, lässt sich nur retrospektiv ermitteln. Werden die Resultate dieser Entwicklungen in der Gegenwart studiert, lassen sie sich aber allemal auf die Struktur des Verhältnisses von Produktionsverhältnissen und Produktivkraft zurückführen, die den Erscheinungsformen des Kapitalismus zugrunde liegt. Indem Marx und Engels' Theorie dieses Allgemeine ausdrückt, bleibt »sie allgemein gültig« (Camus, 1951, S. 163).

Die von Marx und Engels vorausgesagte Revolution besitzt die Wahrheit einer Möglichkeit, und Marx benennt die für ihre Realisierung benötigten Bedingungen: »Die Revolutionen bedürfen [...] eines passiven Elements, einer materiellen Grundlage. Es genügt nicht, dass der Gedanke zur Verwirklichung drängt, die Wirklichkeit muss sich selbst zum Gedanken drängen« (1843/44, S. 386). Für diese Wirklichkeit ist es notwendig, dass die Produktionsverhältnisse zu Fesseln der Produktivkräfte werden, und dies setzt voraus, dass alle Produktivkräfte bis ans Ende der Möglichkeiten, die sie in den bestehenden Verhältnissen haben, entwickelt sind.

> »Eine Gesellschaftsformation geht nie unter, bevor alle Produktivkräfte entwickelt sind, für die sie weit genug ist, und neue höhere Produktionsverhältnisse treten nie an die Stelle, bevor die materiellen Existenzbedingungen derselben im Schoß der alten Gesellschaft selbst ausgebrütet worden sind« (Marx, 1859, S. 9).

Ferner betonen Marx und Engels mehrfach, dass die Wirklichkeit nicht nur in einem Land, sondern in mehreren Ländern gleichzeitig zum Gedanken drängen muss, wenn die Produktionsverhältnisse revolutioniert werden sollen, eine erfolgreiche Revolution nicht lokal stattfinden kann, sondern global erfolgen muss. Jede »Revolution« müsse, heißt es, »um siegreich zu sein, europäisch sein« (Engels, 1885, S. 210), und im Brief von 27. Juni 1893 schreibt Engels (1893a, S. 89): »Die Befreiung des Proletariats kann nur eine internationale Aktion sein; wenn Ihr daraus eine Aktion der Franzosen zu machen versucht, macht ihr sie unmöglich.« Etwa 30 Jahre davor hatte Marx (1864, S. 14) schon geschrieben,

> »dass die Emanzipation der Arbeiterklasse weder eine lokale, noch eine nationale, sondern eine soziale Aufgabe ist, welche alle Länder umfasst, in denen die moderne Gesellschaft besteht, und deren Lösung vom praktischen und theoretischen Zusammenwirken der fortgeschrittensten Länder abhängt.«

Vor diesem Hintergrund wird ersichtlich, dass das Argument, eine Revolution habe bisher noch nicht stattgefunden, Marx und Engels' These nicht wirklich erschüttern kann. Die Theorie sagt, dass eine erfolgreiche Revolution nur eintreten kann, wenn die ökonomische Entwicklung ihren höchstmöglichen Stand erreicht hat, sodass das Argument, die Revolution sei bislang ausgeblieben, die Theorie nicht diskreditiert. Disqualifiziert wäre die Theorie, wenn nachgewiesen worden wäre, dass dieser Entwicklungsstand international vorlag, aber eine Revolution ausblieb.

Allerdings scheint es, als hätte sich diese Möglichkeit in Gestalt der Oktoberrevolution und der Chinesischen Revolution in einer Form verwirklicht, die Marx und Engels' Theorie widerlegt. Beide Revolutionen ereigneten sich jedenfalls unter Umständen, die von der Theorie nicht vorgesehen waren. Die Chinesische Revolution und die Oktoberrevolution fanden jeweils in einem Land statt und ereigneten sich nicht am Ende der Entwicklung kapitalistischer Produktionsverhältnisse, sondern an deren Beginn, in der UDSSR etwa am Übergang vom imperialistischen Absolutismus zu kapitalistischen Produktionsverhältnissen. Bei näherem Hinsehen wird aber klar, dass die Chinesische Revolution wie auch die Oktoberrevolution für eine Widerlegung von Marx und Engels nicht tauglich sind. Es trifft zu, im Gegensatz zu den Thesen von Marx und Engels waren diese Revolutionen auf China und die UDSSR beschränkt und fanden zu einem Zeitpunkt statt, an dem diese Verhältnisse noch nicht zu Fesseln der Produktivkräfte geworden waren. Aber in beiden Ländern war die Umwälzung der Produktionsverhältnisse nicht von Dauer. Gemeinsam mit den Produktivkräften entwickelten sie sich unter staatssozialistischer Raison zusehends – wenn auch auf wesentlich höherem Entwicklungsniveau – in kapitalistische Produktionsverhältnisse zurück. Diese Rückkehr war begleitet von einer Kanonisierung des Historischen Materialismus in eine simplifizierte Ideologie, die in der UDSSR schließlich von Gorbatschow offengelegt wurde und ihr Ende fand.

Aus beiden Revolutionen geht hervor, dass dauerhafte Veränderungen nicht nur in einem Land stattfinden können und dass sich die Produktivkräfte im Rahmen der Möglichkeiten, die sie in den bestehenden Verhältnisse haben, bis aufs Äußerste entwickelt haben müssen, ehe diese Verhältnisse erfolgreich und dauerhaft abgeschafft werden können. Insofern sind beide Revolutionen weniger eine Widerlegung und eher eine Rechtfertigung der These von Marx und Engels.

Das Argument des Anachronismus

Des Weiteren wurde gegen den Historischen Materialismus argumentiert, dass sich die Gesellschaft in eine Industriegesellschaft entwickelt und die Marxsche Argumentation hinter sich gelassen habe. Die für den Kapitalismus eigentümliche Stellung der Menschen zu den Produktionsmitteln wäre durch Digitalisierung und die Technifizierung aller Bereiche für die Gesellschaft irrelevant geworden. Ein Klassenbewusstsein sei verschwunden, die Verelendung der Lohnabhängigen wäre nicht nur ausgeblieben, sondern die Gesellschaft hätte durch die immens gesteigerte Produktivität, die sich besser entwickelt hätte als gedacht, ausreichend Gebrauchsgüter für alle zu erschwinglichen Preisen verfügbar gemacht. Auch hätten die Produktionsverhältnisse diese Entwicklung erst ermöglicht und wären keineswegs zu Fesseln geworden, die sich um Produktivkräfte gelegt hätten.

Es ist unstrittig, dass sich die Wirtschaft nicht so entwickelt hat, wie es Marx und Engels vorhergesehen hatten. Bspw. sind die wirtschaftlichen Krisen, die häufiger werden sollten, eher seltener geworden, und die unbegrenzte Konzentration des Kapitals ging nicht mit der ebenso angenommenen unbegrenzten Ausdehnung des Proletariats einher. Das Kapital hat sich mit der Bildung von Aktiengesellschaften in eine Vielzahl von Klein-

besitzern diversifiziert, die Komplexität der Produktion hat um die Großunternehmen herum zahlreiche, von den Großunternehmen ökonomisch
abhängige kleinere Zulieferfirmen entstehen lassen, und die Klasse der
Lohnabhängigen wurde in ökonomischer Hinsicht in sich differenzierter.
Es konnten sich Zwischenschichten etablieren, wodurch sich die Klassenlage verkomplizierte.

Die um die Produktivkräfte gelegten Fesseln der Produktionsverhältnisse haben sich ferner als weitaus dehnbarer erwiesen, als Marx und Engels
es sich dachten. Aus Gründen der Selbsterhaltung konnten die Produktionsverhältnisse die sich entwickelnden Produktivkräfte durch partikuläre
Maßnahmen weiterhin unterwerfen. Aber es ist schon verwegen, angesichts der 15,5 Millionen Menschen, die 2017 in der BRD an oder unter-
halb der Armutsgrenze lebten (*Spiegel-online*, 03.11.2018), eine Verelendung gänzlich auszuschließen. Schon vor 50 Jahren wandte Adorno (1968)
gegen eine solche Argumentation ein,

➢ dass der Begriff »Industriegesellschaft«, nach dem Stand der Produktivkräfte geurteilt, zwar zutrifft, er aber zugleich den fortbestehenden
Kapitalismus in den Produktionsverhältnissen ebenso verschleiert,
wie sich die Herrschaft in diesen Verhältnissen anonymisiert – etwa
in Hedge-Fonds, Aktiengesellschaften etc.;

➢ dass Klasse sich durch die Stellung der Menschen zu den Produktionsmitteln und nicht durch ihr Bewusstsein dieser Stellung bestimmt;
dass Menschen noch in stärkerem Maße als früher Anhängsel von
Maschinen und Apparaten und auf bloße Funktionen im Produkti-
ons- und Konsumptionsprozess reduziert sind;

➢ dass auch heutzutage wegen des Profits produziert wird und die produzierten Gebrauchswerte für Bedürfnisse bestimmt sind, die das
Profitinteresse zum Zwecke der Mehrwertrealisierung selbst hervor-
gebracht hat, und zwar auf Kosten der wahren Bedürfnisse der Konsumenten, etwa denen nach Bildung, Kultur und erschwinglichem
Wohnraum.

Die Erscheinungsformen des Kapitalismus entwickelten sich anders als
angenommen. Dies kann nicht verwundern. Wenn nicht »das Bewusstsein der Menschen [...] ihr Sein«, sondern »ihr gesellschaftliches Sein [...]
ihr Bewusstsein bestimmt« (Marx, 1859, S. 9), kann die Entwicklung nur
vermutet werden. Zwar lässt sich die Vergangenheit einer Gesellschaft erfassen, nicht aber ihre Zukunft. Der Historische Materialismus ist keine

Kristallkugel, die ein Geheimwissen enthält, dem die Zukunft entnommen werden könnte. Reduktive Schlüsse lassen sich in Sozialwissenschaften nicht in logisch zwingende prognostische Schlussfolgerungen wenden. Die Zukunft einer Gesellschaftsform kann nur in Hypothesen, in Möglichkeiten dargestellt werden. Wird gleichwohl deren Realisierung in der Zukunft behauptet, gewinnt der Historische Materialismus einen religiösen Anstrich, der das postrevolutionäre gesellschaftliche Paradies ebenso verspricht wie der Katholizismus ein paradiesisches Jenseits dem verheißt, der einvernehmlich mit den zehn Geboten möglichst ohne Sünde durchs Leben ging. Aber: Geschichte muss sich erst ereignen, ehe sie geschrieben werden kann. Nur wenn sich der Historische Materialismus als ein Angebot analytischer Werkzeuge versteht, mit denen sich das Bestehende kritisch begleiten lässt, seine Sachaussagen auf die Gegenwart sowie auf deren Geschichte beschränkt und seine Vorhersagen als Wahrscheinlichkeiten attribuiert, bleibt er das, was er epistemologisch und dem eignen Selbstverständnis nach ist: Wissenschaft.[23]

Das Argument der Unwissenschaftlichkeit

Was an einem so verstandenen Historischen Materialismus unwissenschaftlich sein soll, können wir nicht erkennen. Heute wird unter wissenschaftlichem Vorgehen die systematische, methodisch angeleitete Untersuchung von Gegenständen mit dem Ziel verstanden, Erscheinungen im materiellnatürlichen, geistigen und kulturellen Bereich nicht nur zu beschreiben, sondern ihre Zusammenhänge zu erklären bzw. zu begründen (z. B. Möller, 2016). Einvernehmlich mit diesem Verständnis hatte Marx (1894a, S. 825) schon vor über 100 Jahren geschrieben: »Alle Wissenschaft wäre überflüssig, wenn die Erscheinungsform und das Wesen der Dinge unmittelbar zusammenfielen«,[24] und mit den Produktionsverhältnissen die Möglichkeit

---

23 Hinsichtlich der Wissenschaftlichkeit des Historischen Materialismus teilen wir die Auffassung von Camus (1951, S. 17): »Wenn die Theorie durch die Wirtschaft determiniert ist, kann sie die Vergangenheit der Produktion beschreiben, aber nicht ihre Zukunft, die nur wahrscheinlich bleibt. Aufgabe des Historischen Materialismus kann nur die Kritik der gegenwärtigen Gesellschaft sein, über die zukünftige Gesellschaft kann er, ohne dem wissenschaftlichen Geist untreu zu werden, nur Vermutungen anstellen.«

24 Goethe (1810, S. 520) hatte Marx' Verständnis der Wissenschaft in seiner Farbenlehre schon vorweggenommen: »Alles kommt in der Wissenschaft auf das an, was man ein

einer schlüssigen Erklärung für die Gesamtheit gesellschaftlicher Erscheinungsformen vorgelegt. Gerichtet gegen Poppers (1957, S. X) Verdikt des Historischen Materialismus –

>»Mittlerweile ist es mir gelungen, eine strenge Widerlegung des Historischen Materialismus anzugeben: Ich habe gezeigt, dass es aus streng logischen Gründen unmöglich ist, den zukünftigen Verlauf der Geschichte vorherzusagen« –

betont Tomberg (1969), dass selbstverständlich auch Popper seiner eigenen Aufforderung zur Selbstkritik – »die kritische Einstellung ist Pflicht«, »Alles andere ist Größenwahnsinn und Verantwortungslosigkeit«, »es ist die Pflicht zu dauernder Selbstkritik« (ebd., S. IX–XI) – unterworfen ist. Auf sachlicher Ebene verweist Tomberg in diesem Zusammenhang auf Lenin, der noch weitere Gründe für die Wissenschaftlichkeit des Historischen Materialismus anführt. Außer dem schon erwähnten Grund, argumentiert Tomberg mit Lenin, bietet Marx' widerspruchsfreie Gesellschaftstheorie der Wissenschaft die Wiederholbarkeit als empirisches Prüfkriterium an. Die Analyse der Produktionsverhältnisse erlaubt die Zustände in verschiedenen Ländern im Hinblick auf ihre Gemeinsamkeiten und Unterschiede zu untersuchen. Durch die Zurückführung der gesellschaftlichen Verhältnisse auf die Produktionsverhältnisse und diese auf den jeweiligen Stand der Produktivkräfte lässt sich ferner die gesellschaftliche Entwicklung solange als ein naturgeschichtlicher Prozess darstellen, wie eine »Bewusstlosigkeit der Beteiligten« vorliegt (Engels, 1844, S. 515). »Erst dadurch«, meint Tomberg (1969, S. 20), »kann die Soziologie zur Wissenschaft im strengen Sinne des Wortes werden«.

Tomberg (1969) hat auch Habermas' Kritik am Historischen Materialismus als substanzlos zurückgewiesen. Habermas (1963, S. 162) ist u. a. der Ansicht, der Historische Materialismus könne den »neuen Tatsachen« nicht mehr standhalten. So stünden im organisierten Kapitalismus Staat und Gesellschaft nicht mehr in dem von Marx und Engels konzipierten Verhältnis von Basis und Überbau. Das Gegenteil wäre der Fall. Wirtschaftsprozesse würden dauerhaft durch staatliche Interventionen geregelt und Elemente des Überbaus würden in die Basis eingeführt, sodass der

---

Aperçu nennt, auf ein Gewahrwerden dessen, was eigentlich den Erscheinungen zum Grunde liegt.«

Überbau eine gewisse Selbstständigkeit gewänne und nicht mehr als eine Funktion der Basis, sondern die Basis als eine Funktion des Überbaus begriffen werden müsse. Tomberg (1969) wendet ein, dass Marx und Engels den Überbau in keinem Fall als bloßes Vollzugsorgan der kapitalistischen Ökonomie, sondern als eine Arena begriffen haben, in der die Menschen die aus der ökonomischen Grundlage herrührenden Konflikte austragen. Um den Fortbestand der kapitalistischen Wirtschaftsordnung zu sichern, agiert der Staat deshalb nicht nur orientiert an den unmittelbaren Selbstverwertungsinteressen des Kapitals, sondern immer auch entsprechend dem Kräfteverhältnis der Klasse, deren Herrschaftsinstrument er ist, und der beherrschten Klasse. Die Selbstständigkeit des Staates ist eine scheinbare und ideologische Behauptung. Im Grunde versucht der Staat nur, das herrschende »Gesellschaftssystem mit angemessenen Mittel zu erhalten« (ebd., S. 43).

Habermas' Urteil wiederum, dass sich die aktuelle gesellschaftliche Realität dem Historischen Materialismus entzieht, mag Folge seiner sehr eigentümlichen Einschätzung des Historischen Materialismus sein. Habermas (1975) unterstellt dem Historischen Materialismus als Grundannahme, dass sich die Gattungsgeschichte unter der Bedingung einer Ökonomie der Armut vollzieht und die Produktion von Gütern eine Produktion knapper Güter ist, die zur Befriedigung aller Bedürfnisse nicht ausreichen. Diese Grundannahmen lassen sich aber in den Texten von Marx und Engels nicht finden, und können auch nicht daraus abgeleitet werden. Es sind nicht die »Grundannahmen des Historischen Materialismus« (ebd., S. 285), sondern die von Habermas, die er seinem Verständnis des Historischen Materialismus zugrunde legt. In seiner Auffassung sieht der Historische Materialismus die gesellschaftliche Entwicklung vom Ziel angetrieben, die ungleiche Befriedigung der Bedürfnisse aller Menschen abzuschaffen, während aus Sicht von Marx und Engels die gesellschaftliche Entwicklung aus der Dialektik von Produktivkräften und Produktionsverhältnissen entspringt.

Bei kundigem Hinsehen kann man durchaus den Eindruck gewinnen, als würde Habermas mit seinen Grundannahmen, die er fälschlicherweise dem Historischen Materialismus zuschreibt, die Produktion und Aneignung des Mehrwerts im Kapitalismus stillschweigend auf die Gesellschaft überhaupt generalisieren. Wie die Güter nicht für alle, d. h. auch nicht für die ausreichen, die sie produziert haben, stellt auch der produzierte Mehrwert lediglich die von den Eignern der Produktionsmittel vertretenen

Selbstverwertungsbedürfnisse des Kapitals zufrieden und lässt die Lohn-abhängigen, die ihn produziert haben, um ihr Produkt verarmt zurück.

Im Grunde ist sowohl Habermas' (1963) Urteil, der Kapitalismus wäre aufgrund seiner Entwicklung dem Historischen Materialismus enteilt, als auch Poppers (1957) Ansicht, der Historische Materialismus sei aus lo-gischen Gründen widerlegt, jenem »falsche[n] Bewusstsein« (Engels, 1893b, S. 97) vom Gegenstand verpflichtet, das Ideologie kennzeichnet.

Das Argument der Ideologie

Die Begründung, dass sich der Historische Materialismus von wissen-schaftlich in unwissenschaftlich wandelt, weil er ideologisch sei, können wir uns ebenfalls nicht zu eigen machen. Mit diesem Argument lässt sich der Historische Materialismus nicht in eine Quarantäne verbannen. Zwi-schen Ideologie und wissenschaftlicher Erkenntnis besteht nicht der be-hauptete prinzipielle Gegensatz.[25] Ideologien bringen Interessen zum Aus-druck, und jede Erkenntnis ist von Interessen geleitet ohne dass man davon wissen muss. Engels (1893b, S. 97) hatte unmissverständlich festgestellt:

> »Die Ideologie ist ein Prozess, der zwar mit Bewusstsein vom sogenannten Denker vollzogen wird, aber mit einem falschen Bewusstsein. Die eigent-lichen Triebkräfte, die ihn bewegen, bleiben ihm unbekannt; sonst wäre es eben kein ideologischer Prozess.«[26]

Das soll nicht heißen, dass jedes Erkenntnisinteresse ideologisch ist. Ob es ideologischen Charakter hat, entscheidet sich daran, ob dieses Interesse ein partikulares ist. So wäre das Urteil, der Marxismus ist ideologisch, zutref-fend, wenn man ihn – einvernehmlich mit seiner Definition durch das Ka-

---

25 Wir werden auf den Zusammenhang von Ideologie und Erkenntnis noch zu sprechen kommen.

26 Gramsci (1930/31, S. 867) schreibt: »Man muss folglich unterscheiden zwischen histo-risch organischen Ideologien, die also notwendig sind für eine bestimmte Struktur, und willkürlichen, rationalistischen, ›gewollten‹ Ideologien. Als historisch notwendige haben sie eine Wirksamkeit, die ›psychologische‹ Wirksamkeit ist, sie ›organisieren‹ die Men-schenmassen, bilden das Terrain, auf dem die Menschen sich bewegen, Bewusstsein von ihrer Stellung erwerben, kämpfen usw. Als ›willkürliche‹ bringen sie nichts hervor als individuelle, polemische ›Bewegungen‹ usw.«

pital – nur als Ausdruck partikularer Interessen einer Klasse verstehen müsste.[27] Das Interesse der beherrschten Klasse der Lohnabhängigen aber ist kein partikulares, sondern ein allgemeines. Ihr Interesse ist es, bei »Strafe des Untergangs« (Engels, 1880, S. 223) der Gesellschaft und im Bewusstsein der geschichtlichen Lage der eigenen Klasse als »Beweger der Geschichte« (Lukács, 1923, S. 137) mit der Abschaffung der Klassenteilung nicht nur die Klasse der Eigner der Produktionsmittel, sondern auch sich selbst als Klasse abzuschaffen und die Gesellschaft als eine klassenlose zu organisieren.

Anders steht es hingegen mit der Auffassung, der Marxismus sei ideologisch und habe deshalb keine wissenschaftlich begründete Basis. Der Marxismus unterzieht den Kapitalismus einer Kritik, die dessen Abschaffung perspektivisch einschließt, und der Kapitalismus setzt sich mit der Disqualifizierung des Marxismus in Wahrung seiner Klasseninteressen gegen diese Absicht zur Wehr. Auch wenn es sich als unideologisch geriert, bringt das Urteil, der Marxismus sei unwissenschaftlich, weil ideologisch, partikulare Interessen zum Ausdruck und ist damit selbst ideologisch.

Zusammenfassung

Bündeln wir das Wichtigste. Weder können andere ökonomische Theorien Marx' *Arbeitswerttheorie* infrage stellen, noch ist das Argument gerechtfertigt, dass sich die Prognosen des Historischen Materialismus nicht bewahrheitet hätten. Auch der Vorwurf, Erkenntnisse des Historischen Materialismus wären zeitgebunden und für die Gegenwart nichtig geworden, kann nicht aufrechterhalten werden. Die Qualität wissenschaftlicher Arbeiten lässt sich nicht wie die von Milchtüten anhand eines ihnen inhärenten Verfallsdatums bemessen. Sofern eine Erkenntnis wahr ist, bleibt es der Erkenntnis gänzlich gleichgültig, zu welcher Zeit sie gewonnen wurde. Zwar haben sich die Erscheinungsformen des Kapitalismus geändert, aber sein Innenleben, auf das sich die Kategorien des Historischen Materialismus beziehen, ist dasselbe geblieben. Ebenso wenig können wir die Ansicht teilen, der Historische Materialismus sei ideologisch und deshalb unwissenschaftlich.

Die Wahrheit einer Theorie ist unabhängig von Meinungen oder dem Stand der Diskussion. Gewiss, Wahrheit ist nicht absolut. Weil im Laufe

---

27 In diesem Sinn haben auch wir in unserer letzten Arbeit (Zepf & Seel, 2019) das Interesse der beherrschten Klasse als ideologisch missverstanden.

der Zeit sich die Untersuchungsobjekte ebenso verändern wie die Methoden ihrer Untersuchung sich entwickeln, ist Wahrheit geschichtlich und insofern immer relativ.[28] Aber Wahrheit ist nicht subjektiv, sondern objektiv, und ein Faktum, das festgestellt werden kann. Wahrheit ist eine Eigenschaft von Aussagesätzen und gründet in der Übereinstimmung von Aussagen mit etwas, das außerhalb ihrer selbst situiert ist und auf das sie sich beziehen. Wir erinnern an die schlichte aristotelische Wahrheitsdefinition:

> »Nicht darum [...] weil unsere Meinung, du seiest weiß, wahr ist, bist du weiß, sondern darum, weil du weiß bist, sagen wir die Wahrheit, wenn wir das behaupten« (Aristoteles, 1994, S. 250).

Auch über 150 Jahre nach ihrem Entstehen wurde die Wahrheit der historisch-materialistischen Analyse der Gesellschaft von neueren Konzepten nicht entkräftet. Neuere Konzeptualisierungen sind bis anhin auch nicht tiefer in die Materie eingedrungen. Wenn man mit Piketty (2013) genauer hinschaut, lässt sich entdecken, dass etwa das Konzept der *Produktionsfaktoren*, die *Grenznutzentheorie* oder der heute vorherrschende *Neoliberalismus* hinter den Historischen Materialismus auf eine Mixtur von Konzepten zurückfällt, die schon von Marx und Engels zu Recht verworfen wurden.

Auch wenn der Marxismus als Ideologie verschrien ist und auf den Deponien der Geschichte endgelagert scheint, wüssten wir somit nicht, wie eine Hinwendung zu einer anderen Gesellschaftstheorie epistemologisch zu begründen gewesen wäre. Aber wir gestehen gerne ein, dass wir willens sind, erneut nachzudenken, sollten uns andere Theorien begegnen, die ebenfalls in sich konsistent sind, dasselbe Aufklärungspotenzial wie die beiden hier in Anspruch genommenen besitzen, und die Frage der gesellschaftlichen Verursachung oder doch Mitverursachung neurotischer Störungsbilder besser zu beantworten und ihr Vermittlungsproblem ebenfalls zu lösen erlauben.

---

28 Menschliche Erkenntnis kann sich der absoluten Wahrheit mittels relativer Wahrheiten immer nur annähern, ohne sie jemals zu erreichen. »Ein allumfassendes, ein für allemal abschließendes System der Erkenntnis von Natur und Geschichte steht in Widerspruch mit den Grundgesetzen des dialektischen Denkens; was indes keineswegs ausschließt, sondern im Gegenteil einschließt, dass die systematische Erkenntnis der gesamten äußeren Welt von Geschlecht zu Geschlecht Fortschritte macht« (Engels, 1880, S. 206f.). Da jede Erkenntnis in gewissen Grenzen mit der Wirklichkeit übereinstimmt, »enthält sie zugleich Elemente der absoluten Wahrheit« (Kosing, 1964, S. 1133).

III Vermittlung: Gegenargumente

»Auf der Ebene des theoretischen Verständnisses können das Individuum und die Gesellschaft [...] gar nicht in Widerspruch zueinander stehen.«

Richard Lichtman, 1982

Vertraut mit der Unhaltbarkeit der Einwände, die sich gegen den Historischen Materialismus richten, haben wir noch weitere Argumente zu bedenken, die von unterschiedlicher Seite gegen eine Vermittlung von Historischem Materialismus und Psychoanalyse vorgebracht wurden. So führt Dahmer (1973) die wissenschaftliche Arbeitsteilung von Psychoanalyse und Historischem Materialismus auf den Antagonismus von Individuum und Gesellschaft zurück, der den Gegenstand der Psychoanalyse, das Subjekt, zugleich gebar und zerstörte. Jahre davor hatte Adorno (1955, S. 83) geschrieben: »Die vorbürgerliche Welt kennt Psychologie noch nicht, die total vergesellschaftete nicht mehr.« Die Arbeitsteilung gründet mithin in der Sache und gerade deshalb fordert sie zur Vermittlung auf theoretischer Ebene auf, wenn man diesen Antagonismus verstehen und praktisch beseitigen will. Gleichwohl wird die Ansicht vertreten, dass die Trennung von Subjekt und Gesellschaft im Kapitalismus ontologischer Natur wäre und nicht aufzuheben sei. Zwei gute Beispiele hierfür sind Reimut Reiche und Russell Jacoby. Weil beide das Vermittlungsproblem implizit als hinfällig deklarieren, wollen wir zunächst ihre Argumente etwas ausführlicher bedenken. Dem wird der Einwand Sandkühlers, der eine Vermittlung für überholt erklärt, und Lichtmans Argument folgen, dem vor allem aufgrund des Triebbegriffs jeder Vermittlungsversuch von Psychoanalyse und Historischem Materialismus zum Scheitern verurteilt ist.

Reimut Reiche

Reiche (1995, S. 244; Kurs. aufgehoben) argumentiert, dass sich auch die kritische Theorie der Frankfurter Schule vom »Projekt einer psychoanalytischen Vermittlung von Individuum und Gesellschaft« verabschiedet habe. Als Beleg führt er eine Textstelle von Adorno (1955, S. 49f.) an:

> »[D]ie spezifisch gesellschaftlichen Phänomene haben sich durch die Einschaltung abstrakter Bestimmungen zwischen den Personen, zumal des Äquivalententauschs und durch die Herrschaft eines nach dem Modell solcher von den Menschen abgelösten Bestimmungen gebildeten Organs, der ratio, von der Psychologie emanzipiert.«

Reiche (1995, S. 244f.) interpretiert dieses Zitat dahingehend, dass für Adorno

> »psychische und soziale Systeme nur noch Umwelten füreinander bilden, die im Prinzip selbstgenügsam und ohne ›Umweltkontakte‹ jeweils für sich existieren.«

Diese Idee findet er in Luhmanns Gesellschaftstheorie wieder. Diese arbeite

> »mit der Grundannahme ›radikaler Unterschiedenheit psychischer und sozialer Systeme‹, die ›vollständig getrennt und überschneidungsfrei operieren‹« (ebd., S. 249),

und die sich durch eine »radikalisierte Entseelung des Gesellschaftsbegriffs« (ebd., S. 251) auszeichne. Daraus folge, dass

> »die Selbstkonstitution der soziologischen Theorie [...] ebenso sehr darauf angewiesen [ist], ohne den Begriff des Unbewussten auszukommen, wie die Psychoanalyse in ihrer Selbstkonstitution darauf angewiesen ist, ohne den Begriff der Gesellschaft auszukommen« (ebd., S. 252).

Vorweg wollen wir anmerken, dass sich Reiche nicht auf die Frankfurter Schule berufen kann. In der Arbeit, aus der Reiche (1995) zitiert, argumentiert Adorno (1955, S. 49f.) nicht gegen eine analytische Sozialpsychologie, sondern gegen die Versuche, »gesellschaftliche Gesetze [...] aus psychologischen Befunden [zu] ›extrapolieren‹« bzw. »psychologisch das zu erklären, was gar nicht dem Seelenleben einzelner Menschen entspringt«. Aber es wird ausdrücklich festgehalten:

>Die Trennung von Gesellschaft und Psyche ist falsches Bewusstsein; sie verewigt kategorial die Entzweiung des lebendigen Subjekts und der über die Subjekte waltenden und doch von ihnen herrührenden Objektivität« (ebd., S. 44).[29]

Deshalb ist die

>Trennung von Soziologie und Psychologie [...] unrichtig und richtig zugleich. Unrichtig, indem sie den Verzicht auf die Erkenntnis der Totalität geriert, die noch die Trennung befiehlt; richtig insofern, als sie den realen Bruch unversöhnlicher registriert als die vorschnelle Vereinigung im Begriff« (ebd., S. 57).

Zu Recht merkt Brede (1995) an, dass Reiche (1995) auch das *Postscriptum* verschweigt, das Adorno (1966a) der von Reiche (1995) in Anspruch genommen Abhandlung anfügt. Darin heißt es:

>Wer Psychologie und Soziologie strikt auseinanderhält, eliminiert wesentliche Interessen beider Disziplinen: das der Soziologie an ihrem wie auch immer vermittelten Rückbezug auf lebende Menschen, das der Psychologie an dem gesellschaftlichen Moment noch ihrer monadologischen Kategorien« (ebd., S. 88).

Die Ansichten, die Adorno darin äußert, stellen Reiches Folgerung in die Kritik. Adorno führt u. a. aus:

>Die Trennung von Psychologie und Soziologie, welche die Landkarte der Wissenschaften verzeichnet, ist kein Absolutes, aber auch kein Nichtiges und beliebig Widerrufliches. In ihr drückt sich ein perennierend falscher Zustand aus, die Divergenz zwischen dem Allgemeinen und seiner

---

29 Diese Versuche, so Adorno (1955, S. 54), gründen in der »Illusion der Ohnmächtigen, ihr Schicksal hinge von ihrer Beschaffenheit ab« und werden durch die »Undurchsichtigkeit der entfremdeten Objektivität« hervorgerufen, welche »die Subjekte auf ihr beschränktes Selbst zurück[wirft] und [...] ihnen dessen abgespaltenes Für-sich-sein, das monadologische Subjekt und dessen Psychologie, als das Wesentliche vor[spiegelt]«. Aus ihnen resultiert eine Vermenschlichung des Verdinglichten: »Sobald die in Wahrheit [...] zwischen abstrakten Subjekten anhängigen Prozesse aus der Seele erklärt werden, vermenschlicht man tröstlich das Verdinglichte« (ebd., S. 56).

Gesetzlichkeit hier, dem Individuellen in der Gesellschaft dort« (ebd., S. 87).

Und diese

> »Arbeitsteilung der Wissenschaften Soziologie und Psychologie [steht zur Kritik] insoweit sie ihrerseits den Zustand sanktioniert, in dem Individuum und Gesellschaft unversöhnt auseinanderklaffen, und das Getrennte als ein an sich natürlich Verschiedenes vorstellt« (ebd., S. 88).

Wesentlich an der von Reiche (1995) vertretenen Auffassung, das Getrennte sei ein an sich natürlich Verschiedenes, ist nicht, dass er sie Adorno unterstellt und sie von ihm gerade nicht vertreten wird, sondern vor allem, dass er damit die Erscheinung für das Wesen ausgibt. Marx fasste diese Erscheinung in den Begriffen der »Entfremdung« und der »Charaktermasken«. Mit der Kategorie der »Entfremdung« charakterisiert Marx (1844, S. 512) die objektive Beziehung der Menschen zu sich selbst und zu den Verhältnissen, unter denen sie in einer kapitalistischen Gesellschaftsformation leben. Dieses Verhältnis von Individuum und Gesellschaft ist entfremdet, weil in Gestalt des Selbstverwertungsprozesses des Kapitals die im Kapital tot gewordene über die lebendige Arbeit der unmittelbar Produzierenden herrscht. D. h., dass die von der materiellen und geistigen Tätigkeit der Menschen hervorgebrachten Produkte, zu denen auch die sozialen Verkehrsformen in der Produktion und Konsumtion – die kulturellen Verhaltensmuster – und die gesellschaftlichen Institutionen gehören, sich nicht mehr an den Bedürfnissen der Individuen, sondern sich an der Kapitalverwertung orientieren und sie deshalb den Menschen als fremde, sie beherrschende Mächte gegenübertreten.[30] Grundlage, d. h. wesentliche Bestimmung dieser Erscheinung, der Selbstentfremdung und der Entfremdung des Menschen vom Menschen, ist die ökonomische, die Entfremdung

---

[30] »Der gesellschaftliche Charakter der Tätigkeit, wie die gesellschaftliche Form des Produkts, wie der Anteil des Individuums an der Produktion erscheint hier als den Individuen gegenüber Fremdes, Sachliches; nicht als das Verhalten ihrer gegeneinander, sondern als ihr Unterordnen unter Verhältnisse, die unabhängig von ihnen bestehen und aus dem Anstoß der gleichgültigen Individuen miteinander entstehen. Der allgemeine Austausch der Tätigkeiten und Produkte, der Lebensbedingung für jedes einzelne Individuum geworden, ihr wechselseitiger Zusammenhang, erscheint ihnen selbst als fremd, als eine Sache« (Marx, 1857/58, S. 91).

der Lohnabhängigen von den Produkten ihrer Arbeit.[31] Diese Entfremdung des Individuums von seiner Arbeit erscheint

> »darin, dass sie nicht sein eigen, sondern eines anderen ist, dass sie nicht ihm gehört, dass er in ihr nicht sich selbst, sondern einem andern gehört« (ebd., S. 511ff.).

Mit der im Zuge der gesellschaftlichen Entwicklung zunehmenden Entfremdung der Menschen von den gesellschaftlichen Verhältnissen werden sie mehr und mehr zu bloßen »Charaktermasken« (1867, S. 100), zu subjektlosen, d. h. abstrakten, der Kapitalverwertung dienenden Individuen. Dies führt zu einer Umkehrung des Verhältnisses von Personen und Sachen, zu einer Umkehrung der Subjektfunktion:

> »In der bürgerlichen Gesellschaft ist das Kapital selbständig und persönlich, während das tätige Individuum unselbständig und unpersönlich ist« (Marx & Engels, 1847/48, S. 476).

In der These, dass das Subjekt verschwunden ist, bildet Reiche (1995) blind diese gesellschaftliche Entsubjektivierung des Menschen ab. Dass damit aus seiner Sicht auch der psychoanalytische Gegenstand aufhört, als ein wirkliches Objekt zu existieren, ist klar. Im Einvernehmen mit Luhmanns Konzeption,[32] ist Reiche (ebd., S. 248) der Ansicht, dass die Subjektlosigkeit der Systemtheorie Luhmanns »auf ihre Weise radikal zu Ende« führt, was schon in der Psychoanalyse angelegt sei:

> »Auch in der Psychoanalyse ist es nicht der Mensch, der verdrängt oder verleugnet oder projiziert, sondern das Subsystem *Ich* als Teil des Systems *psychischer Apparat*« (ebd.).

---

31 Schon in den *Ökonomisch-philosophischen Manuskripten* heißt es: »In der Bestimmung, dass der Arbeiter zum Produkt seiner Arbeit als einem fremden Gegenstand sich verhält, liegen alle Konsequenzen: Je mehr der Arbeiter sich ausarbeitet, umso mächtiger wird die fremde, gegenständliche Welt, die er sich geschaffen hat, umso ärmer wird er selbst, seine innere Welt, umso weniger gehört sie ihm zu eigen« (Marx, 1844, S. 512).

32 Zustimmend verweist Reiche (1995, S. 235) darauf, dass Luhmann »das Subjekt *ganz abschafft*« und es auch in der Kategorie der »Person« nicht enthalten sei: »Personen sind demnach Strukturen der Autopoiesis sozialer Systeme, nicht aber ihrerseits psychische Systeme oder gar komplexe Menschen« (Luhmann, 1989, S. 258).

Und wenn der Analytiker über einen »Analysanden schreibt oder spricht«, schreibe und spreche er über »Positionen, Abwehren, Identifizierungen, innere Objekte [...] und nicht über einen *Menschen*« (1999, S. 575).

Abgesehen davon, dass schon vor 70 Jahren Parsons (1950, S. 371) glaubte, im Einvernehmen mit psychoanalytischen Auffassungen vorschlagen zu können, dass »the individual personality as a system« zu fassen sei, heißt dies, dass das empirische Substrat des Begriffs auch nicht existiert, wenn die Worte »Subjekt« oder »Menschen« im Diskurs nicht auftauchen. Reiche macht sich hier die von Marcuse (1964, S. 114) kritisierte Begriffsverwendung zu eigen und wendet sie gemeinsam mit Hoffman (1991, 1992) in eine Art flüchtigen Konstruktivismus. Wenn das »grammatische Subjekt« aus einem Satz verschwindet und nur das Prädikat genannt wird, verschwindet auch die Konstruktion, auf die sich das grammatische Subjekt bezieht.[33]

Russell Jacoby

Russel Jacoby (1975) ist ebenfalls überzeugt, dass sich die Entfremdung von Individuum und Gesellschaft im Kapitalismus auf theoretischer Ebene in der Unvermittelbarkeit von Historischem Materialismus und Psychoanalyse abbildet.

> »Eine harmonische Synthese von Marxismus und Psychoanalyse setzt voraus, dass die Gesellschaft die Widersprüche überwunden hat, die ihr Wesen ausmachen«,

---

33 Wir wollen nicht verhehlen, dass wir bei unserer Lektüre von Reiches Aufsätzen dieselben Schwierigkeiten hatten, von denen Haug (1969) bei seiner Lektüre der Reicheschen Arbeit *Sexualität und Klassenkampf* berichtet. »Wie man sich im Märchen durch einen Berg von Reisbrei ›überzwerch hindurchfressen‹ muss«, schreibt Haug (ebd., S. 131), »so durch einen Wust an verkorkster Sprache und verdrehten Sachen, um zu den Theorien des Reicheschen Buches zu gelangen. Wer über verbaute Sätze [...] hinweggegangen ist, den erwartet die undankbare Aufgabe, durch einen schnoddrig dahingesprochenen Jargon durchzusteigen, der aus mehreren Wissenschaftssprachen zusammengeworfen ist. Dem Leser [...] haut der Autor einen bombastischen Wortapparat um die Ohren [...]. Reiches theoretisches Anglerlatein bedarf zuerst einmal der Übersetzung, und die Übersetzung fördert eine Menge Hokuspokus zutage«.

argumentiert Jacoby (ebd., S. 94) und sagt damit implizit, dass im Kapitalismus eine Vermittlung beider nicht möglich ist. Er sieht in den Vermittlungsversuchen Ideologie wirksam und begreift sich damit fälschlicherweise – wie auch Reiche – im Einvernehmen mit der kritischen Theorie der Frankfurter Schule.

Die gegenwärtige Gesellschaft sei in sich zerrissen und die kritische Theorie versuche nicht, die Widersprüche zwischen Gesellschaft und Individuum zu beseitigen und zu homogenisieren, sondern sie zur Sprache zu bringen und ihnen Kontur zu geben. Dies erfordere bei der Untersuchung des Zusammenhangs von Individuum und Gesellschaft »zwei verschiedenen Logiken, der der Gesellschaft und der der Psyche, zu folgen« (ebd.). Weil dies in den verschiedenen Versuchen, Marx und Freud aufeinander zu beziehen nicht beachtet worden wäre, sei die »Spannung zwischen Individuum und Gesellschaft, Psychologie und politischer Ökonomie« (ebd., S. 95) reduktionistisch aufgelöst worden. In Wahrheit aber wären Psychoanalyse und Historischer Materialismus »Fragmente einer zerrissenen Gesellschaft« und:

> »Die Reduktion einer gesellschaftlichen Struktur auf eine individuelle und triebmäßige ist genauso unzulässig wie das Gegenteil, die Auslöschung des Individuellen in einer objektiven Soziologie« (ebd.).

Es ist sicherlich richtig, wenn sich Jacoby gegen einen Psychologismus, der Gesellschaftliches auf Psychologisches reduziert, und zugleich gegen einen Soziologismus wendet, der Psychologisches auf Gesellschaftliches reduziert. Die Alternative ist aber nicht, den faktischen Widerspruch von Individuum und Gesellschaft auf theoretischer Ebene einfach zu duplizieren. Im Grunde hat der Widerspruch zwischen Individuum und Gesellschaft mit dem Widerspruch zwischen Psychoanalyse und Historischem Materialismus nichts zu tun. Denn:

> »Ein angeblicher Widerspruch zwischen der freudianischen und marxistischen Theorie ist etwas völlig anderes als der Antagonismus zwischen den Menschen in einer kapitalistischen Gesellschaft« (Lichtman, 1982, S. 129),

es sei denn, der Unterschied zwischen der Realität und ihrer Erkenntnis wird eingeebnet.

Auch Jacobys Argument zweier Logiken kann den behaupteten Widerspruch auf theoretischer Ebene nicht begründen. Zum einen lässt er im Unklaren, worin die beiden Logiken differieren. Zum anderen, wenn das eine die Erscheinungsform des Anderen ist, können beide nicht einer unterschiedlichen Logik folgen, es sei denn, man setzt voraus, dass es in der individuellen Psyche etwas gibt, das unabhängig von der Gesellschaft ist, in der der Mensch lebt und das sich ohne Rekurs auf seine gesellschaftliche Existenz begreifen ließe. Dem widerspricht freilich, dass das Wesen des Menschen ein gesellschaftliches ist, sich Individuum und Gesellschaft wechselseitig voraussetzen, nicht unabhängig voneinander existieren können, dialektisch verbunden und nicht voneinander zu trennen sind. Deshalb, sagt Lichtman (ebd., S. 132), muss man »zum Schluss kommen, dass beide durch eine *einzige* Logik geprägt sind«.

Hans-Jörg Sandkühler

Sandkühler (1970, S. 324) hält die Versuche, den Historischen Materialismus »durch die Psychoanalyse ›anzureichern‹ [...] im Vergleich zum Stand der Wissenschaft« für einen »Anachronismus, der fortvegetiert, wo anachronistische Produktionsverhältnisse fortvegetieren«, und rät linken Theoretikern ab, heutzutage in diesem Zusammenhang auf die Psychoanalyse zu rekurrieren. Unter einem impliziten Hinweis auf den 1973 noch dem Anspruch nach bestehenden Sozialismus in der DDR und UDSSR verweist er auf die marxistische Sozial- und Persönlichkeitspsychologie, die das Problem einer gesellschaftlichen Psychologie »gelöst« (ebd.) habe.

Sandkühlers Einwand wurde von der Geschichte ad absurdum geführt. Inzwischen haben sich die anachronistischen Produktionsverhältnisse des Kapitalismus in den genannten Ländern wieder etabliert, sodass auch sein Anachronismus-Vorwurf eine Vermittlung von Historischem Materialismus und Psychoanalyse eher befürwortet als untersagt. Denn sein Rat an linke Theoretiker, nicht auf die Psychoanalyse zurückzugreifen, relativiert sich, wenn man sieht, dass außer je einem Zitat von Mitscherlich und Freud Sandkühlers wesentliche psychoanalytische Referenz die Konzeption Reichs ist. Mit dessen Konzeption und gescheitertem Vermittlungsversuch kann aber nicht begründet werden, dass jedweder Versuch einer Vermittlung von Psychoanalyse und Historischen Materialismus für das Verständnis des Zusammenhangs von Gesellschaft und Individuum wenig hilfreich ist. Des Weiteren können wir auch nicht erkennen, in welcher marxistischen Sozial- und Persönlichkeitspsychologie die Frage, wie das in der 6. Feuerbach-These formulierte gesellschaftliche Wesen des Menschen und mit ihm die gesellschaftliche Entfremdung in das Seelenleben des Menschen einzieht und darin erscheint, zufriedenstellend beantwortet wird.

Richard Lichtman

Wie wir hält auch Lichtman (1982) die Psychoanalyse im Wesentlichen aufgrund ihres Triebbegriffs für unvereinbar mit dem Historischen Materialismus. Ausdrücklich wendet er sich gegen die Auffassung, dass Freuds Verständnis der Sexualtriebe die Formbarkeit dieser Triebe betone und dass diese Konzeption eine Vermittlung beider Theorien, die von Fenichel, Fromm und Reich versucht wurde, begründen könne. Er argumentiert folgendermaßen. In Freuds Verständnis sei der Trieb »psychischer Repräsentant der aus dem Körperinnern stammenden, in die Seele gelangenden Reize« (Freud, 1915a, S. 214), und »die Herkunft aus der somatischen Quelle [sei] das schlechtweg entscheidende für den Trieb« (ebd., S. 216). Auch merke Freud an: »Was die psychischen Leistungen der einzelnen Triebe voneinander unterscheidet, lässt sich auf die verschiedenen Triebquellen zurückführen« (ebd.). Lichtman argumentiert folgendermaßen: Freud sieht die Quelle eines Triebes in einem »somatische[n] Vorgang« (ebd., S. 215) in der »*erogene[n] Zone* des von ihm ausgehenden sexuellen Partialtriebes« (1905a, S. 68). Das Triebziel besteht in der »zielgerechte[n] (adäquate[n]) Veränderung der inneren Reizquelle« (ebd., S. 212), sodass »die Aufhebung dieses bestimmten Reizes« zum Triebziel wird. Damit würde zur Frage, »wie [...] er [der Trieb] durch etwas anderes befriedigt werden [kann] als durch das ursprünglich begehrte spezifische Objekt« (Lichtman, 1982, S. 74). Obwohl es Freud behaupten würde, könne seine Metapsychologie die aus Sicht des Historischen Materialismus notwendige Formbarkeit der Triebe nicht erklären.

Lichtman sieht zu Recht, dass sich in Freuds Verständnis die körperliche Seite des Triebes nicht verändern kann; in seiner Argumentation aber übersieht er, dass das Objekt selbst nicht als Triebziel, sondern von Freud nur als ein Mittel gedacht ist, mit dem sich das Triebziel, die adäquate exterozeptive Reizung der entsprechenden erogenen Zone, erreichen lässt. »Das Sexualziel des infantilen Triebes«, sagt Freud (1905a, S. 85), »besteht darin, die Befriedigung durch die geeignete Reizung der so oder so gewählten erogenen Zone hervorzurufen«, und:

> »Das Objekt des Triebes ist dasjenige, an welchem oder durch welches der Trieb sein Ziel erreichen kann. Es ist das variabelste am Triebe, nicht ursprünglich mit ihm verknüpft, sondern ihm nur infolge seiner Eignung zur Ermöglichung der Befriedigung zugeordnet« (1915a, S. 215).

Ferner entgeht Lichtman, dass Freuds Metapsychologie zwar nicht eine Formbarkeit der Triebe, aber doch eine Formbarkeit der psychischen Repräsentanten der Triebe, der Trieb*wünsche*, erlaubt. Das ganze Abwehrkonzept Freuds bezieht sich nicht auf den *Trieb*, sondern auf Trieb*wünsche*. Es sind nicht Triebe, sondern Trieb*wünsche*, die bei unverändertem Trieb*ziel* in Freuds Auffassung verdrängt und in Ersatzbildungen wieder ins Bewusstsein eingelassen werden. So heißt es etwa bei der Ersatzbildung, die zur Wendung eines sadistischen in einen masochistischen, auf die eigene Person gerichteten Trieb*wunsch* führt: »Das Wesentliche an dem Vorgang ist der Wechsel des Objekts bei ungeändertem Ziel« (ebd., S. 220).

Auf diese soziale Formbarkeit der Trieb*wünsche* haben sich Fenichel, Fromm und Reich bei ihren Vermittlungsversuchen von Historischem Materialismus und Psychoanalyse bezogen und wir argumentierten, dass eine der Sachlage angemessene Vermittlung beider auch nicht auf der Basis einer bloßen gesellschaftlichen Formbarkeit von Trieb*wünschen* erreicht werden kann. Lichtmans (1982, S. 70) Votum, dass Freud und Marx »im grundlegenden Widerspruch zueinander stehen«, bleibt solange gültig, wie am Triebbegriff festgehalten wird. Aus psychoanalytischer Sicht ist unter dieser Bedingung menschliches Verhalten dem Wesen nach triebbestimmt, und die gesellschaftlichen Verhältnisse werden als dessen Erscheinungsformen verstanden. In historisch-materialistischer Sicht hingegen ist menschliches Verhalten dem Wesen nach gesellschaftlich bestimmt, und wird als Erscheinungsform der gesellschaftlichen Verhältnisse begriffen. Beide würden das als Erscheinungsformen des Wesens nehmen, das für die andere Seite die wesentliche Bestimmung selbst ist.

In Anbetracht des psychoanalytischen Triebbegriffs und der 6. Feuerbach-These von Marx, die das menschliche Wesen in eben den gesellschaftlichen Verhältnissen lokalisiert, sind Freuds Psychoanalyse und der Historische Materialismus von Marx und Engels nicht kompromissfähig.

Zusammenfassung

Es dürfte kenntlich geworden sein, dass weder Reiches noch Russels Ablehnung einer Vermittlung von Individuum und Gesellschaft gerechtfertigt ist, und dass sich beide mit ihrer Ablehnung nicht auf die kritische Theorie berufen können. Die Dialektik von Individuum und Gesellschaft wird nicht außer Kraft gesetzt, weil sie Reiche entgeht, es für die Erkenntnisbemühungen beider genügt, wenn sich der Widerspruch von Individuum und Gesellschaft auf theoretischer Ebene lediglich im Widerspruch von Psychoanalyse und Marxismus verdoppelt und beide die Erkenntnisprozesse realen Prozessen gleichsetzen. Der dialektische Zusammenhang von Individuum und Gesellschaft zwingt vielmehr zur Frage, warum Menschen ihre konkrete Subjektivität zur Aufrechterhaltung ihrer bloß abstrakten Individualität in Dienst nehmen. Genau in dieser Frage gründet für Adorno (1969) die Notwendigkeit der analytischen Sozialpsychologie.

Deshalb wird auch das »Projekt einer psychoanalytischen Vermittlung von Individuum und Gesellschaft« (Reiche, 1995, S. 244; Kurs. aufgehoben), wie Reiche und Jacoby annehmen, von der Frankfurter Schule nicht aufgegeben: »Als Medium gesellschaftlicher Erkenntnis wird die Psychologie [...] relevant angesichts irrationaler Verhaltensweisen von Einzelnen und vor allem von Gruppen«, schreibt Adorno (1966a, S. 86f.), und deswegen

> »ist der Begriff Sozialpsychologie nicht so abwegig, wie das geklitterte Wort und sein Allerweltsgebrauch es vermuten lässt. Der Primat der Gesellschaft wird rückwirkend von [...] typischen psychologischen Prozessen verstärkt, ohne dass darin Gleichgewicht oder Harmonie zwischen den Individuen und der Gesellschaft sich bekundete.«

Mit einem Rekurs auf die Frankfurter Schule kann jedenfalls die Notwendigkeit einer Vermittlung von Historischem Materialismus und Psychoanalyse als Theorie des Subjekts nicht bestritten werden.

Ebenso ist Sandkühlers Verdikt gegen die Notwendigkeit einer Vermittlung von Historischem Materialismus und Psychoanalyse substanziell nicht gerechtfertigt. Die Argumente, die er gegen eine Vermittlung von Historischem Materialismus vorbringt, sprechen eher für als gegen eine solche Vermittlung.

Lichtman wiederum hält beide wegen Freuds Triebbegriff für nicht vermittelbar. Sein Einwand, Freuds Triebbegriff widersetze sich einer Vermittlung von Historischem Materialismus und Psychoanalyse, kann auch dann nicht abgewiesen werden, wenn die Möglichkeit einer Modifikation der Trieb*wünsche* unterstellt wird. Selbst dann lässt sein Einwand keine der Sachlage angemessenen Vermittlung zu. Vielmehr fordert sein Einwand auf, uns von einem Kernstück der Psychoanalyse – Freuds Trieblehre – zu verabschieden. Will man also Psychoanalyse und Historischen Materialismus gleichwohl unverkürzt miteinander vermitteln, ist dafür zu sorgen, dass trotz eines Verzichts auf den psychoanalytischen Triebbegriff die wesentlichen psychoanalytischen Einsichten in das Seelenleben – wie die Bedeutung der infantilen Sexualität, die Abwehr, der Wiederholungszwang, das Lust-Unlust-Prinzip – nicht verloren gehen, auch wenn sie den Triebbegriff vorauszusetzen scheinen.

Wir können festhalten, dass die vorgetragenen Argumente die Notwendigkeit einer Vermittlung von Historischem Materialismus und Psychoanalyse nicht begründet infrage stellen. Sie setzen allerdings als Bedingung einer sachgerechten Vermittlung voraus, dass auch ohne einen Triebbegriff psychoanalytische Erkenntnisse voll umfänglich bewahrt bleiben.

IV Horkheimer, Marcuse, Lorenzer, Schneider: Vier neuere Vermittlungsversuche

> »Der Idealismus ist nicht einfach die Unwahrheit. Er ist die Wahrheit in ihrer Unwahrheit.«
>
> *Theodor W. Adorno, 1956b*

Um auf einige der Begriffsfallen aufmerksam zu machen, in die man bei der Vermittlung von Historischem Materialismus und der Psychoanalyse geraten kann, haben wir nach der Kritik am Historischen Materialismus und an seiner Vermittlung mit der Psychoanalyse noch vier neuere Vermittlungsversuche unseren weiteren Überlegungen vorangestellt: die kritische Theorie Max Horkheimers und die Versuche Herbert Marcuses, Alfred Lorenzers und Michael Schneiders.

Max Horkheimer

Insbesondere in der von Horkheimer initiierten Kritischen Theorie, die in den Augen von Brandt (1986, S. 280) »eine aufgeklärte Form des Historischen Materialismus« darstellen soll, hat sich die Frankfurter Schule selbst in einer Vermittlung versucht. Beim ersten Hinsehen scheint sie für unser Anliegen von besonderem Interesse, weil sie sich als eine Art Metatheorie versteht, die nicht nur die Gesellschaft, sondern auch in ideologiekritischer Absicht Theorien erkenntniskritisch betrachtet. »Kritische Theorie«, sagt Horkheimer (1969/72, S. 338), verhält »sich kritisch gegenüber der Gesellschaft und ebenso kritisch gegenüber der Wissenschaft«. Dass mit »Wissenschaft« auch wissenschaftliche Theorien gemeint sind, zeigt vor allem seine kritische Würdigung des Marxismus. Wir wollen die kritische Theorie nicht im Detail und in all ihren Schattierungen diskutieren, aber doch auf ihren idealistischen Charakter hinweisen. Der Historische Materialismus findet sich in der kritischen Theorie in der Art eines hegelianischen historischen Idealismus auf den Kopf gestellt[34] in der Form

---

34 Jeffries (2016, S. 56) spricht im Hinblick auf Horkheimer die Frankfurter Schule von einem »hegelianisierten Marxismus«.

wieder, gegen die sich der Historische Materialismus von Marx und Engels (1845/46, S. 26) richtet:

> »Ganz im Gegensatz zur deutschen Philosophie, welche vom Himmel auf die Erde herabsteigt, wird hier von der Erde zum Himmel gestiegen. D.h., es wird nicht ausgegangen von dem, was die Menschen sagen, sich einbilden, sich vorstellen, auch nicht von dem gesagten, gedachten, eingebildeten, vorgestellten Menschen, um davon aus bei den leibhaftigen Menschen anzukommen; es wird von den wirklich tätigen Menschen ausgegangen und aus ihrem wirklichen Lebensprozess auch die Entwicklung der ideologischen Reflexe und Echos dieses Lebensprozesses dargestellt.«

Im Gegensatz zum Historischen Materialismus sind in der kritischen Theorie allein Kopfgeburten, »die Nebelbildungen im Gehirn der Menschen« (ebd.) die Praxis. Ausdrücklich gegen die materialistische Auffassung gewendet, dass es sich auch bei einer theoretischen Tätigkeit um gesellschaftliche Arbeit handelt, »deren klassenmäßige Form [...] auch der Theorie ihren Stempel aufprägt«, siedelt Horkheimer (1937a, S. 218) die »kritische Theorie« jenseits des Klassenantagonismus an. Sie stimme im Hinblick auf »menschliche Produktion mit dem deutschen Idealismus überein« und folge »in der Bildung ihrer Kategorien und allen Phasen ihres Fortgangs ganz bewusst dem Interesse an der vernünftigen Organisation der menschlichen Aktivität« (ebd.). Diese vernünftige Organisation resultiere jedoch nicht aus einer gesellschaftlichen, auf Einsicht in die objektive gesellschaftliche Entwicklungslogik sich gründenden und über den Kampf sozialer Klassen sich vermittelnden Veränderung.

Nach Auffassung Horkheimers (Horkheimer & Adorno 1947, S. 256) gründet die Hoffnung auf eine vernünftige Organisation menschlicher Aktivität »im Mangel an Respekt vor dem, was mitten im allgemeinen Leben so fest gegründet ist«. Für die Veränderungen der herrschenden kapitalistischen Verhältnisse hat die »kritische Theorie [...] keine spezifische Instanz für sich als das mit ihr selbst verknüpfte Interesse an der Aufhebung des gesellschaftlichen Unrechts« (Horkheimer, 1937b, S. 216). Der Nachsatz – »Diese negative Formulierung ist, auf einen abstrakten Ausdruck gebracht, der materialistische Inhalt des idealistischen Begriffs der Vernunft« (ebd.) – offenbart den Idealismus.[35] Dieser zeigt

---

35 Engels (1886, S. 275) Definition des Idealismus lautet: »Diejenigen, die die Ursprünglichkeit des Geistes gegenüber der Natur behaupteten, also in letzter Instanz eine Weltschöpfung irgendeiner Art annahmen [...] bilden das Lager des Idealismus.«

sich ebenso in Horkheimers Zurückweisung von Lenins Widerspiegelungstheorie, in der Vorstellungen und Ideen als Abbilder der vom Bewusstsein unabhängig existierenden Wirklichkeit verstanden werden, und seiner Sympathie für den in der Tradition von Gianbattista Vico und Bischof Berkeley stehenden Konstruktivismus (Zepf et al., 2007) Ernst Machs,[36] dessen Position er ausführlich referiert:

> »Wovon wir wissen, sind nicht bewusstseins-transzendente Dinge, sondern in letzter Linie immer nur unsere Empfindungen und ihre funktionalen Beziehungen. Alle Dinge auf der Welt, roh oder bearbeitet, Wasser, Kohle, Gold, Baumwolle, aber auch Sauerstoff, Radium, elektrischer Strom ebenso wie mein Ich und alle Personen außer mir sind nur Worte, mittels derer wir veranlasst werden, an bestimmte Empfindungszusammenhänge zu denken. Auf unsere Empfindungen bezieht sich unser ganzes Wissen. Sie sind die letzten Tatsachen selbst; indem sie nach dem Prinzip der Denkökonomie zusammengefasst, auf bestimmte Weise geordnet und benannt werden, entstehen die Dinge« (Horkheimer, 1928/29, S. 177f.).

Für Horkheimers idealistische Grundhaltung spricht einmal seine generelle Wertschätzung von Schopenhauer.[37] Auch das Transzendente, von dem in seinen Arbeiten vielfach die Rede ist und zu dem die Überwindung des Kapitalismus in eine vernünftigere Organisation gehört, spricht für eine solche Haltung. Diese Überwindung reduziert sich letztlich auf die »Sehnsucht nach dem Anderen«, dem abstrakt Guten, einem anderen Ausdruck für die Sehnsucht nach Gott, wie Horkheimer (1970, S. 351) im *Spiegel*-Interview vom 5. Januar 1970 bekundet.

Während in der Sicht des Historischen Materialismus die Aufhebung des Klassengegensatzes zu einer vernünftigen Organisation der Gesellschaft führt, wird von Horkheimer die daraus entspringende Revolution

---

36 Korthals (1985) zufolge stand das Denken Horkheimers zumindest bis in die dreißiger Jahre unter dem durch seinen Lehrer Cornelius vermittelten Empiriokritizismus Ernst Machs.

37 Seine durchgängige Verbundenheit mit der Philosophie Schopenhauers formulierte er im Vorwort zur Neuauflage seiner Aufsätze, die vordem in der *Zeitschrift für Sozialforschung* erschienen waren: »Meine erste Bekanntschaft mit Philosophie verdankt sich dem Werk Schopenhauers; die Beziehung zur Lehre von Hegel und Marx, der Wille zum Verständnis wie zur Veränderung sozialer Realität haben, trotz dem politischen Gegensatz, meine Erfahrung seiner Philosophie nicht ausgelöscht« (Horkheimer, 1968, S. 18).

bestritten. Im Verständnis von Marx und Engels ist es der Klassengegensatz, der in einem dialektischen Zusammenspiel mit den Produktivkräften deren Entwicklung vorantreibt. Da die Revolution die Entwicklung der Produktivkräfte bis aufs Äußerste voraussetzt, nähert sich dadurch der Klassengegensatz der Revolution an. Mit dem gemeinsamen Ziel, ihre Löhne aufrechtzuerhalten, vereinigen sich die Arbeiter gegenüber dem Kapitalisten zunächst »in einem gemeinsamen Gedanken des Widerstandes – Koalition« (Marx, 1847a, S. 180). Darauf reagiert das Kapital mit der Erfindung und Anwendung neuer Maschinen. Indem dieser Widerstand einen Einfluss auf die Entwicklung der Produktivkräfte ausübt, treibt er die Gesellschaft letztendlich auf die Revolution zu. Die Koalition der Arbeiter zum Zweck der »Aufrechterhaltung der Löhne« führt dazu, dass »die Kapitalisten ihrerseits sich behufs der Repression vereinigen zu Gruppen«, und gegenüber dem »vereinigten Kapital« vereinigen sich auch die voneinander isolierten Koalitionen der Arbeiter, für die »die Aufrechterhaltung der Assoziationen notwendiger [...] als die des Lohnes wird« (ebd.). Damit nimmt der Zusammenschluss der Arbeiter »einen politischen Charakter an« (ebd.). Marx (ebd., S. 180f.) fasst diese Entwicklung, die er für zwangsläufig hält, so zusammen:

> »Die ökonomischen Verhältnisse haben zuerst die Masse der Bevölkerung in Arbeiter verwandelt. Die Herrschaft des Kapitals hat für diese Masse eine gemeinsame Situation, gemeinsame Interessen geschaffen. So ist diese Masse bereits eine Klasse gegenüber dem Kapital, aber noch nicht für sich selbst. In dem Kampf, den wir nur in einigen Phasen gekennzeichnet haben, findet sich diese Masse zusammen, konstituiert sie sich als Klasse für sich selbst. Die Interessen, welche sie verteidigt, werden Klasseninteressen. Aber der Kampf von Klasse gegen Klasse ist ein politischer Kampf.«

Entschieden wendet sich Horkheimer (1949/69, S. 410) gegen diese Auffassung:

> »Die Lehre von Marx und Engels, dass durch den Kampf um höhere Löhne und kürzere Arbeitszeit schließlich die Vorgeschichte der Menschheit ein Ende nähme, ist armselig sakularisierter Messianismus, dem der authentische unendlich überlegen ist.«

Ausdrücklich gegen die Zwangsläufigkeit der von Marx und Engels postulierten Entwicklung gerichtet heißt es: »Aus den von Marx entdeckten ökonomischen Gesetzen folgt nicht der Sozialismus« (1931/34, S. 341).[38]

Im Verständnis der kritischen Theorie ist es die vernünftige Organisation der Gesellschaft, die den Klassengegensatz aufhebt. Nicht nur, dass Horkheimer die »Dialektik durch Utopie« ersetzt (Jopke, 1970, S. 61). Es sind auch nicht die Subjekte, die sich mithilfe utopischer Ideen durchsetzen. »Wem an der menschlichen Einrichtung der Welt liegt«, sagt Horkheimer (1940/42), S. 314), »der kann auf keine Appellationsinstanz blicken: weder auf bestehende noch auf zukünftige Macht«. Da die »kritische Theorie [...] keine spezifische Instanz für sich [hat] als das mit ihr selbst verknüpfte Interesse an der Aufhebung des gesellschaftlichen Unrechts« (Horkheimer, 1937a, S. 216), ist es vielmehr die utopische Idee, die sich mittels der Subjekte realisiert.

Mit dieser hegelianischen Konzeption der gesellschaftlichen Transformation hat die kritische Theorie das historisch-materialistische Terrain verlassen. Um den Bewegungsgesetzen der Gesellschaft auf die Spur zu kommen und entsprechend handeln zu können, untersucht der Historische Materialismus die Widersprüche der bestehenden Gesellschaft, ihre Basis und ihre objektiven Entwicklungstendenzen. An die Stelle utopischer Wunschträume tritt hier die kritische Analyse der praktischen Bedingungen der Umwälzung gegenwärtiger Produktionsverhältnisse und ihrer gesellschaftlichen Triebkräfte. Die Befreiung der Produktivkräfte aus den Fesseln der aktuellen Produktionsverhältnisse ist untrennbar mit der nüchternen Erkenntnis der materiellen Zusammenhänge der Gesellschaft und der materiellen Triebkräfte des Geschichtsprozesses verknüpft. In diesem Sinne haben sich auch Marx und Engels gegen eine abstrakt utopische Idealisierung der künftigen Gesellschaft gewandt. »Der Kommunismus«, heißt es in der *Deutschen Ideologie*,

> »ist für uns nicht ein *Zustand*, der hergestellt werden soll, ein *Ideal*, wonach die Wirklichkeit sich zu richten haben [wird]. Wir nennen Kommunismus

---

38 Horkheimers kritische Haltung gegenüber dem Historischen Materialismus findet sich auch in der Bemerkung wieder, mit der er die Publikation von Fromms Studie über *German Workers 1929 – A Survey, its Methods and Results* verhinderte. Fromm berichtet in einem Gespräch am 22.02.1977 mit W. Bonß (1980, S. 9), dass für Horkheimer diese »Erhebung ›zu marxistisch‹ gewesen« sei.

die *wirkliche* Bewegung, welche den jetzigen Zustand aufhebt. Die Bedingungen dieser Bewegung ergeben sich aus der jetzt bestehenden Voraussetzung« (Marx & Engels, 1845/46, S. 35).

Die Entwicklung des Historischen Materialismus in einen objektiven Idealismus in der kritischen Theorie, ist in der Auffassung Brandts (1986, S. 291) einer Resignation Horkheimers angesichts der Hoffnungslosigkeit geschuldet, »mit der Einsicht in die Reproduktionsbedingungen des modernen Kapitalismus zugleich die Bedingungen seiner Überwindung aufweisen zu können«. Wie auch immer diese Entwicklung begründet sein mag, trotz der kritischen Würdigung des Marxismus und ihrer idealistischen Grundposition wird die Kritik, die die kritische Theorie an den gesellschaftlichen Verhältnissen übt, nicht hinfällig.

Herbert Marcuse

Vor allem in seiner 1955 erschienen Schrift *Triebstruktur und Gesellschaft* versuchte sich Marcuse an einer Vermittlung von Psychoanalyse und dem Historischen Materialismus. In diesem Versuch orientiert er sich auf psychoanalytischer Seite an Freuds Triebverständnis und Kulturbegriff und bestreitet entschieden Freuds These, »dass Kultur und Zivilisation auf der permanenten Unterjochung der Trieb beruhen« (Marcuse, 1955, S. 9). Unter Kultur versteht Freud (1927b, S. 326) »all das, worin sich das menschliche Leben über seine animalischen Bedingungen erhoben hat und worin es sich vom Leben der Tiere unterscheidet.« Die kulturellen, gesellschaftlichen Errungenschaften umfassen »einerseits all das Wissen und Können, das die Menschen erworben haben, um die Kräfte der Natur zu beherrschen und ihr Güter zur Befriedigung menschlicher Bedürfnisse abzugewinnen«, und »anderseits all die Einrichtungen, die notwendig sind, um die Beziehungen der Menschen zueinander und besonders die Verteilung der erreichbaren Güter zu regeln«. Diese Einrichtungen dienen sowohl der Beherrschung der äußeren Natur wie auch der Selbstdomestikation der inneren, von Freud als asozial gedachten Triebnatur des Menschen: »Jede Kultur«, sagt er (ebd., S. 331), beruht »auf Arbeitszwang und Triebverzicht«, wobei Sexualität, insbesondere aber der Aggressionstrieb gemeint ist, den Freud als ein nach Außen gewendeten, sonst im Innern des Individuums wirkenden Todestrieb versteht. Wegen des nach

Außen gewendeten Todestriebs ist »jeder Einzelne virtuell ein Feind der Kultur« (ebd., S. 326f.).

In Freuds Vorstellung, »dass eine Kultur ohne Unterdrückung unmöglich sei« (Marcuse, 1955, S. 23), trägt Marcuse eine Differenzierung ein. Er unterscheidet die kulturell bedingte Verdrängung bzw. Unterdrückung[39] in notwendige und zusätzliche. Die notwendige Verdrängung ist die »(Grund-)Unterdrückung«, die »Triebmodifizierung, die für das Fortbestehen der menschlichen Rasse in der Kultur unerlässlich ist«, und »die durch die soziale Herrschaft notwendig gewordenen Beschränkungen« versteht er als »Zusätzliche Unterdrückung« (ebd., S. 40).

Unter »›Trieb‹« versteht Marcuse (ebd., S. 14) »in Übereinstimmung mit Freuds Triebbegriff [...] die primären (Ur-)Antriebe des menschlichen Organismus, die der historischen Entwicklung unterworfen sind und die »sowohl psychischen wie somatischen Ausdruck« finden. Gemeint sind damit »Eros und der Todestrieb« als »die zwei Grundantriebe« (ebd., S. 29), wobei Marcuse den Lebenstrieb mit dem Sexualtrieb gleichsetzt. Eros und der Todestrieb werden dabei nicht mehr als Triebe im eigentlichen Sinn, sondern anders verstanden:

> »Triebe werden nicht mehr in Ausdrücken ihres Ursprungs und ihrer organischen Funktion definiert, sondern im Sinne einer determinierenden Kraft, die den Lebensprozessen eine bestimmte ›Richtung‹ gibt, im Sinne von ›Lebensprinzipien‹« (ebd., S. 32).

Marcuse (ebd., S. 25) will »die Entwicklung des unterdrückten Individuums von der frühen Kindheit bis zu seiner bewussten sozialen Existenz« und »die Entwicklung der verdrängenden (unterdrückenden) Kultur von der Urhorde bis zum voll konstituierten Kulturstand« untersuchen. Beide sieht er »in ständiger Wechselbeziehung« (ebd.). In Übereinstimmung mit Freuds (1905a, S. 29) These, dass die »Ontogenese [...] als eine Wiederholung der Phylogenese angesehen werden« kann, ist Marcuse (1955, S. 26) der Ansicht, dass »das Individuum [...] die großen traumatischen Ereignisse in der Entwicklung der Art aufs Neue [erlebt und wiederholt]«, und dass die »Kultur [...] noch immer durch ihre *archaische Erbschaft* bestimmt« ist (ebd., S. 60). Zustimmend zitiert er Freuds (1939, S. 206)

---

39 Marcuse (1955, S. 14) benutzt die Termini »Verdrängung« und »Unterdrückung« synonym.

Aussage, »dass die archaische Erbschaft des Menschen nicht nur Disposi-tionen, sondern auch Inhalte umfasst, Erinnerungsspuren an das Erleben früherer Generationen«, und folgert:

> »Die Psychologie des Einzelnen ist somit an sich Massenpsychologie, inso-fern das Individuum selbst noch in archaischer Identität mit der Art steht« (Marcuse, 1955, S. 60).

Um zu erkennen, dass Marcuses Vermittlungsversuch, den er in *Trieb-struktur und Gesellschaft* vorgetragen hat, fehlgeschlagen ist, müssen wir seine Historisierung des Realitätsprinzips, die Funktionen, die er der Phan-tasie und der Ästhetik zuschreibt, nicht weiter in Augenschein nehmen. Denn sowohl seine Grundannahmen – Todestrieb, Urhorde und archai-sche Erbschaft – wie auch sein Gesellschaftsverständnis sehen sich ent-schieden infrage gestellt.

Festzuhalten ist zunächst, dass der Gegensatz von Kultur und Aggres-sion, den Freud postuliert und auf den sich Marcuse mit seiner These einer unerlässlichen »(Grund-)Unterdrückung« beruft, widersprüchlich ist. Werman (1985) hat auf diesen Widerspruch aufmerksam gemacht. Wenn die Kultur darauf angelegt ist, die Wendung des Todestriebs nach Außen in Gestalt von Aggressionen zu hemmen, wären die Selbstdestruktion der Individuen und damit der Untergang der Gattung die Folge. Würde aber die Kultur, um dies zu verhindern, die Wendung des Todestriebs nach Außen unterstützen, würden sich Menschen wechselseitig zerstören und die Gattung wäre ebenfalls dem Tod geweiht. Dieser Widerspruch, den Freud möglicherweise ahnte, lässt sich auch nicht mit der Annahme lösen, dass eine Kultur einen nach außen gerichteten Todestrieb zur Bekämpfung anderer, als Feinde deklarierten Kulturen durchaus fördern kann (Freud, 1930, S. 473). Letztendlich würden sich dann die Kulturen wechselseitig zerstören und die Gattung Mensch wäre ebenfalls dem Untergang geweiht.

Ferner adoptiert Marcuse auch den tautologischen Charakter der Be-gründung des Todestriebes mit dem Tod. Unter implizitem Bezug auf Freuds (1933, S. 115) Aussage: »Wir behaupten nicht, der Tod sei das ein-zige Ziel des Lebens; wir übersehen nicht neben dem Tod das Leben. Wir anerkennen zwei Grundtriebe und lassen jedem sein eigenes Ziel«, hat Spero (1978) darauf hingewiesen. Tautologisch ist diese Begründung, weil der Tod, die Rückkehr in einen anorganischen Zustand, den Todestrieb be-gründet, und der Todestrieb diese Rückkehr, unser Sterben, begründet.

Desgleichen übernimmt Marcuse mit Freuds Kulturbegriff auch Freuds Ansicht über die Entstehung von Kultur bzw. Zivilisation, die sich grundsätzlich vom Verständnis von Marx und Engels unterscheidet. In Freuds Auffassung gründet die Kultur nicht in der historisch spezifischen Form der gesellschaftlichen Arbeitsteilung, Güterproduktion und -distribution, sondern zuallererst in der Notwendigkeit, biologisch vorgegebene und als asozial gedachte Triebregungen zu beherrschen. Gesellschaft wird aus dem Antrieb gebildet, »uns gegen die Natur zu verteidigen« (1927b, S. 336). Da der menschlichen Natur eine »primären Feindseligkeit« (1930, S. 471) innewohne, habe die Gesellschaft immer dieselbe Funktion, nämlich die Menschen vor der »primären Feindseligkeit« der anderen und diese vor den eigenen zu schützen.

Aus diesem Vorverständnis geht hervor, dass Freuds gesellschaftstheoretische Konzeption psychologistisch ist. »Auch die Soziologie«, heißt es dezidiert (1933, S. 194), »die vom Verhalten der Menschen in der Gesellschaft handelt, kann nichts anderes sein als angewandte Psychologie«. Habermas (1983, S. 354) kritisiert »die gesellschaftstheoretische Überdehnung psychoanalytischer Begriffe und Annahmen« und merkt ebenfalls zu Recht an, dass Freud sich fälschlicherweise »die Interaktionen in der Masse wie das intrapsychische Geschehen eines Makrosubjektes« vorstellt (ebd.). Deshalb können Phänomene, die sich nicht aus den Menschen, sondern aus ihrem gesellschaftlichen Zusammenleben ergeben, in ihrem Rahmen nur falsch begriffen werden.

Des Weiteren kann Marcuses Triebkonzept nicht aufrechterhalten werden, auch wenn er den Todestrieb nicht als Trieb, sondern als Prinzip verstanden wissen will. Wir haben darauf bereits hingewiesen. Gewiss, diese Stilisierung des Triebs als Prinzip lässt sich auf Freuds Überlegungen zurückführen. Zum Ende seines Lebens begreift Freud in der Tat »*Eros*« und den »Destruktionstrieb« als jene »Kräfte, die wir *hinter* den Bedürfnisspannungen des Es annehmen« (1940a, S. 70f.; unsere Kurs.), und die »Triebregungen, die wir verfolgen können«, werden zwar nicht mit den Grundtrieben gleichgesetzt, aber doch als »Exponenten« (ebd., S. 73) der »zwei Grundtriebe« (ebd., S. 70) verstanden. Versteht man allerdings die beiden Grundtriebe mit Freud, wie Bibring (1936) meint – Marcuse (1955, S. 32) beruft sich auf ihn –, als allgemeine biologische Tendenzen im Menschen, werden die begrifflich abstrahierten Grundtriebe (z.B. Gabbard, 2000) in falscher Konkretion in den Menschen zurücktransportiert und dort als wirksam unterstellt. Da sich weder in der humanen noch in der subhumanen Biologie

Beobachtungen finden lassen, welche die Annahme eines Todestriebes rechtfertigen könnten – wie insbesondere Brun (1953/54) und Benedek (1973)
zeigen, steht diese Annahme in Widerspruch zu sämtlichen biologischen
Prinzipien –, werden in den Abstraktionen des Lebens- und Todestriebes
nicht Invarianzen menschlicher Natur in Begriffe gefasst. Vielmehr wird
die Allgemeinheit dieser Begriffe in der Natur materialisiert, sodass in den
Subjekten in Gestalt ihrer sexuellen Triebe nicht mehr ihre konkrete Natur,
sondern nur mehr deren abstrakte Bestimmung in Erscheinung tritt. Wenn
darüber hinaus gelten soll, dass das »Mit- und Gegeneinanderwirken der
beiden Grundtriebe« für »die ganze Buntheit der Lebenserscheinungen«
verantwortlich ist (Freud, 1940a, S. 71), wird damit auch angenommen, dass
sich das Konkrete aus Abstraktionen entwickelt und durch sie reguliert wird.

Aus der vielfältigen und dezidierten Kritik an Freuds naturphilosophi-
schen Spekulationen (s. z. B. Andreski, 1972; Becker, 1973; Braun, 1979;
Colson, 1995; Holt, 1965; Jones, 1957, S. 315ff.; Kapp, 1931; Lichtenstein,
1935; Penrose, 1931; Reich, 1933, S. 244ff.) möchten wir nochmals das Gemeinsame hervorheben: Für eine Reduktion der menschlichen Natur auf
diese beiden Grundtriebe mangelt es einer wissenschaftlichen Begründung.
Bei der Lehre vom Lebens- und Todestrieb handelt es sich um eine spekula-
tive Teleologisierung der menschlichen Natur, die sich weder mit der Empirie deckt noch einer epistemologischen Kritik standhalten kann.

In ähnlicher Weise verfällt auch Freuds Konzept der Urhorde der Kritik,
auf die wir schon hingewiesen haben. Zwar versteht Marcuse (1955, S. 64)
dieses Konzept zu Recht als eine »anthropologische Spekulation«, übernimmt sie aber mit der Begründung, dass sie Wert habe, weil die Konsequenzen, die sich aus diesem Konzept ergeben, »historische Tatsachen« sind, und
diese Tatsachen angesichts von Freuds Hypothese »eine bisher vernachläs-
sigte Bedeutung gewinnen, die in die geschichtliche Zukunft weist« (ebd.).
Wenn freilich die Annahme spekulativ ist, sind es auch die Bedeutungen, die
aufgrund dieser Annahme den historischen Tatsachen zugeschrieben werden
können. Ihr Erkenntniswert tendiert damit gegen null.[40]

Ebenso kann auch die Annahme einer »archaische[n] Erbschaft des
Menschen«, die »nicht nur Dispositionen, sondern auch Inhalte umfasst,
Erinnerungsspuren an das Erleben früherer Generationen« (Freud, 1939,

---

40 Wir haben an anderer Stelle Freuds Konzept des Todestriebs als Metapher seines Konzepts des primitiven Narzissmus und sein Konzept der Urhorde als phylogenetische
Metapher des ontogenetischen Ödipuskomplexes ausgewiesen (Zepf & Seel, 2020).

S. 206), vor der Kritik nicht bestehen. Die Annahme einer Veränderung der DNA-Struktur durch seelische Inhalte, durch psychische Erfahrungen der Menschheit und ihre Weitergabe in der Generationenfolge war aber schon zu Zeiten Freuds strittig (z. B. Mitchell, 1982; Schur, 1972) und ist inzwischen aufgegeben worden (z. B. Freeman, 1967; Moore & Fine, 1990, S. 147).

Generell aber scheitert Marcuses (1955) Versuch einer Vermittlung am Beharren auf dem Triebbegriff. Mit der Annahme, dass Triebe einer »historischen Modifizierung unterworfen sind« (ebd., S. 14), wird der Gesellschaft die Verantwortung für die Erscheinungen des menschlichen Wesens zugeschrieben, das im Menschen verortet wird. Bei Marcuse (ebd., S. 17f.) ist das ganz eindeutig:

> »Die tierischen Instinkte werden unter dem Einfluss der äußeren Wirklichkeit zu menschlichen Trieben. Ihr ursprünglicher ›Sitz‹ im Organismus und ihre Grundrichtung bleiben die gleichen, ihre Ziele und ihre Äußerungen wandeln sich. Alle psychoanalytischen Begriffe (Sublimierung, Identifizierung, Projektion, Verdrängung, Introjektion) weisen gleichzeitig auf die Fähigkeit der Triebe hin, Veränderungen durchzumachen. Aber die Wirklichkeit, welche die Triebe [...] formt, ist die Wirklichkeit einer geschichtlich-gesellschaftlichen Welt.«

Im Verständnis des Historischen Materialismus hingegen ist das menschliche Wesen in den gesellschaftlichen Verhältnissen zu Hause und erscheint im Menschen. Marcuses These, dass Triebe durch die jeweilige Gesellschaft geformt werden, ist somit mit dem Historischen Materialismus ebenso wenig vereinbar wie sein von Freud übernommener Kulturbegriff.

Wegen des mit Marcuses Triebbegriff verbundenen Libido- und Sublimierungsbegriffs ist auch sein später entworfenes Konzept der »repressiven Entsublimierung« (Marcuse, 1964, S. 76) nicht haltbar. Marcuse versteht darunter eine Enterotisierung sozial höherwertiger kultureller Güter im Gefolge des technologischen Fortschritts und ihrer Einzwängung in die »Warenform« (ebd., S. 77). »Damit«, fährt Marcuse (ebd., S. 92f.) fort,

> »reduziert sich gleichermaßen das ›Universum‹ libidinöser Besetzung. Die Folge ist eine Lokalisierung und Konteraktion der Libido, die Reduktion erotischer auf sexuelle Erfahrung und Befriedigung.«

Während »die oppositionellen, fremden und transzendenten Elemente der höheren Kultur getilgt werden« (ebd., S. 76) und damit »*die Reichweite der*

Sublimierung« (ebd., S. 93) beschränkt wird, wendet sich die freigewordene Libido auf ihren Ursprung zurück und gestattet dem Körper, » seine sexuellen Züge in der alltäglichen Arbeitswelt und in den Arbeitsbeziehungen zur Schau zu stellen« (ebd., S. 94).

> »Das Sexuelle wird in die Arbeitsbeziehungen und die Werbetätigkeit eingegliedert und so (kontrollierter) Befriedigung zugänglich gemacht. Technischer Fortschritt und ein bequemes Leben gestatten, die libidinösen Komponenten in den Bereich der Warenproduktion und -austausch systematisch aufzunehmen« (ebd.).

Problematisch an dem Konzept der repressiven Entsublimierung ist die kritiklose Übernahme von Freuds Begriff der Libido und die Verwendung seines Sublimierungsbegriffs.

Während Freuds Sublimierungsbegriff in einem Exkurs genauer erörtert wird, werden wir Freuds Libidobegriff später noch ausführlicher diskutieren und hier nur notieren, dass wie Freuds auch Marcuses Libidobegriff die Annahme einer konstanten Libidomenge zugrunde liegt. Die Formulierung, mit der Freud (1914a, S. 141) »Ichlibido« und »Objektlibido« in Beziehung setzt – »Je mehr die eine verbraucht, desto mehr verarmt die andere« – setzt eine konstante Energiemenge voraus und impliziert ein geschlossenes System. Angesichts der Auffassung, dass die Energie – wie bspw. durch einer sexuellen Handlung – abgeführt werden kann, wird dies zum Problem. Die Abfuhrthese setzt ein offenes System voraus und Rosenblatt & Thickstun (1970) wenden zu Recht ein, dass der menschliche Organismus wohl kaum zugleich als geschlossenes und offenes System betrachtet werden kann.

Freuds Konzept der »Sublimierung« und die »repressive Entsublimierung«

Auch in seinem Verständnis der Sublimierung beruft sich Marcuse auf Freud. Als Beleg für seine Auffassung referiert er (Marcuse, 1955, S. 203) eine Äußerung Freuds (1933, S. 103), nämlich dass wir eine »gewisse Modifikation des Ziels und Wechsel des Objekts, bei der unsere soziale Wertung in Betracht kommt [...] als Sublimierung« bezeichnen, und legt seinem Verständnis insbesondere (Marcuse, 1955, S. 203) Glovers (1931, S. 263f.) Interpretation von Freuds Begriff zugrunde:

>Sublimation is the term applied to a group of unconscious processes which have this in common, that as the result of inner or outer deprivation, the aim of object-libido undergoes a more or less complete deflection, modification or inhibition. In the great majority of instances the new aim is one distinct or remote from sexual satisfaction, i. e. is an asexual or non-sexual aim.«

Glovers Formulierung ist praktisch deckungsgleich mit Freuds (1916/17, S. 358) Bestimmung der Sublimierung als ein Geschehen, bei dem »die Sexualstrebung ihr auf Partiallust oder Fortpflanzungslust gerichtetes Ziel aufgibt und ein anderes annimmt, welches [...] selbst nicht mehr sexuell, sondern sozial genannt werden muss«.

Einvernehmlich mit Freud ist auch Marcuses Auffassung, dass die sublimierte Libido wieder zu den ursprünglichen Zielen zurückkehren kann. Diese Auffassung setzt voraus, dass bei Sublimierungen an den originären Triebzielen unbewusst festgehalten wird und nur die bewussten Ziele sich ändern, wie es auch von Freud konzipiert ist. Bei der »Wissbegierde« etwa, die Freud als »sublimierte[.] Sexualität« begreift, spricht er von einer »Verschiebung der Sexualität« (Freud am 15.05.1907, Nunberg & Federn 1962, S. 186), die Freud (z. B. 1899a, S. 536) schon damals als einen Abwehrmechanismus verstand. Auch hält Freud (1905a, S. 79) ausdrücklich fest, dass bei der Bildung der »psychische[n] Dämme: Ekel, Scham, Moral [...] die Sublimierung sexueller Triebkräfte auf dem Wege der Reaktionsbildung vor sich« geht, wie überhaupt die Reaktionsbildung »zur Sublimierung sexueller Triebkräfte« führen kann (ebd.). Sowohl bei Verschiebungen als auch bei Reaktionsbildungen werden die ursprünglichen Triebwünsche nicht aufgegeben, sondern in der Form sozial höherwertiger, dem Zusammenleben der Menschen förderlicher Ersatzbildungen aufgehoben.

Aus dieser Auffassung geht aber auch hervor, dass sich Marcuses Begriff der »Sublimierung« von Freuds Begriff unterscheidet. Während für Marcuse Sublimierung ein Vorgang ist, in dem die Libido Triebregungen, die dadurch unbewusst werden, abgezogen und an bewusstseinsfähige und sozial konforme Ersatzbildungen gebunden wird, bezeichnet Sublimierung in Freuds Verständnis keinen Prozess, sondern das Resultat verschiedener Abwehrmechanismen. Ausdrücklich hält Freud (ebd.) fest, dass »Sublimierungen durch andere und einfachere Mechanismen« zustande kommen. Ferner berichtet Waelder (1963, S. 11) von einer wissenschaftlichen Zusammenkunft in den zwanziger Jahren bei der Freud den Standpunkt vertrat, Sublimierung sei kein wohldefinierter seelischer Mechanismus, sondern eine lockere Charakterisierung verschiedener Prozesse, die zu sozial wertvolleren Tätigkeiten führen. In diesem Sinne sieht auch Brierley (1947, S. 91) im Begriff der Sublimierung einen »omnibus term«, weil er eine Vielzahl tatsächlich verschiedener Aktivitäten und Abwehrmechanismen enthalte. Ebenso ist Fenichel (1945a, S. 202) der Ansicht, dass der Sublimierungsbegriff »keinen spezifischen Mechanismus [bezeichnet], sondern [...] verschiedene erfolgreiche Abwehrmechanismen [charakterisiert]«.[41]

In diesem Kontext bezeichnet Sublimierung eine »erfolgreiche Abwehr« (ebd., S. 201) insofern, als es dem Subjekt gelingt, durch eine »Modifikation des Ziels und Wechsel des Objekts« (Freud, 1933, S. 103) die ursprünglichen Triebwünsche »auf höhere kulturelle Ziele« zu lenken (1908a, S. 156). Freud erläutert eine solche Sublimierung als erfolgreiche Abwehr am Beispiel der Religion. Hier gelingt es den Einzelnen, ihre neurotischen Verhältnisse in den »fertigen Schatz von religiösen Vorstellungen« unterzubringen (1927b, S. 346), wodurch sie sich die Ausbildung einer »persönliche[n] Neurose« (ebd., S. 367) ersparen. Sie werden nicht, wie Freud (1921, S. 159) die Symptomneurose nennt, »asozial«, sondern bleiben sozial, weil sie sich dadurch in eine »habituelle Massenbildung« einbinden.

Verallgemeinert man dieses Beispiel, sind Sublimierungen in Freuds Verständnis generell als Ersatzbildungen zu begreifen, mit denen es den Subjekten gelingt, ihre unbewusst gewordenen Kindheitsdramen in der Gestalt von Ersatzbildungen bewusstseinsfähig in die gängigen sozialen Verkehrsformen einzulassen. Gelingt dies nicht, liegt entweder eine personen- und gesellschafts*dystone* Symptombildung, oder eine personen*syntone* und gesellschafts*dystone* Ersatzbildung vor, welche die Subjekte außerhalb der normativen Mitte postierten und damit als »krank« etikettiert. Sublimierung bezeichnet keine eigenständige Operation. Sie ist ein Attribut des Produkts verschiedener Abwehrmechanismen, die zugleich zu einer personen- und gesellschafts*syntonen* Ersatzbildung führen. Der Erfolg dieser Abwehr liegt darin, dass sie den Subjekten erlaubt, sich trotz ihrer Neurose weiterhin in den Normen des bestehenden Sozialgefüges bewegen zu können.

---

41 Wir wollen nicht verschweigen, dass Freud im Gegensatz zu seinen sonstigen Äußerungen auch sagt, dass Sublimierungen erst eintreten können, wenn die verdrängten Triebwünsche aufgegeben sind. Er schreibt in einem Brief an Putman (zit. n. Hale, 1971, S. 121): »Sublimation, that is striving toward higher goals, is of course one of the best means of overcoming the urgency of our drives. But one can consider doing this only after psychoanalytic work has lifted the repressions.«

Dass es sich bei Sublimierungen um besondere Ersatzbildungen handelt, geht auch aus Freuds (1916/17, S. 358) Anmerkung hervor, dass die »Sublimierung [...] nur ein Spezialfall der Anlehnung von Sexualstrebungen an andere nicht sexuelle« ist. Sandler hält mit Anna Freuds Zustimmung fest, »that behind every sublimation there is [...] an unconscious fantasy gratification of the instinctual wish« (Sandler & A. Freud, 1983, S. 85), und wie Boesky (1986) sieht auch Vaillant (1992) Sublimierung als eine Kompromissbildung und d. h. als Abwehr.

In einigen wesentlichen Aspekten deckt sich die hier vorgetragene Auffassung der Sublimierung mit derjenigen, die von Bernfeld (1931) vorgeschlagen wurde. Auch er plädiert dafür, Sublimierung auf das Resultat und nicht auf den Prozess zu beziehen, der zu einer sozial höherwertigen Erscheinungsform ursprünglicher Triebwünsche führt. Dieser Prozess ist kein einheitlicher, sondern hier wirkten

> »sehr mannigfaltige Geschehnisse [...] zu *einem* Resultat zusammen, das vor näherer Analyse mit Rücksicht auf gewisse Normen und Werte als Sublimierung bezeichnet wird« (ebd., S. 144).

Er sieht in den »›Sublimierungen‹« die »Ergebnisse der analysierbaren Einpassung bestimmter, in bestimmter Weise reifenden Triebe und Instanzen [...] des Kindes in die Formen seiner Gesellschaft (und seines sozialen Ortes in ihr)« (ebd., S. 145).

Vor dem Hintergrund von Freuds Auffassung der Sublimierung bezieht sich die repressive Entsublimierung auf einen Ersatz vorhandener personen- und gesellschaftssyntoner Ersatzbildungen durch andere. Wie die »höhere Kultur« (Marcuse, 1964, S. 78) – »Literatur und Kunst, die Ideale des Humanismus« (ebd., S. 77) – können auch »die Arbeitsbeziehungen und die Werbetätigkeit« (ebd., S. 94) als bewusste, personen- und gesellschaftssyntone Ersatzbildungen für unbewusst gewordene Wünsche fungieren. Von repressiver Entsublimierung könnte man vielleicht noch reden, wenn man Sublimierung im Sinne von sublim, erhaben, verfeinert oder veredelt auf die Kulturgüter selbst bezieht, wie es etwa in der Romantik geschah. Für Marcuse besteht die den Menschen »fremden und entfremdeten Werke der geistigen Kultur« – ihre »Unvereinbarkeit« mit dem Bestehenden ist »das Zeichen ihrer Wahrheit« (ebd., S. 80) – aus »Bildern einer Erfüllung, welche die Gesellschaft auflösen würde, die sie unterdrückt« (ebd.), die sich im Zuge der gesellschaftlichen Entwicklung – entleert um »ihre subversive Gewalt« (ebd.) – »im Alltagsleben [...] in vertrauten Gütern und Dienstleistungen« wiederfinden. Verstanden als gesellschaftliches Phänomen könnte man das Verschwinden des Widerstandspotenzials geistiger Kulturgüter durch deren systemimmanente Einnivellierung auf vertraute Waren des Alltags als repressive Entsublimierung bezeichnen.

Marcuses Gesellschaftsverständnis

In derselben Weise, in der Marcuse Freuds Begrifflichkeit missversteht, wird auch die Begrifflichkeit des Historischen Materialismus missverstanden. Wir sind uns mit Steigerwald (1969, S. 237) einig, dass Marcuse die »Unmenschlichkeiten des Kapitalismus« und auch die Verdinglichung des Menschen korrekt beschreibt. Marcuse (1964, S. 15) charakterisiert die Gesellschaft durch die

> »Vereinigung von anwachsender Produktivität und anwachsender Zerstörung, das Hasardspiel mit der Vernichtung, die Auslieferung des Denkens, Hoffens und Fürchtens an die Entscheidungen der bestehenden Mächte, die Erhaltung des Elends angesichts beispiellosen Reichtums [...].«

Und:

> »[Z]unehmende Irrationalität des Ganzen, Verschwendung und Restriktion der Produktivität, das Bedürfnis nach aggressiver Expansion, die beständige Bedrohung durch Krieg, verschärfte Ausbeutung, Entmenschlichung« (ebd., S. 263).

Fraglos trifft diese Beschreibung auch auf die Gesellschaft, die sich über 60 Jahre nach Marcuses Formulierung präsentiert, ebenso zu wie Marcuses damalige Charakterisierung der Verdinglichung auf den gegenwärtigen Menschen:

> »Die Menschen erkennen sich in ihren Waren wieder; sie finden ihre Seele in ihrem Auto, ihrem Hi-Fi-Empfänger, ihrem Küchengerät. Der Mechanismus selbst, der das Individuum an seine Gesellschaft fesselt, hat sich geändert und die soziale Kontrolle ist in den neuen Bedürfnissen verankert, die sie hervorgebracht hat« (ebd., S. 29).

Auch gegen seine Aussage, dass die »dialektische Logik« darauf besteht, »dass die Befreiung der Arbeiterklasse das Werk der Arbeiterklasse selbst sein muss«, mit der sich Marcuse (ebd., S. 61) auf Marx bezieht, ist nichts einzuwenden.

Dem widerspricht, dass in Marcuses (1969, S. 82–86) Sicht weder die traditionelle noch die neue Arbeiterklasse der »Weiße-Kragen-Arbeiter« die Totengräber des Kapitalismus sind. Dies verwundert nicht, denn Marcuse redet zwar von den Produktions*mitteln* und ihrer Entwicklung, abstrahiert aber von den Produktions*verhältnissen*, in denen sich Arbeiter und Kapitalist definieren, und ebnet den Kapitalismus auf eine »fortgeschrittene Industriegesellschaft« ein (1964, S. 17). Zu Recht merkt Haug (1968, S. 54) an, dass Marcuses Arbeit beschreibenden Charakter hat und nicht analytisch angelegt ist, dass er mit der »Sprache der Erscheinungen [...] das Wesen« erfassen will.

Weil Marcuse die Augen vor den inneren Widersprüchen des kapitalistischen Systems geschlossen hat, die den von ihm kritisierten Erscheinungen zugrunde liegen, findet er die Revolutionäre einerseits außerhalb des Systems »im Substrat der Geächteten und Außenseiter« (ebd., S. 267), in den

> »Ausgebeuteten und Verfolgten anderer Rassen, und anderer Farben, [den] Arbeitslosen und [...] Arbeitsunfähigen. Sie existieren außerhalb des demokratischen Prozesses [...]. Ihre Opposition trifft das System von außen und wird deshalb nicht durch das System abgelenkt [...]. Die Tatsache, dass sie anfangen, sich zu weigern, das Spiel mitzuspielen, kann die Tatsache sein, die den Beginn des Endes einer Periode markiert« (ebd.).

Und andererseits unter den kritischen Intellektuellen, »die ohne Hoffnung ihr Leben der Großen Weigerung hingegeben haben« (ebd., S. 268). Kritik an den Erscheinungsformen ändert freilich nichts an den gesellschaftlichen Verhältnissen, die ihnen zugrunde liegen. Es ist jedenfalls »nicht die Kritik, sondern die Revolution die treibende Kraft der Geschichte« (Marx & Engels, 1845/46, S. 38). Für eine revolutionäre Umwälzung hat Marcuse kein Konzept. Er gesteht ein:

> »Die kritische Theorie der Gesellschaft besitzt keine Begriffe, die die Kluft zwischen dem Gegenwärtigen und seiner Zukunft überbrücken könnten; indem sie nichts verspricht und keinen Erfolg zeigt, bleibt sie negativ« (Marcuse, 1964, S. 268).

An dieser Stelle offenbart sich der radikale Bruch Marcuses mit dem Historischen Materialismus. Marcuse ist »blind für die immanenten Mängel des Systems« (Haug, 1968, S. 59) und eine solche Weigerung hat ihr Fundament ersichtlich nicht in einer Kritik der politischen Ökonomie, sondern in einer Veränderung des Bewusstseins. Wie Haug (ebd., S. 52) mit Bezug auf einen Vortrag Marcuses von 1967 anmerkt, muss nach Marcuse »der von Engels bezeichnete Weg des Sozialismus von der Utopie zur Wissenschaft zurückgegangen werden«. Im Gegensatz zu Engels hat dieser Weg bei der Utopie zu enden.

Diese Utopie bietet Marcuse (1964, S. 246) unter dem Titel »›Befriedetes Daseins‹« an:

> »Das freie Spiel von Denken und Einbildungskraft nimmt bei der Verwirklichung eines befriedeten Daseins von Mensch und Natur eine rationale und leitende Funktion an. Und die Ideen der Gerechtigkeit, Freiheit und Humanität werden dann auf dem einzigen Boden zu einer Wahrheit und Sache des guten Gewissens, auf dem sie überhaupt Wahrheit sein und ein gutes Gewissen haben können – als Befriedigung der materiellen Bedürfnisse des Menschen, als die vernünftige Organisation des Reichs der Notwendigkeit« (ebd.).

»Statt den Herren dieser Welt diese Welt streitig zu machen, entwirft Marcuse eine zweite Welt«, schlussfolgert Haug (1968, S. 63). Wie man in diese utopische Welt geraten oder zumindest in ihre Nähe gelangen kann, bleibt offen, sodass bei aller Kritik der fortgeschrittenen Industriegesellschaft ihre kapitalistische Struktur unverändert fortbestehen und alles beim Alten bleiben kann.

Alfred Lorenzer

Der letzte ernstzunehmende Versuch einer Vermittlung von Psychoanalyse und Historischem Materialismus, der von psychoanalytischer Seite vorgelegt wurde, ist der Versuch von Alfred Lorenzer. Zwar weist auch Lorenzer (z. B. 1974) beiden Theorien unterschiedliche Bereiche zu – subjektive Strukturen der Psychoanalyse und objektive gesellschaftliche Strukturen dem Historischen Materialismus. Er betrachtet aber beide als ergänzungsbedürftig durch den anderen (ebd., S. 227), und versteht die »Auflösung der solidarische Praxis blockierenden Vorurteile, ideologischen Barrieren und einsozialisierten Defekte« (1972b, S. 121) als wichtige Voraussetzung für eine »politische Aktivität, die unter geltenden Bedingungen Klassenkampf ist« (ebd.). Ebenfalls sieht er zu Recht, dass beide in Verfolgung ihrer gemeinsamen Interessen bedingungsanalytisch zueinander in Beziehung gesetzt werden müssen, und dass der psychoanalytische Triebbegriff anders als von Freud auszulegen ist.

Für Lorenzers Triebverständnis ist der Begriff der »Interaktionsform« zentral. Interaktionsformen werden in Einigungssituationen zwischen kindlichem Körperbedarf und mütterlichen Interaktionsangeboten produziert. Einigung auf Interaktionsformen meint die Herstellung einer befriedigenden Wechselbeziehung von Mutter und Kind, in welcher kindlicher Körperbedarf in mütterlich bestimmten Interaktionsformen Profil gewinnt. Interaktionsformen sind das Resultat der Auseinandersetzung zwischen kindlicher Natur und mütterlichen Interaktionsangeboten in der konkreten Praxis der Mutter-Kind-Dyade. Als eingeübte Interaktionsformen geraten sie im kindlichen Individuum von vorneherein in einen systematischen Zusammenhang (infolge der organismischen Konsistenz des Kindes), in dessen Struktur die Subjektivität »dieses« Kindes gründet. Ausgangsbasis ist die intrauterine Einheit von Mutter und Kind – ein unbegrenztes biologisches Kontinuum, in welchem Bedarf und Bedarfsstillung in einem kontinuierlichen homöostatischen Gleichgewicht gehalten werden. Mit der Geburt wird diese ursprüngliche Einheit aufgehoben. Die kontinuierliche Bedarfsstillung wird ersetzt durch die eingeübte Praxis der Interaktionsformen, auf welche vonseiten des Kindes infolge seiner totalen Abhängigkeit Einigung erzielt werden muss. Postnatal wird der kindliche Organismus in zunächst undifferenzierte Spannungszustände versetzt, die sich in unkontrollierten, ganzheitlichen Körperreaktionen äußern. Indem die Mutter auf diese undifferenzierte »organismische Entladung eines noch unprofilierten Körperbedarfs« (1973, S. 104) in relativ konstanter Weise mit einem bestimmten Verhalten reagiert, das Entspannung herbeiführt – z. B. über das Herstellen bestimmter körperlicher Kontakte –, qualifiziert sie diesen noch undifferenzierten Körperbedarf zu spezifischen Bedürfnissen des Säuglings nach diesen bestimmten sensorischen Kontakten.

Für den Triebbegriff ist dies von entscheidender Konsequenz. Nimmt der Triebbegriff Bezug auf den Sachverhalt, dass ein durch imperativen Körperbedarf ausgelöstes Verhalten sich verselbstständigen und isoliert einen bestimmten Kontakt mit den Objekten der Umgebung anzielen kann, welcher als Lustgefühl an den sog. erogenen Zonen erlebt wird, wird deutlich, dass Lorenzer unter Verzicht auf präformierte Triebinhalte die Qualifikation einzelner Triebbedürfnisse in die Abhängigkeit der mütterlichen Interaktionsangebote verweist. Trieb ist »Niederschlag realerfahrener körperbestimmter Interaktion« (1972, S. 16) und: »Das konkrete ›Es‹ ist als reale Triebpotenz ein Komplex hergestellter Interaktionsformen« (1974, S. 120; Kurs. aufgehoben). Deshalb »ist der Trieb selbst geschichtlich« (ebd.). Es ist aber fraglich, ob mit dem Begriff der »Interaktionsform« der Widerspruch zwischen Trieb- und gesellschaftlicher Bestimmtheit des menschlichen Verhaltens dadurch aufzulösen ist, dass der Trieb mithilfe dieses Begriffs selbst als gesellschaftlich bestimmt ausgewiesen werden kann. Lorenzer (ebd., S. 116) hält fest: »Der wesentliche Kern des Prozesses [der Sozialisation] in dieser Sicht ist, dass die Äußerungen des kindlichen Organismus vom ersten Augenblick an ihre *gesellschaftliche Formbestimmung* erhalten.« Denn:

> »Keine der blindorganischen Reaktionen der Mutter ist außergesell-
> schaftlich und ungeschichtlich. [...] Die Mutter der ›Mutter-Kind-Dyade‹
> meines Begriffsverständnisses wird immer in gesellschaftlichen Zusammen-
> hängen gesehen. Über die realen Gruppierungen befindet sich die Mutter
> im Bezugsrahmen einer realen Klasse innerhalb gesamtgesellschaftlicher Pro-
> zesse. Weil die Realität der gesamtgesellschaftlichen Prozesse aber als Ausein-
> andersetzung des Menschen mit äußerer Natur unter konkreten Produktions-
> weisen zu begreifen ist, ergibt sich: die bestimmten Interaktionsformen sind
> von Anfang an Ausdruck der objektiven Lage; die Mutter vermittelt sie als
> Teil des gesellschaftlichen Gesamtarbeiters« (ebd., S. 117ff.).

Die Interaktionsformen, auf die sich Kind und Mutter einigen, sind

> »nichts anderes als das Resultat einer Wechselwirkung zwischen genetisch
> angelegten Möglichkeiten des kindlichen Organismus und den über die
> Mutter vermittelten sozialen Einwirkungen« (1986, S. 134).

Lorenzer (ebd., S. 131) versteht das »Erbgut« als ein

> »Set von gattungsgeschichtlich gewordenen *Natur-Möglichkeiten*, die durch
> die menschliche Praxis der Mutter-Kind-Einheit in einer *sozial bestimmten
> Form* verwirklicht werden«.

Aus dem Set von Möglichkeiten der »innere[n] Natur des Menschen« (1974, S. 116), die Lorenzer mit dem Trieb gleichsetzt, werden durch das mütterliche Interaktionsangebot und der Notwendigkeit, sich darauf einigen zu müssen, einige der in der inneren Natur des Kindes vorhandenen Möglichkeiten realisiert. Das mütterliche Interaktionsangebot produziert mithin nicht den Triebwunsch, sondern wählt ihn aus den vorhandenen Möglichkeiten aus. Es ist mithin nicht der Trieb, der gesellschaftlich bestimmt ist und geschichtlich wird; es sind vielmehr mögliche Erscheinungsformen des Triebes, die gesellschaftlich bestimmt und geschichtlich sind.

Damit ist der Widerspruch zwischen Psychoanalyse und Historischem Materialismus nicht gelöst, sondern zugunsten der psychoanalytischen Sichtweise beseitigt. In Lorenzers Verständnis werden aus dem Set möglicher Triebwünsche bestimmte Triebwünsche selektiert, sozialisiert, sodass der Trieb in gesellschaftlich approbierten Erscheinungsformen Bewusstsein gewinnt. Mit dieser Auffassung erhalten die in der inneren Natur des Menschen verankerten möglichen Triebwünsche den Status des Wesentlichen, die in der Sozialisation in gesellschaftsspezifische Erscheinungsformen eingelassen werden. Während in historisch-materialistischer Sicht Menschen individuelle Erscheinungsformen der Gesellschaft sind, in der sie leben, werden in diesem Verständnis Menschen und die Gesellschaft zu Erscheinungsformen von Triebwünschen, die durch die Gesellschaft hervorgerufen wurden.

Auch setzt Lorenzer nicht auf eine metatheoretische Vermittlung von Psychoanalyse und Historischem Materialismus, sondern auf eine Vermittlung beider in der Praxis. Dazu subsumiert Lorenzer (1972b, S. 10) die »Produktion menschlicher Strukturen« unter die »praktische Dialektik« des »Gesamtarbeiter[s]« mit »äußerer« Natur wie auch »innerer Natur« [des Kindes]. Durch eine formale Identität zwischen der Primärsozialisation des Kindes und der warenproduzierenden Arbeit – »Die ›formgebenden‹ Körpervorgänge der Mutter sind von keiner anderen Art als die formgebenden Handgriffe des Arbeiters« (ebd., S. 50) – wird die Tätigkeit der Mutter mit der des Arbeiters gleichgesetzt:

> »Der praktische Umgang der Mutter mit dem Kind unterscheidet sich nicht grundsätzlich von der körperlichen Bewegung bei der Arbeit. [...] Bei der Arbeit wie auch in der Mutter-Kind-Dyade ist beidemale das Produkt weder pure Natur noch bloß Hergestelltes. Da wie dort wird Form vermittelt. [...] Die Auseinandersetzung des Arbeiters mit der äußeren Natur, die Leistung der Vermenschlichung von Natur und die Vergegenständlichung zum menschlichen Produkt wird realisiert gleichfalls in einem praktischen Umgang, der dem praktischen formgebenden Umgang der Mutter in der Mutter-Kind-Dyade in vollem Umfang vergleichbar ist« (ebd., S. 50f.).

Es ist sicher unstrittig, dass die Vermittlung von subjektiven Bildungsprozessen und Gesellschaft in der Praxis stattfindet. Aber das Begreifen dieser
Praxis ist etwas anderes als diese Praxis selbst. Lorenzer (ebd., S. 52) setzt
zwar den kindlichen Sozialisationsprozess »über die Mutter [...] in Verbindung mit dem Arbeitsprozess«. Auch betont er, dass »die Interaktion,
auf die sich die Mutter-Kind-Dyade einigt, ihre bestimmte Form durch die
mütterliche Praxis erhält« und diese Form »von den materiellen Arbeits-
prozessen her vermittelt« ist. Damit beschreibt er aber nur Praxis, und
entfaltet keine historisch-materialistische, konkrete Bedingungsanalyse
subjektiver Strukturbildung. Vielmehr reduziert er die differentia specifica,
die wesentlichen Bestimmungsmomente der verwendeten Kategorien auf
bloße Erscheinungsformen des Abstrakten.

Liest man die Überlegungen von Lorenzer vor dem Hintergrund von
Marx' (1857, S. 632) Verständnis wissenschaftlicher Erkenntnisbildung als
Aufsteigen vom real Konkreten über Abstraktionen zur Zusammenfassung
der Abstraktionen und Reproduktion des Realen als »geistig Konkreten«, wird klar, dass Lorenzer bei den abstrakten Bestimmungen endet. Im
Grunde ist Lorenzers Bestimmung der Arbeit eine »verständigen Abstraktion« insofern, als sie das »Gemeinsame hervorhebt, fixiert und uns daher
die Wiederholung erspart« (ebd., S. 617). Für seine Überlegungen gilt das,
was Marx im Hinblick auf die Produktion anmerkt, nämlich dass mit den
»*allgemeinen Bedingungen* aller Produktion [...] keine wirkliche geschichtliche Produktionsstufe begriffen ist« (ebd., S. 620).

Wir haben diese Anmerkung nochmals zitiert um deutlich zu machen,
dass Lorenzer in seiner Bedingungsanalyse subjektiver Strukturbildung
dank seines abstrakten und ahistorischen Arbeitsbegriffs nur die Erkenntnis zutage fördert, dass Gesellschaft auf die Individuen einwirkt,
aber nicht darüber aufklären kann, wie dies in einer kapitalistischen Gesellschaftsformation geschieht. Lorenzers (1974, S. 218) programmati-
sche Äußerung

> – »Individuelle Struktur muss als Produkt menschlicher Praxis auf gegen-
> wärtigem gesellschaftlichem Stand, gegenwärtiger Produktionsweise begrif-
> fen werden. Zu zeigen ist dabei, wie der Antagonismus der gegenwärtigen
> kapitalistischen Produktionsweise als Widersprüchlichkeit individueller
> Struktur, als strukturelle Beschädigung in Erscheinung tritt« –

scheitert an seinem Triebverständnis. Sie harrt immer noch der Realisierung.

Michael Schneider

M. Schneider nimmt unter denjenigen, die eine Vermittlung von Historischem Materialismus und Psychoanalyse ablehnen, eine Sonderstel-
lung. Einerseits argumentiert er, dass die Psychoanalyse »mit der Theorie des Historischen Materialismus keine Verbindung eingehen kann«
(M. Scheider, 1973, S. 159), weil die »bürgerliche Ideologie und Anthropologie beinahe alle Kategorien der psychoanalytischen Theorie durch-
dringt« (ebd.).

> »Alle Versuche, das marxistische und das psychoanalytische Kategorien-
> system ›vermitteln‹ zu wollen, müssen an der Tatsache scheitern, dass die
> politökonomischen Kategorien historisch-materialistische Kategorien sind,
> während die psychoanalytischen Kategorien weitgehend blind sind, das
> heißt ihren eigenen historischen und ideologischen Gehalt nicht mitreflek-
> tieren« (ebd.).

Andererseits aber ist M. Schneider überzeugt, dass es brauchbare Bestandteile in der Psychoanalyse gibt, die für den Marxismus fruchtbar gemacht
werden können, und zwar im Einvernehmen mit den in der »Kritik der
Poltischen Ökonomie« enthaltenen »allgemeine[n] Aussagen darüber [...] wie die ökonomische Entwicklung auf die gesellschaftliche Trieb-
entwicklung zurückwirkt« (ebd., S. 146). Die *»freudomarxistischen Ver-*
mittlungstheoretiker« hätten *»die Kritik der politischen Ökonomie um ihre*
psychologische Dimension verkürz[t]« (ebd., S. 151), hätten »Sozialisation
letzten Endes nur als familiale Sozialisation« begriffen (ebd., S. 161) und
wären »blind für das, was man *Sozialisation durch Arbeit* nennen könnte«
(ebd.). Das Anliegen des Autors ist,

> »auf der einen Seite die in Marxens ›Kapital‹ verstreuten Ansätze und
> Keime einer materialistischen Psychologie und Psychopathologie aufzu-
> nehmen und weiterzuentwickeln, auf der anderen Seite Freuds großartige
> Strukturbeschreibung der ›bürgerlichen Seele‹, zumal seine Krankheits-
> und Neurosentheorie, aus den ökonomischen Bewegungsgesetzen der bür-
> gerlichen Gesellschaft selbst abzuleiten« (ebd., S. 162).

M. Schneider ist überzeugt, dass »die der Waren- bzw. Geldform zu-
grundeliegende ›Abstraktion‹ von Gebrauchswerten und den ihnen

korrespondierenden brauchbaren Bedürfnissen und Befriedigungen« die »politökonomische Keimzelle der psychischen ›Abstraktions‹- Prozesse« ist, die »Freud unter dem Begriff der ›Triebverdrängung‹ beschrieben hat«. Freuds Theorie der Verdrängung sei »das psychologische Komplement zur Marxschen Waren- bzw. Geldtheorie« (ebd., S. 165). M. Schneider, der Freuds Verdrängungsbegriff erweitert und ihn »auf sämtliche gesellschaftliche[n] Bedürfnisse« beziehen möchte, »die mit der Produktion von Gebrauchswerten befriedigt werden können« (ebd., S. 167), glaubt zeigen zu können, dass »*zwischen dem Abstraktionsgrad, den die (kapitalistische) Warengesellschaft im Laufe der Geschichte erreicht hat, und dem Grad der gesellschaftlichen Triebverdrängung* ein notwendiger Zusammenhang besteht« (ebd.). Dies deshalb, weil die »›*Verdrängung‹ der Gebrauchswertproduktion durch die Tauschwertproduktion* [...] in der Dynamik der Warenproduktion selbst angelegt[.]« sei (ebd., S. 169).

> »Die Waren- und Geldabstraktion und die durch sie bewirkte Entqualifizierung und Entwirklichung der gesamten Welt der brauchbaren Dinge ist daher die materialistische Grundlage der psychischen ›Abstraktionsprozesse‹, die Freud unter dem Begriff der ›Verdrängung‹ beschrieben hat« (ebd., S. 171).

Indem das Geld zum allgemeinen Bedürfnis würde, »wird es zum *Globalmotor der ›Verdrängung‹* all der besonderen, sinnlich-konkreten Bedürfnisse und Befriedigungen« (ebd., S. 173). Dies wäre für die »anale Kultur« charakteristisch, als welche die »kapitalistische Kultur« beschrieben würde (ebd., S. 179). In dieser analen Kultur würden die Individuen mittels der »charakterologischen Reaktionsbildungen der analen Libido« (ebd., S. 180) kalkulierbar gemacht. Dazu gehörten »Geiz, Sparsamkeit, Berechnung, Abstinenz, Affektsperre [...] Ordnungs-, Sauberkeits- und Pünktlichkeitszwang« und dieser »anale Zwangscharakter« sei als »›kalkulierbarster‹ und ›kalkulierendster‹ Charaktertyp – dominierend nur in kapitalistischen Kulturen« (ebd.). Dabei würden die »›Leidenschaft‹, ›Sinnlichkeit‹ und ›Triebhaftigkeit‹ des Menschen [...] als nichtkalkulierbarer (und daher widerspenstiger) ›psychologischer Rest‹ [...] ins ›Es‹ abgeschoben« (ebd., S. 188). Diese »emotionalen, affektiven ›Es‹-Funktionen als nicht-kalkulierbarer Teil der Ware Arbeitskraft« wären »von dieser ›abgespalten‹« (ebd., 189) und

»*die Dysfunktion zwischen* ›*Ich*‹ *und* ›*Es*‹, *die die Grundlage der Neurose ist*, entsteht als massenpsychologische Struktur daher erst im Laufe der Entwicklung der kapitalistischen Produktionsweise, die die *fortschreitende Subsumption jedweder Spontaneität, Affektivität und Triebhaftigkeit unter die Rationalität des Kapitals* zwingt« (ebd.).

Wie Reiche ist auch M. Schneider (ebd., S. 145) der Ansicht, dass für Adorno zwischen Historischem Materialismus und der Psychoanalyse eine »kategoriale Unvereinbarkeit mit der irreversiblen Arbeitsteilung zwischen Soziologie und Psychologie« bestünde, »die den realen ›Antagonismus von Individuum und Gesellschaft‹ widerspiegele«. Wie wir bereits bei der Diskussion Reiches angemerkt haben, trifft zwar das Argument der Arbeitsteilung zu, jenes der kategorialen Unvereinbarkeit im Sinne einer Unvermittelbarkeit beider jedoch nicht.

Ebenso führen auch die Überlegungen M. Schneiders nicht viel weiter. Sie scheitern schon an der Empirie. Die These, dass der Zwangscharakter die Charakterstruktur ist, die am häufigsten unter dem Kapitalismus auftritt und am besten mit ihm korrespondiert, ist angesichts der Tatsache, dass sich in epidemiologischen Studien nur Lebenszeitprävalenzraten der Zwangsstörung von 1–3 % (Bebbington, 1998) zeigt, die sich auch in unterschiedlichen kulturellen Kreisen bestätigten (Cilliçilli, 2004; Weissman et al., 1994), empirisch widerlegt. Auch subklinische Zwangsstörungen haben nur eine Prävalenz von 2 %. Die Ein-Jahresprävalenz von Zwangsstörungen wird für die BRD auf 3,8 % beziffert (Wittchen & Jacobi, 2012).

Des Weiteren ist M. Schneiders Verwendung von Freuds Verdrängungsbegriff höchst problematisch. Das »Wesen der Verdrängung«, heißt es bei Freud (1915b, S. 249f.), besteht »nur in der Abweisung und Fernhaltung vom Bewussten«, und »Bedingung der Verdrängung ist [...], dass das Unlustmotiv eine stärkere Macht gewinnt als die Befriedigungslust«, sodass sich dieser Begriff zum einen nicht auf die »›*Verdrängung*‹ *der Gebrauchswertproduktion durch die Tauschwertproduktion*« (M. Schneider, 1973, S. 169) ausdehnen lässt. Die Tauschwertrealisation setzt immer einen Gebrauchswert der Ware voraus und die Gebrauchswertproduktion geht nicht zwingend mit Unlust einher, sodass die Gebrauchswertproduktion bei der Tauschwertproduktion nicht unbewusst werden bzw. sein kann. In sachlicher Hinsicht kann hier nicht von Verdrängung gesprochen werden.

Zum anderen missachtet M. Schneider, dass in Freuds Auffassung das

Verdrängte nicht nur im Symptom in entstellter Weise im Bewusstsein wiederkehrt. Die »Verdrängung [schafft] *in der Regel* eine Ersatzbildung« (Freud, 1915b, S. 256; unsere Kurs.), in der das Abgewehrte in chiffrierter Form wieder ins Bewusstsein zurückkehrt. In der Gestalt der charakterologischen Reaktionsbildungen erscheint auch das, wogegen sich diese richten – im Geiz die Großzügigkeit, in der Berechnung die Freizügigkeit, der Abstinenz die Lust, der Affektsperre der Affekt, in der Ordnung die Unordnung, der Sauberkeit das Verschmutzen, der Pünktlichkeit die Unpünktlichkeit. Von einer »*pathische[n] Kluft*« zwischen Ich und Es oder einer »›abgespalten[en]‹ [...] ›Triebhaftigkeit‹« (M. Schneider, 1973, S. 189) kann nicht die Rede sein.

Wenn ferner »die bürgerlich-idealistische Anthropologie Freuds [...] in beinahe alle psychoanalytische Kategorien lautlos eingegangen« ist (ebd., S. 9), fragen wir uns, wieso die Kategorien »Trieb«, »Es«, »Ich» und »Über-Ich«, die M. Schneider kritiklos verwendet, davon ausgespart sein sollen. »Die Distanz von Psychoanalyse und Marxismus«, sagt Lorenzer (1973a, S. 18),

> »wird weder dadurch aufgehoben, dass man die Begriffe selegiert nach dem Motto: ›Die guten ins Töpfchen, die schlechten ins Kröpfchen‹, noch auch indem man sie denunziert, sondern nur dadurch, dass man gerade die ›längst bekannten Sachverhalte‹ als Mystifikationen aufarbeitet.«

Zwar macht M. Schneider zu Recht auf die Sozialisation im Berufsleben aufmerksam. Die Betonung der Notwendigkeit, diese tertiäre Sozialisation miteinzubeziehen, rechtfertigt jedoch nicht auf die primäre (und sekundäre Sozialisation) gänzlich zu verzichten. So bleibt völlig offen, *wie* der im Kapitalismus vorherrschende Abstraktionsgrad, *wie* das Geld »zum *Globalmotor der ›Verdrängung‹*« (M. Schneider, 1973, S. 173) werden kann.

Aus der falschen Annahme einer massenwirksam abgespaltenen Triebhaftigkeit folgt eine ebenso falsche Bestimmung des revolutionären Subjekts in Gestalt der emanzipativen Psychoanalyse:

> »Sah die klassische Analyse ihr therapeutisches Ziel darin, den vermeintlich ›Kranken‹ an eine vermeintlich ›gesunde‹ Gesellschaft anzupassen, so muss es das *therapeutische* Anliegen einer emanzipativen Psychoanalyse sein, das in der Krankheit sich äußernde Moment von bewusstloser Subversion und passivem Widerstand in die bewusste *politische* Subversion und aktiven politischen Widerstand gegen eine ›kranke‹ Gesellschaft umzufunktionieren.«

Lorenzer (1973a, S. 19) fasst sein Urteil über M. Schneiders *Neurose und Klassenkampf* in folgender Anmerkung treffend zusammen:

> »Dem Verlag ist ein sinniges Signet eingefallen: Ein halber Freud mit einem halben Marx, wobei freilich nur eine gemeinsame Nase herauskam. Nehmen wir es […] als Abbild für das, was resultiert, wenn gegenseitige Begriffsabschleifungen und Begriffsanpassungen an die Stelle eines bis in die Zentralkategorien gehenden Infragestellens und Aufarbeitens der Begriffe gerückt werden.«

Zusammenfassung

Es dürfte unstrittig sein, dass die der Sachlage angemessene Vermittlung von Historischem Materialismus nicht so erfolgen kann, wie es Horkheimer, Marcuse, Lorenzer und M. Schneider vorschlagen. Horkheimers kritische Theorie verfällt mit ihrer idealistischen Fassung des historischen Materialismus der Kritik, die Marx (1845, S. 5) in der 1. Feuerbach-These übt:

> »Feuerbach […] betrachtet […] nur das theoretische Verhalten als das echt menschliche, während die Praxis nur in ihrer schmutzigen jüdischen Erscheinungsform gefasst und fixiert wird. Er begreift daher nicht die Bedeutung der ›revolutionären‹ der ›praktisch-kritischen‹ Tätigkeit«,

und stellt in ihrer selbstgenügsamen Verfassung die 11. Feuerbach-These auf den Kopf: »Die Philosophen haben die Welt nur verschieden *interpretiert*. Es kömmt darauf an, sie zu *verändern*« (ebd., S. 7). Zwar kritisierte Horkheimer die kapitalistischen Verhältnisse treffend, aber seine Bereitschaft, sie zu verändern, bleibt weit hinter seiner Kritik zurück. Jeffries (2016, S. 9f.) erinnert in diesem Zusammenhang an Lukács' (1963, S. 16) Kritik der *Frankfurter Schule*:

> »Ein beträchtlicher Teil der führenden deutschen Intelligenz […] hat das ›Grand Hotel Abgrund‹ bezogen, ein […] ›schönes, mit allem Komfort ausgestattetes Hotel am Rande des Abgrunds, des Nichts, der Sinnlosigkeit. Und der tägliche Anblick des Abgrunds, zwischen behaglich genossenen Mahlzeiten oder Kunstproduktionen, kann die Freude an diesem raffinierten Komfort nur noch erhöhen‹.«

Dasselbe gilt für Marcuses Versuch. Ch. Fuchs (2005) weist zu Recht darauf hin, dass Marcuse Genese und Struktur des Kapitalismus aus einer fortschreitenden und sich schließlich in ihr Gegenteil verkehrenden Rationalität ableitet, »Rationalität« zu einer zeitlosen, ahistorischen Kategorie verabsolutiert und der Idee vor den materiellen gesellschaftlichen Verhältnissen den Primat zuordnet. Desgleichen argumentiert Haug (1968, S. 53), dass Marcuse einen »entschlossene[n] Vorrang der Idee vor der Erfahrung, der Darstellung vor der Realität« einräumt. Im Urteil von Steigerwald (1969, S. 80) ist dies charakteristisch für die »subjektiv-idealistische Grundkonzeption« Marcuses.

Wie wenig eine solche Konzeption noch mit dem Historischen Materialismus zu tun hat, wird deutlich, wenn man sich an Marx' (1873, S. 27) Abgrenzung von Hegel erinnert:

> »Meine dialektische Methode ist der Grundlage nach von der Hegelschen nicht nur verschieden, sondern ihr direktes Gegenteil. Für Hegel ist der Denkprozess, den er sogar unter dem Namen Idee in ein selbständiges Subjekt verwandelt, der Demiurg des wirklichen, das nur seine äußere Erscheinung bildet. Bei mir ist umgekehrt das Ideelle nichts andres als das im Menschenkopf umgesetzte und übersetzte Materielle.«

Derselbe Idealismus, der für Marcuses Ansatz typisch ist, findet sich auch in Lorenzers Versuch. Auch dieser Versuch scheitert, zum einen wegen des Festhaltens am Triebbegriff und zum anderen, weil er im Abstrakten hängen bleibt und wie der Horkheimers und Marcuses nicht metatheoretisch angelegt ist.

Auch wenn M. Schneider Fromms (1932, S. 42; Kurs. aufgehoben) Einsicht ablehnt, dass »die Familie [...] die psychologische Agentur der Gesellschaft« insofern ist, als »in der Produktion der gesellschaftlich erwünschten seelischen Struktur [...] die wichtigste gesellschaftliche Funktion der Familie liegt« (ebd., 1936, S. 87), und im Wesentlichen diese Funktion der tertiären Sozialisation zuschreibt, gilt diese Kritik auch für seine Überlegungen. Mit dem Rekurs auf Freuds Triebbegriff verfällt auch M. Schneider (1972, S. 27) dem »krudesten Idealismus, Biologismus und Psychologismus«, den er an der Psychoanalyse kritisiert, und indem er Sozialisation als Sozialisierung inhaltlich präformierter und abgewehrter Triebwünsche versteht, beseitigt auch er den Widerspruch zwischen Psychoanalyse und Historischem Materialismus zugunsten der psychoanalytischen Annahme eines triebbestimmten Verhaltens. In seinem Verständnis werden Individuum und Gesellschaft, werden die innere und äußere Natur des Menschen nicht innerlich und dialektisch, sondern in der Art einer Bindestrich-Sozialpsychologie äußerlich aneinandergebunden. Auf theoretischer Ebene spiegelt sich diese Äußerlichkeit in der bloßen Parallelisierung politökonomischer und psychoanalytischer Begriffe wider, die nur zeigen kann, dass unter der Annahme eines Triebbegriffs beide nicht vermittelbar sind.

Auch wenn sich alle Konzeptionen auf den Idealismus verpflichten und Diderot (1749, S. 87) in dieser philosophischen Richtung ein »système extravagant« sah, »qui, à la honte de l'esprit humain et de la philosophie, est [...] le plus absurde de tous«,[42] heißt das nicht, dass diese Konzeptionen wertlos sind und auf den Mülldeponien der Geschichte endgelagert werden sollten. Wie uns Adorno (1956b, S. 235) im Eingangszitat zu diesem Kapitel informiert, ist in der Unwahrheit des Idealismus eine Wahrheit enthalten, nämlich dass – verborgen im Gewand eines objektiven Idealismus – das Subjekt als Handelndes zur Sprache gebracht wird. In der Gestalt der utopischen Idee, des Lebens- und Todestriebs als Prinzip, bzw. der Abstraktion der »formgebenden Handgriffe des Arbeiters« (Lorenzer, 1972b, S. 50), die alle ideelle Produkte des Subjekts sind, informieren die Konzeptionen Horkheimers, Marcuses und Lorenzers über etwas anderes. Alle drei informieren in verschleierter Form, dass die »gesellschaftlichen Verhältnisse der Individuen [...] unter allen Umständen nichts andres sein *[können]* als ihr wechselseitiges Verhalten« (Marx & Engels, 1845/46, S. 423; s. a. Marx, 1846, S. 452; Engels & Marx, 1845, S. 98), dass die Menschen eine von ihnen unabhängige Wirklichkeit geschaffen haben, die sie zu Objekten werden lässt. Der Idealismus füllt nicht nur eine Leerstelle in Historischen Materialismus und bringt das Subjekt zur Sprache. In der Reduzierung der Subjekte auf Produkte von der von ihnen geschaffenen Abstraktionen bringt der Idealismus zugleich in entstellter Weise die *noch-nicht-bewusste* reale Verdinglichung der Subjekte auf bloße Personifikationen des von ihnen geschaffenen Kapitals auf den Begriff, dessen Selbstverwertung mit der Selbstzerstörung der Subjekte einher geht.

Der Idealismus ist eine Metapher, in der ein wahrer Inhalt in einer unwahren begrifflichen Form dargestellt wird. Unwahr ist die begriffliche Form, weil sie aus sich selbst geboren scheint und die gesellschaftliche Bedingtheit des Idealismus – »Die Produktionsweise des materiellen Lebens bedingt den sozialen, politischen und geistigen Lebensprozess überhaupt«

---

42 »Ein extravagantes System [...] das zur Schande des menschlichen Geistes und der Philosophie [...] das absurdeste von allen ist« (Diderot, 1749, S. 87; unsere Übers.).

(Marx, 1859, S. 9) – nicht gesehen wird, sodass in ihr die Wirklichkeit der gesellschaftlichen Verhältnisse, unter denen sie entstanden ist, auch nur entstellt enthalten sein kann. Will man den Inhalt seiner idealistischen Ummantelung entkleiden und versuchen, sich über die Produktion einer Wirklichkeit aufzuklären, die ihre Produzenten als Subjekte zerstört, ist es ratsam, sich wiederholt zu erinnern, dass in diesem Versuch das Zusammenwirken von psychischen und sozialen Prozessen nicht durch ein bloß punktuelles In-Beziehung-Setzen einzelner Kategorien auf den Status begriffener Zusammenhänge angehoben werden könnte. Die kategorialen Inhalte sind jeweils abhängig von einem bestimmten theoretischen Bezugssystem definiert, dem sie angehören und in dem sie eine Erkenntnisfunktion haben. Kategorien haben einmal einen empirischen Bezug, und stehen zum anderen in einem theoretischen Zusammenhang. Verwendete man also ohne vorherige metatheoretische Vermittlung der verschiedenen Theoriebereiche etwa die Kategorie »Arbeit« in einer gesellschaftlichen Bedingungsanalyse subjektiver Bildungsprozesse, ließe man ihren Stellenwert im Gesamtzusammenhang außer Acht, gleichgültig ob man sie auf einen ATP-verbrauchenden Prozess oder auf »formgebenden Handgriffe des Arbeiters« (Lorenzer, 1972b, S. 50) reduziert.

Will man hingegen die Totalität von Individuum und Gesellschaft begreifen, kann die Notwendigkeit einer metatheoretischen Vermittlung von Psychoanalyse und historisch-materialistischer Gesellschaftstheorie nicht bestritten werden. Aber auch wenn sich beide in ihrer epistemologischen Gegenstandsbestimmung, im Verfahren und in der Interessenlage strukturell entsprechen, erwies sich der wesentliche Unterschied von Psychoanalyse und Historischem Materialismus in der Bestimmung des Menschen und seines Verhältnisses zur Gesellschaft bislang als unüberbrückbar. Wir wiederholen: Während die Psychoanalyse das menschliche Verhalten von ahistorischen Triebwünschen angetrieben sieht, betritt in historisch-materialistischer Sicht das menschliche Individuum die Welt nicht als präformiertes, mit inhaltlich bestimmten Triebwünschen ausgestattetes Wesen. Dessen Wesen ist von vornherein ein gesellschaftliches. Man muss sich nur an die 6. Feuerbach-These erinnern:

> »Feuerbach löste das religiöse Wesen in das *menschliche* Wesen auf. Aber das menschliche Wesen ist kein dem einzelnen Individuum innewohnendes Abstraktum. In seiner Wirklichkeit ist es das ensemble der gesellschaftlichen Verhältnisse« (Marx, 1845, S. 6).

In diesem Verständnis erscheinen nicht die Triebe des Menschen im Gesellschaftlichen, sondern das gesellschaftliche Wesen des Menschen – das »[...] ensemble der gesellschaftlichen Verhältnisse« (ebd., S. 6), in dem er lebt –, erscheint im Menschen. In Sicht des Historischen Materialismus gilt: Indem der Mensch mit der »seiner Leiblichkeit angehörigen Naturkräfte, Arme und Beine, Kopf und Hand auf die Natur außer ihm wirkt und sie verändert, verändert er zugleich seine eigene Natur« (ebd., 1867, S. 192). In diesem Verständnis ist das neugeborene Kind ein Mensch der Möglichkeit nach, der nicht als Subjekt, sondern als Naturobjekt, als ein Stück natura *naturans* auf die Welt kommt, und das erst durch die herrschenden gesellschaftlichen Verhältnisse, in die es hineingeboren wird, vermenschlicht und zum Subjekt wird.

Weil der zentrale Widerspruch zwischen Freuds Triebtheorie und dem Anspruch des Historischen Materialismus auf die Erklärung gesellschaftlicher Strukturen *und* des menschlichen Verhaltens nicht gelöst wurde, ist auch die schmale Spur, welche die Versuche einer gesellschaftlichen Bedingungsanalyse neurotischer Störungen in der wissenschaftsgeschichtlichen Entwicklung der Psychoanalyse hinterlassen haben, mehr durch unbedachte Grenzüberschreitungen als durch Einsichten von Erkenntniswert gekennzeichnet. In diesen Versuchen ließen sich psychoanalytische Einsichten, die auf Freuds Trieblehre basierten, und die Marxsche politische Ökonomie mit ihrem Anspruch auf die Erklärung gesellschaftlicher Strukturen *und* des menschlichen Verhaltens, nur in eine äußerliche Beziehung setzen. Rückblickend lässt sich festhalten, dass aus den Versuchen lediglich ein Sowohl-als-auch resultierte, welches die Zusammenhänge begriffslos so zurückließ, wie sie es vordem schon waren.

Für eine der Sachlage angemessene Vermittlung historisch-materialistischer und psychoanalytischer Erkenntnisse ist mithin eine Entmystifizierung des psychoanalytischen Triebbegriffs erforderlich, und zwar ohne dass, wie bei Horney (1951) und H. S. Sullivan (1953), zentrale psychoanalytische Erkenntnisse wie Sexualität und Wiederholungszwang verloren gehen, die auf der Annahme von Trieben fußen.

V Psychoanalyse und Historischer Materialismus: Gemeinsamkeiten und Unterschiede

> »Freud und seine Schule erklären sich nirgends für Monisten, für Materialisten, für Dialektiker oder für Fortsetzer des historischen Materialismus. Ihnen wird jedoch gesagt: Ihr seid das und das und das; ihr wisst es nur nicht.«
>
> *Lev Semjonovič Wygotski, 1926*

Inzwischen vertraut mit den gescheiterten Vermittlungsversuchen Horkheimers, Marcuses und Lorenzers sowie der Unhaltbarkeit der Einwände, die sich gegen den Historischen Materialismus und seiner Vermittlung mit der Psychoanalyse richten, wird offensichtlich, dass die von anderen vorgetragenen Argumente für eine Abwendung vom Historischen Materialismus nicht genügen. Die Zurückweisung der Kritik am Historischen Materialismus kann allerdings noch nicht die Hinwendung zu dieser soziologischen Theorie begründen. Eingedenk der bereits erwähnten Bedingung, die Fromm (1932) an eine Vermittlung stellt, nämlich dass eine Gesellschaftstheorie in ihren Grundannahmen mit der psychoanalytischen Auffassung menschlicher Subjektivierungsprozesse übereinstimmen muss, impliziert dies eine Prüfung, inwieweit Historischer Materialismus und Psychoanalyse epistemologisch ähnlich strukturiert sind.

Nicht zu bestreiten ist zunächst eine Ähnlichkeit in der geschichtlichen Entwicklung beider Theorien. Wie bereits erwähnt, fransten sowohl Freuds Psychoanalyse wie der Historische Materialismus von Marx und Engels gleichermaßen in verschiedene Meinungen aus, und beide wurden zur Durchsetzung von politischen bzw. standespolitischen Interessen verändert. Lukács (1962) weist darauf hin, dass Stalin den Marxismus in eine Naturwissenschaft umgemodelt und vereinfacht habe, sodass er zur Legitimation seiner politischen Interessen dienen konnte und sich Abweichungen sofort aburteilen ließen. Stalin (1952) hatte geschrieben:

> »Der Marxismus fasst die Gesetze der Wissenschaft – ganz gleich, ob es sich um Gesetze der Naturwissenschaft oder um Gesetze der politischen Ökonomie handelt – als die Widerspiegelung objektiver, unabhängig vom Willen der Menschen vor sich gehender Prozesse auf. Die Menschen können diese

Gesetze entdecken, sie erkennen, sie erforschen, sie in ihrem Handeln berücksichtigen, sie im Interesse der Gesellschaft ausnutzen, aber sie können diese Gesetze nicht verändern oder aufheben [...]. Das gleiche ist von den Gesetzen der ökonomischen Entwicklung, von den Gesetzen der politischen Ökonomie zu sagen – ganz gleich, ob es sich um die Periode des Kapitalismus oder um die Periode des Sozialismus handelt. Die Gesetze der ökonomischen Entwicklung sind hier ebenso wie in der Naturwissenschaft objektive Gesetze, die die unabhängig vom Willen der Menschen sich vollziehenden Prozesse der ökonomischen Entwicklung widerspiegeln. Die Menschen können diese Gesetze entdecken, sie erkennen und, auf sie gestützt, sie im Interesse der Gesellschaft ausnutzen, den zerstörenden Wirkungen mancher Gesetze eine andere Richtung geben, ihren Wirkungsbereich einschränken, anderen Gesetzen, die zum Durchbruch drängen, freie Bahn verschaffen, aber sie können sie nicht umstoßen oder neue ökonomische Gesetze schaffen.«

Um weithin im gesundheitlichen Versorgungssystem zu bleiben, schien es Psychoanalytikern aufgrund der berufspolitische Situation erforderlich, die Wirksamkeit psychoanalytischer Behandlungen in nomologischen Untersuchungsgängen – eine Übersicht geben Brandl et al., 2004) – zu verifizieren. Obwohl seit den Arbeiten Lorenzers (z. B. 1970; 1974) kein ernsthafter Zweifel mehr daran bestehen konnte, dass die Psychoanalyse keinesfalls den Kriterien einer Naturwissenschaft genügen kann, deren Behandlungspraxis sich nomologisch prüfen ließe, wurde Freuds Missverständnis, dass Psychoanalyse eine Naturwissenschaft wie jede andere ist, gleichwohl wiederbelebt (z. B. Brenner, 2002; Hardt, 2013; Lothane, 2002), sodass das nomologische Untersuchungsverfahren legitimiert werden konnte.

Dieses gemeinsame Schicksal mag nebensächlich erscheinen, zeigt aber bei näherer Betrachtung doch im Besonderen das Allgemeine, das im Verschiedenen Identische und Wesentliche, wenn man nach den Gründen fragt. Althusser (1976) hat überzeugend argumentiert, dass ihr konfliktueller und schismatischer Charakter zu den Wesensmerkmalen beider Wissenschaften gehört, weil beide auch für ihre Gegner etwas Wahres entdeckten, das sich gegen die herrschende Ideologie richtete. Marx und Engels entdeckten,

»was das riesige Gebäude der bürgerlichen Ideologie und ihrer theoretischen Formationen [...] verschleiern sollte, um die Ausbeutung und Herrschaft der bürgerlichen Klasse zu verewigen« (ebd., S. 93).

122

Freud hat mit seiner Theorie des Unbewussten den Kern der bürgerlichen Ideologie infrage gestellt, der den »Menschen« im Gegensatz zu seiner Partikularisierung im gesellschaftlichen Leben »als Subjekt« behauptet, »dessen Einheit durch das Bewusstsein gesichert [...] ist« (ebd., S. 98).

Weil in beiden Fällen das Wahre für das Bestehende gefährlich ist, folgt beide Male die »Dialektik von Widerstand – Kritik – Revision« (ebd., S. 92). Der Widerstand beginnt bei den Gegnern, dringt »*ins Innere* der Theorie« ein, »die damit vom Revisionismus besetzt« wird (ebd., S. 94).

Dass beide kritische Wissenschaften insofern sind, als sie das Bestehende infrage stellen, zeigt bspw. die nämliche Haltung beider zur Religion. Bei Freud (1927b, S. 339) heißt es:

> »Die Götter behalten ihre dreifache Aufgabe, die Schrecken der Natur zu bannen, mit der Grausamkeit des Schicksals [...] zu versöhnen und für die Leiden und Entbehrungen zu entschädigen, die den Menschen durch das kulturelle Zusammenleben auferlegt werden.«

Marx (1894b, S. 464) fragt:

> »Wo blieb da ein Ausweg, eine Rettung für die Versklavten, Unterdrückten und Verarmten, ein Ausweg, gemeinsam für all diese verschiednen Menschengruppen mit einander fremden und sogar entgegengesetzten Interessen?«

Und antwortet:

> »Dieser Ausweg fand sich. Aber nicht in dieser Welt. Wie die Dinge lagen, konnte er nur ein religiöser Ausweg sein [...] der Ausweg war gefunden, der die Mühseligen und Beladenen aus diesem irdischen Jammertal hinüberführte ins ewige Paradies« (ebd.).

Während Freud (1927b, S. 372) »die Wirkung der religiösen Tröstungen« mit »der eines Narkotikums« gleichsetzt, ist für Marx (1843/44, S. 378) die »Religion [...] das *Opium* des Volkes« und beide plädieren dafür, die Welt so zu verändern, dass ein religiöser Trost nicht länger benötigt wird. Freud empfiehlt, nicht länger darauf zu vertrauen, dass man im Jenseits »für die Leiden und Entbehrungen« entschädigt wird, »die dem Menschen durch das kulturelle Zusammenleben auferlegt werden«

(Freud, 1927b, S. 339), sondern ihre »Erwartungen vom Jenseits« abzuziehen.

> »Dadurch, dass er [...] alle freigewordenen Kräfte auf das irdische Leben konzentriert, wird er wahrscheinlich erreichen können, dass das Leben für alle erträglicher wird und die Kultur keinen mehr erdrückt« (ebd., S. 373f.).

Gleichlautend schreibt Marx (1843/44, S. 379):

> »Die Aufhebung der Religion als des *illusorischen* Glücks des Volkes ist die Forderung seines *wirklichen* Glücks. Die Forderung, die Illusionen über seinen Zustand aufzugeben, *ist die Forderung, einen Zustand aufzugeben, der der Illusionen bedarf.*«

Überhaupt liegen beide auf derselben kritischen Dimension, die aus der 3. Feuerbach-These entsteht:

> »Das Zusammenfallen des Ändern[s] der Umstände und der menschlichen Tätigkeit oder der Selbstveränderung kann nur als revolutionäre Praxis gefasst und rationell verstanden werden« (1845, S. 6).

Sie betont, dass die Menschen nicht nur das Produkt ihrer gesellschaftlichen Verhältnisse sind, sondern dass sie diese Verhältnisse auch ändern können. Dies bedeutet, »[...] daß also die Umstände ebensosehr die Menschen, wie die Menschen die Umstände machen« (Marx & Engels, 1845/46, S. 38) und: »Wenn der Mensch von den Umständen gebildet wird, so muss man die Umstände menschlich bilden« (Marx, 1845, S. 138). Bei gleicher Interessenlage erwächst daraus ein Unterschied zwischen Historischem Materialismus und der Psychoanalyse. Während ersterer auf eine Aufhebung der kapitalistischen Produktionsverhältnisse zentriert, fokussiert die Psychoanalyse auf die Beseitigung der Barrieren in den Subjekten, die ein gesellschaftsverändernndes Handeln verhindern. Der österreichische Psychoanalytiker, Schüler von Freud und Kulturhistoriker Emil Lorenz (1919, S. 5) hatte das schon vor 100 Jahren erkannt:

> »Erst wenn wir die Frage erheben: Welche seelischen, nicht durch äußere Machtmittel verursachten Bedingungen in der beherrschten Mehrzahl bewirken es, dass diese sich in ihre Lage fügt, ja daran Gefallen findet, nicht

nur den Ursprung ihrer Abhängigkeit vergisst, sondern ihre eigene, wirkliche Rolle verkennt, vaterländisch, patriotisch wird, dazu brauchen wir Psychologie.«

Wenn Kritik über das real Existierende hinausweist, ist ein Wahrheitsbegriff erforderlich und für die Annahme, dass das äußere Schicksal beider auch mit ihrer inneren Struktur zusammenhängt, spricht auch, dass sich sowohl die Psychoanalyse als auch der Historische Materialismus Wahrheit für sich beanspruchen und sich dem schon erwähnten aristotelischen Wahrheitsbegriff verschrieben haben. Das Bestreben des »wissenschaftlichen Denkens«, heißt es bei Freud (1933, S. 184), ist

> »die Übereinstimmung mit der Realität zu erreichen, d. h. mit dem, was außerhalb von uns, unabhängig von uns besteht [...]. Diese Übereinstimmung mit der realen Außenwelt heißen wir Wahrheit.«

Schaff (1954, S. 14) fasst den Wahrheitsbegriff des Historischen Materialismus gleichlautend mit dem Freuds in folgenden Worten zusammen:

> »Unter Wahrheit verstehen wir ein wahres Urteil oder einen richtigen Satz, das heißt ein Urteil oder einen Satz, der mit der objektiven Wirklichkeit übereinstimmt. Ein richtiger Satz ist nämlich die Aussage eines wahren Urteils.«

Ebenso urteilt Kosing (1964, S. 1132), dass im historischen Materialismus »Wahrheit« definiert ist als »Eigenschaft von Aussagen, mit dem Sachverhalt, den sie widerspiegeln, übereinzustimmen«.

Nicht nur die Auffassung, dass Wahrheit in der Übereinstimmung von Gedachtem und Wirklichem gründet, sondern auch die Ansicht, dass sich Wahrheit in der Praxis beweist, findet sich in der Psychoanalyse wieder. In der 2. Feuerbach-These[43] geht Marx bekanntlich über das Wahrheitsverständnis Feuerbachs hinaus. Feuerbach (1841, S. 191) hatte geschrieben:

---

[43] Zu jeder der 11 Feuerbach-Thesen liegt eine umfangreiche Literatur vor. Wir können sie hier nicht kommentieren und lediglich unsere Lesart der Thesen darstellen, die wir verwenden. Dabei werden wir uns jeweils auf Marx' und nicht auf die von Engels editierte Version beziehen.

»Wahr ist, worin der Andere mit mir übereinstimmt – Übereinstimmung das erste Kennzeichen der Wahrheit. Aber nur deswegen, weil *die Gattung das letzte Maß der Wahrheit* ist. Was ich nur denke nach dem Maße meiner Individualität, daran ist der Andere nicht gebunden, das kann auch anders gedacht werden, das ist eine zufällige, nur subjektive Ansicht. Was ich aber denke im Maße der Gattung, das denke ich, wie es der Mensch *überhaupt* nur immer denken *kann* und folglich der Einzelne denken *muss*, wenn er normal, gesetzmäßig und folglich wahr denken will. *Wahr ist was mit dem Wesen der Gattung übereinstimmt*, falsch, was ihr widerspricht. Ein anderes Gesetz der Wahrheit gibt es nicht.«

Darauf antwortet Marx (1845, S. 5) in der 2. Feuerbach-These:

»Die Frage, ob dem menschlichen Denken gegenständliche Wahrheit zukomme – ist keine Frage der Theorie, sondern eine praktische Frage. In der Praxis muss der Mensch die Wahrheit, i. e. Wirklichkeit und Macht, Diesseitigkeit seines Denkens beweisen. Der Streit über die Wirklichkeit oder Nichtwirklichkeit des Denkens – das von der Praxis isoliert ist – ist eine rein scholastische Frage.«

Während bei Feuerbach die Übereinstimmung des Denkens mit einem abstrakten Gattungswesen Wahrheit verbürgt, bezieht sich im Verständnis von Marx und Engels, wie Schaff (1954) und Kosing (1964) anmerken, die Übereinstimmung des Denkens nicht auf ein solches Abstraktum, sondern auf die Objektwelt. Dabei garantiert eine bloß gedachte Übereinstimmung des Denkens mit einer Objektwelt, welcher der Menschen bloß kontemplativ und passiv gegenübersteht,[44] nicht schon Wahrheit. Diese Übereinstimmung muss vielmehr geprüft werden. Im Verständnis von Marx und Engels ist die Wahrheit des Denkens »eine praktische Frage« (ebd.), eine Frage, die von der Praxis zu beantworten ist. Wahrheit bemisst sich in ihrem Verständnis am Kriterium der praktischen Wirksamkeit des reali-

---

44 In der 1. Feuerbach-These heißt es: »Der Hauptmangel alles bisherigen Materialismus (den Feuerbachschen mit eingerechnet) ist, dass der Gegenstand, die Wirklichkeit, Sinnlichkeit, nur unter der Form des *Objekts oder der Anschauung* gefasst wird; nicht aber als *sinnlich menschliche Tätigkeit*, Praxis […]. Feuerbach will sinnliche – von den Gedankenobjekten wirklich unterschiedene Objekte: aber er fasst die menschliche Tätigkeit selbst nicht als *gegenständliche* Tätigkeit« (Marx, 1845, S. 5).

sierten Gedachten.[45] Der Wirkungsgrad eines Handelns in der gesellschaftlichen Praxis wiederum, das vom Denken angeleitet wird, ist umso größer, je mehr das Denken mit der Praxis übereinstimmt. Daraus folgt, dass die Wahrheit des Denkens vom Grad der Bewusstheit der gesellschaftlichen Praxis abhängig ist.

Ohne weitere Erläuterungen wird erkennbar, dass dieselbe praxisbezogene Bestimmung der Wahrheit in der Psychoanalyse Anwendung finden kann. Auch hier bemisst sich die Wahrheit des Denkens eines Subjekts an seiner Wirksamkeit in der individuellen Praxis, die vom Grad ihrer Bewusstheit abhängig ist. Im Fall des Neurotikers wird jedenfalls die Bewusstheit seiner gegenwärtigen Praxis durch die Vergangenheit, durch Ersatzbildungen der unbewusst gewordenen Vergangenheit entstellt, die Realisierung des Gedachten dient nicht nur dem Gegenwärtigen, sondern steht immer auch im Dienste des Vergangenen, sodass sein gegenwartsbezogenes Denken seinen Wahrheitsanspruch objektiv verwirkt.

Laut Dahmer (1970, S. 78) haben ferner Psychoanalyse und Historischer Materialismus auch »ein und dasselbe ›Objekt‹ [...]: die (in historisch spezifischer Weise) vergesellschafteten Individuen«. Dem ist freilich nicht so. Die Psychoanalyse untersucht das Individuum und nicht dessen Vergesellschaftung, und der Historische Materialismus untersucht primär die Vergesellschaftung und nicht das Individuum.

Genauer: Während sich das psychoanalytische Erkenntnisverfahren auf das einzelne Subjekt zentriert – die Psychoanalyse ist »Kritik des personalen Ausdrucks eines sozialen Geschehens« (Caruso, 1962, S. 35) –, sind Erkenntnisgegenstand des Historischen Materialismus Verhältnisse.[46] Es sind Verhältnisse, welche die menschlichen Individuen zueinander ein-

---

45 Engels (1892, S. 296f.) schreibt mit Bezug auf die Natur: »Solange wir unsre Sinne richtig ausbilden und gebrauchen und unsre Handlungsweise innerhalb der durch regelrecht gemachte und verwertete Wahrnehmungen gesetzten Schranken halten, solange werden wir finden, dass die Erfolge unsrer Handlungen den Beweis liefern für die Übereinstimmung unsrer Wahrnehmungen mit der gegenständlichen Natur der wahrgenommenen Dinge.« Gleichlautend Lenin (1909, S. 187): »Die Herrschaft über die Natur, die sich in der Praxis der Menschheit äußert, ist das Resultat der objektiv richtigen Widerspiegelung der Erscheinungen und Vorgänge der Natur im Kopfe des Menschen […].«

46 »Die Gesellschaft besteht nicht aus Individuen, sondern drückt die Summe der Beziehungen, Verhältnisse aus, worin diese Individuen zueinander stehen« (Marx, 1857/58, S. 189). Dies wird von Fromm (1937a, S. 201) verkannt. Er schreibt: »Die Gesellschaft ist nichts als die lebendigen, konkreten Individuen […].«

gehen, indem sie bewusst und über Werkzeuge kooperativ auf die äußere Natur einwirken, die Mittel für die Befriedigung ihrer Bedürfnisse selbst produzieren, aufgrund der diesen Verhältnissen innewohnenden Widersprüche die gesellschaftliche Entwicklung vorantreiben, und sich in diesem Prozess selbst verändern.

Aber auch wenn der Erkenntnisgegenstand beider verschieden ist, metatheoretisch betrachtet haben Historischer Materialismus und Psychoanalyse eine ähnliche Struktur. Beide gehen von den Daseinsbedingungen aus, die die Menschen vorfinden, sind kritisch angelegt, wollen das Wesen ihres Gegenstandes ermitteln und für beide gründet die Notwendigkeit wissenschaftlicher Erkenntnis darin, dass im Gegenstand Erscheinung und Wesen disparat sind. Folgt man Freud, trifft für die Psychoanalyse die bereits erwähnte Feststellung von Marx (1894a, S. 825) ebenfalls zu, nämlich dass »alle Wissenschaft […] überflüssig [wäre], wenn die Erscheinungsform und das Wesen der Dinge unmittelbar zusammenfielen«. Ebenso unterscheidet auch Freud zwischen Erscheinung und Wesen:

> »Wir wollen die Erscheinungen nicht bloß beschreiben und klassifizieren, sondern sie als Anzeichen eines Kräftespiels in der Seele begreifen, als Äußerungen von zielstrebigen Tendenzen, die zusammen oder gegeneinander arbeiten. Wir bemühen uns um eine *dynamische Auffassung* der seelischen Erscheinungen. Die wahrgenommenen Phänomene müssen in unserer Auffassung gegen die nur angenommenen Strebungen zurücktreten« (Freud, 1916/17, S. 62).

Auch für Freud ist das Wesen durch die Erscheinungen hindurch zu ermitteln. In der Psychoanalyse, schreibt er, haben wir

> »die technischen Mittel gefunden, um die Lücken unserer Bewusstseinsphänomene auszufüllen, denen wir uns also bedienen wie die Physiker des Experiments. Wir erschließen auf diesem Wege eine Anzahl von Vorgängen, die an und für sich ›unerkennbar‹ sind, schalten sie in die uns bewussten ein« (1940a, S. 127).

Desgleichen setzt auch in der Psychoanalyse die Methode, vermittels derer der Gegenstand untersucht wird, wie im Historischen Materialismus an den Erscheinungsformen an, und beide Male versucht die Theorie über den Gegenstand seine wesentlichen Bestimmungen auf den Begriff zu bringen.

Auch wenn das Wesen des Gegenstands in der Psychoanalyse um die gesellschaftliche Dimension verkürzt ist, bilden sich in beiden Wissenschaften im Verhältnis von Methode und Theorie eine dem Gegenstand selbst innewohnende Beziehung ab, die Beziehung zwischen Erscheinung und Wesen.

Wir möchten hier nicht in eine ausführliche Debatte der philosophisch aufgeladenen Beziehung von Erscheinung und Wesen eintreten, aber doch anmerken, dass sich beide Begriffe auf verschiedene Aspekte der gleichen Realität beziehen und sich wechselseitig voraussetzen. Von einer Erscheinung zu reden ist nur sinnvoll, wenn man die Erscheinung von dem, was in ihr erscheint, unterscheiden will. Gewöhnlich wird das in der Erscheinung Erscheinende als »Wesen« bezeichnet. Das Begriffspaar »Wesen« und »Erscheinung« hält einerseits zwei Aspekte der Realität analytisch auseinander, und fügt sie andererseits in bestimmter Weise als Gedankenkonkretum wieder zusammen. Dabei ist im Verständnis beider Wissenschaften dieses Wesen kein Abstraktum, das von »oben« an den Gegenstand herangebracht würde. Das Wesen ist vielmehr konkret und existiert in der Realität des Gegenstandes als die wesentliche Erscheinung. Der Begriff »Wesen« gibt die wesentlichen, die Oberflächengestalt bestimmenden Bedingungen wieder. Ein Aspekt der Realität – die Bedingungen – erscheint in einem anderen, für dessen Entstehung er wesentlich ist.

Für beide Wissenschaften ist die Erkenntnis des Wesens identisch mit der Ermittlung der Geschichte gegenwärtiger Erscheinungen. Bei Marx und Engels (1845/46, S. 18) heißt es: »Wir kennen nur eine einzige Wissenschaft, die Wissenschaft von der Geschichte«, und Waelder (1956, S. 606) urteilt über die Psychoanalyse zu Recht: Psychoanalyse »might be called the science of history, viz. [...] the history of individual lives [...]«.[47] Beide Male werden das Wesen des Gegenstandes, seine differentia specifica, mit dem aufklärerischen Ziel ermittelt, wie seine Erscheinungsformen entstanden sind.

Das heißt, dass die Psychoanalyse wie der Historische Materialismus auf die Selbstbewegung ihres Gegenstandes zentriert ist. Fokussiert auf das Innenleben des Subjekts sucht sie in ihrem Gegenstand die vorfindliche Form seines Erlebens unter systematischer Abstraktion von den realen äußeren Bedingungen, unter denen er aufwächst, als Produkt der erlebten Ge-

---

47 »Die Psychoanalyse ist ganz ausschließlich und bedingungslos an die Erforschung der Geschichte jener Phänomene gebunden, die überhaupt Gegenstand ihrer psychologischen Betrachtung werden« (Bernfeld, 1926, S. 492).

schichte logisch-historisch in derselben Weise zu rekonstruieren, wie der Historische Materialismus die bestehende Gesellschaftsformation unter systematischer Abstraktion vom Innenleben der Menschen rekonstruiert.

Die Gleichartigkeit der Erkenntnisverfahren von Historischem Materialismus und Psychoanalyse offenbart sich, wenn man sich genauer anschaut, worauf sie sich logisch« und »historisch« im Marxschen Erkenntnisverfahren beziehen, und mit der Art und Weise vergleicht, in welcher der Psychoanalytiker operiert. Die kontroverse Debatte, welche über das logisch-historische Erkenntnisverfahren des Historischen Materialismus geführt wurde, werden wir nicht referieren. Unter Zuhilfenahme von früheren Überlegungen (Zepf & S. Hartmann, 1989) werden wir beide Begriffe am Original, der Marxschen Warenanalyse erläutern. In dieser Analyse wendet Marx dieses Verfahren mit dem Ziel an, die gegenwärtigen gesellschaftlichen Verhältnisse zu begreifen.

Das logisch-historische Erkenntnisverfahren

Bekanntlich zerlegt Marx zunächst das menschliche Arbeitsprodukt als Ware in ein widersprüchliches Verhältnis von Gebrauchswert und Wert, leitet daraus den Doppelcharakter der Arbeit als konkret nützliche und abstrakt menschliche Arbeit ab und stellt »die Entwicklung der Warenform mit der Entwicklung der Wertform« gleich (Marx, 1867, S. 76). Auf dem Wege zur Geldform des Wertes analysiert er die einfache Warenform, in der sich Waren zufällig gegenübertreten: »Das einfachste Wertverhältnis ist offenbar das Wertverhältnis einer Ware zu einer einzigen verschiedenartigen Ware, gleichgültig welcher« (ebd., S. 62). Dabei existiert die Ware, deren Wert ausgedrückt werden soll, als Gebrauchswert oder in der relativen Wertform, während die andere Ware, worin sich der Wert darstellt, Wert ist oder Äquivalent. »Die erste Form« ergibt somit

> »Wertgleichungen wie: 1 Rock = 20 Ellen Leinwand, 10 Pfd. Tee = 1/1 Tonne Eisen usw. Der Rockwert wird als Leinwandgleiches, der Teewert als Eisengleiches usw. ausgedrückt, aber Leinwandgleiches und Eisengleiches, diese Wertausdrücke von Rock und Tee, sind ebenso verschieden wie Leinwand und Eisen. Diese Form kommt offenbar praktisch nur vor in den ersten Anfängen, wo Arbeitsprodukte durch zufälligen und gelegentlichen Austausch in Waren verwandelt werden« (ebd., S. 80).

Unter der Bedingung einer durch den Privatbesitz an Produktionsmitteln auf Warentausch angewiesenen Gesellschaft zeigt der »erste Blick [...] das Unzulängliche der einfachen Wertform, dieser Keimform, die ebenfalls durch eine Reihe von Metamorphosen zur Preisform heranreift« (ebd., S. 76). Aus der einfachen entwickelt sich die entfaltete relative Wertform, in der eine Ware gegen verschiedene Waren getauscht wird.

> »Die zweite Form unterscheidet vollständiger als die erste den Wert einer Ware von ihrem eigenen Gebrauchswert, denn der Wert des Rocks z. B. tritt jetzt in seiner Naturalform in allen möglichen Formen gegenüber, als Leinwandgleiches, Eisengleiches, Teegleiches usw., alles andere, nur nicht Rockgleiches. Andererseits ist hier jeder gemeinsame Wertausdruck der Waren direkt ausgeschlossen, denn im Wertausdruck je einer Ware erscheinen jetzt alle anderen Waren nur in Form von Äquivalenten. Die entfaltete Wertform kommt zuerst tatsächlich vor, sobald ein Arbeitsprodukt, Vieh z. B., nicht mehr ausnahmsweise, sondern schon gewohnheitsmäßig mit verschiedenen anderen Waren ausgetauscht wird« (ebd., S. 80).

Auch hier stellt Marx wieder die Mängel der entfalteten relativen Wertform dar. Sie bestehen darin, dass der relative Wertausdruck eine offene Kette bildet, bei der jede neu auftretende Warenart das Material für einen neuen Wertausdruck liefert, sodass die verschiedenen Wertausdrücke in ein buntes Mosaik auseinanderfallen. Diese Mängel werden in der allgemeinen Wertform behoben, in der eine einzige Ware als allgemeines Äquivalent verschiedener Waren fungiert und ihren Wert ausdrückt. Diese

> »neugewonnene Form drückt die Werte der Warenwelt in einer und derselben von ihr abgesonderten Warenart aus, z. B. in Leinwand, und stellt so die Werte aller Waren dar durch ihre Gleichheit mit Leinwand. Als Leinwandgleiches ist der Wert jeder Ware jetzt nicht nur von ihrem eigenen Gebrauchswert unterschieden, sondern von allem Gebrauchswert, und eben dadurch als das ihr mit allen Waren Gemeinsame ausgedrückt« (ebd.).

Nunmehr kann die Geldform des Wertes abgeleitet werden:

> »Die spezifische Warenart nun, mit deren Naturalform die Äquivalentform gesellschaftlich verwächst, wird zur Geldware oder funktioniert als Geld. Es wird ihre spezifisch gesellschaftliche Funktion, und daher ihr

gesellschaftliches Monopol, innerhalb der Warenwelt die Rolle des allgemeinen Äquivalentes zu spielen« (ebd., S. 83).

Den bevorzugten Platz der allgemeinen Äquivalentform hat »unter den Waren [...] eine bestimmte Ware historisch erobert, das Gold« (ebd.). Die Geldform des Wertes geht auf Waren über, »die von Natur zur gesellschaftlichen Funktion eines allgemeinen Äquivalents taugen, auf die edlen Metalle« (ebd., S. 104).

Marx stellt die Metamorphose von der einfachen Wertform zur Geldform des Warenwertes als eine Entwicklung dar, die für eine Gesellschaft, die durch den Privatbesitz an Produktionsmitteln auf Warentausch angewiesen ist, notwendig wird, wenn sie ihr Funktionieren optimieren will. Er fasst so zusammen:

> »Die einfache oder vereinzelte relative Wertform einer Ware macht eine andere Ware zum einzelnen Äquivalent. Die entfaltete Form relativen Werts, dieser Ausdruck des Wertes einer Ware in allen anderen Waren, trägt ihnen die Form verschiedenartiger besonderer Äquivalente auf. Endlich erhält eine besondere Warenart die allgemeine Äquivalentform, weil alle anderen Waren sie zum Material ihrer einheitlichen, allgemeinen Wertform machen« (ebd., S. 82).

Der »Geldkristall« erweist sich

> »als ein notwendiges Produkt des Austauschprozesses, worin verschiedenartige Arbeitsprodukte einander tatsächlich gleichgesetzt und nachher tatsächlich in Waren verwandelt werden. Die historische Ausweitung und Vertiefung des Austausches entwickelt den in der Warennatur schlummernden Gegensatz von Gebrauchswert und Wert. Das Bedürfnis, diesen Gegensatz für den Verkehr äußerlich darzustellen, treibt zu einer selbständigen Form des Warenwerts und ruht und rastet nicht, bis sie endgültig erzielt ist durch die Verdoppelung der Ware in Ware und Geld. In demselben Maße daher, worin sich die Verwandlung der Arbeitsprodukte in Waren, vollzieht sich die Verwandlung in Geld [...]. Die Notwendigkeit dieser Form entwickelt sich mit der wachsenden Anzahl und Mannigfaltigkeit der in den Austauschprozess eintretenden Waren. Die Aufgabe entspringt gleichzeitig mit den Mitteln ihrer Lösung« (ebd., S. 102f.).

Die gesellschaftlichen Bedingungen, durch die Geld zum Kapital wird, handelt Marx unter dem Titel »Ursprüngliche Akkumulation« ab. Diese Verwandlung

> »kann nur unter bestimmten Umständen vorgehn, die sich dahin zusammenspitzen: Zweierlei sehr verschiedne Sorten von Warenbesitzern müssen sich gegenüber und in Kontakt treten, einerseits Eigner von Geld, Produktions- und Lebensmitteln, denen es gilt, die von ihnen geeignete Wertsumme zu verwerten durch Ankauf fremder Arbeitskraft; andrerseits freie Arbeiter, Verkäufer der eigenen Arbeitskraft und daher Verkäufer von Arbeit« (ebd., S. 742).

Marx verweist hier vor allem auf

> »die Momente, worin große Menschenmassen plötzlich und gewaltsam von ihren Subsistenzmitteln losgerissen und als vogelfreie Proletarier auf den Arbeitsmarkt geschleudert werden. Die Expropriation des ländlichen Produzenten, des Bauern, von Grund und Boden bildet die Grundlage des ganzen Prozesses« (ebd., S. 744).

Unserer Darstellung lässt sich zunächst entnehmen, was mit »logisch« und »historisch« nicht gemeint sein kann. Logisch bezieht sich nicht auf eine formal-logische Denknotwendigkeit. Geld lässt sich nicht über logische Umformungsregeln aus der Ware ableiten, und mit historisch ist nicht die Rekonstruktion der Realgeschichte gemeint. Es ist nicht notwendig, schreibt Marx (1857/58, S. 373), um »die Gesetze der bürgerlichen Ökonomie zu entwickeln, die *wirkliche Geschichte der Produktionsverhältnisse* zu schreiben«. Logisch meint hier die Logik der historischen Entwicklung, die im Durchdenken des historischen Materials ideell, d. h. unter Hervorhebung entwicklungsnotwendiger, auseinander hervorgehender Stufen reproduziert wird. Was in diesem Vorgang aus dem wirklichen Entwicklungsprozess abstrahiert wird, ist von der Aufgabe bestimmt, die Existenz des vorhandenen Geldes und Kapitals als notwendiges Produkt dieser Entwicklung zu begreifen. Notwendig verweist dabei auf materielle Entwicklungsnotwendigkeit unter der Voraussetzung historischer Progression, auf die Notwendigkeit, die Not – wie sie etwa Marx in den praktischen Mängeln des Tauschprozesses auf der Höhe der einfachen und entfalteten relativen Wertform diagnostiziert – zu wenden. Abstrahiert wird in diesem

Verfahren von den real-historischen Aspekten, welche die reale Geschichte an verschiedenen Orten auch verschieden verlaufen lassen. Die logische Behandlungsweise, so Engels (1859, S. 475), ist »nichts Anderes als die historische, nur entkleidet der historischen Form und der störenden Zufälligkeiten«.

Das logisch-historische Verfahren abstrahiert auch von jenen real-historischen Voraussetzungen, Randbedingungen und außerstrukturellen Bewegungsmomenten, welche darüber mitbestimmen, ob und wie das Entwicklungsnotwendige verwirklicht wird. Zwar ist klar, dass auch die Gedankenentwicklung in dem Maße eine Stringenz aufweisen muss, wie in ihr die reale Entwicklungslogik angemessen reproduziert wird. Es kann sich dabei aber nicht um einen geschlossen analytisch-logischen Deduktionszusammenhang handeln. Die real-historischen Gegebenheitszufälle – wie etwa die Existenz von Edelmetallen –, außerstrukturelle historische Bewegungsmomente – wie etwa bei der Entstehung der ursprünglichen Akkumulation – müssen immer auch als Bestimmungsmomente in die logisch-historische Analyse eingehen, wo unter Absehung vom real-historischen Verlauf in der Darstellung real-historische Spezifikationen nicht vorgenommen wurden. Die logizistischen Fehldeutungen des Marxschen Wertgesetzes als Missverständnisse zurückweisend, schreibt Engels (1895/96, S. 905), dass nicht genügend berücksichtigt wird, »dass es sich hier nicht um einen rein logischen Prozess handelt, sondern um einen historischen Prozess und dessen erklärende Rückspiegelung in Gedanken, die logische Verfolgung seiner inneren Zusammenhänge«.

Engels (1859, S. 475) fasst das logisch-historische Verfahren in folgender Weisezusammen:

> »Wir gehen bei dieser Methode aus von dem ersten und einfachsten Verhältnis, das uns historisch, faktisch vorliegt, hier also von dem ersten ökonomischen Verhältnis, das wir vorfinden. Dies Verhältnis zergliedern wir. Darin, dass es ein Verhältnis ist, liegt schon, dass es zwei Seiten hat, die sich zueinander verhalten. Jede dieser Seiten wird für sich betrachtet; daraus geht hervor die Art ihres gegenseitigen Verhaltens, ihre Wechselwirkung. Es werden sich Widersprüche ergeben, die eine Lösung verlangen. Da wir aber hier nicht einen abstrakten Gedankenprozess betrachten, der sich in unsern Köpfen allein zuträgt, sondern einen wirklichen Vorgang, der sich zu irgendeiner Zeit wirklich zugetragen hat oder noch zuträgt, so werden auch diese Widersprüche in der Praxis sich entwickelt und wahrscheinlich ihre

Lösung gefunden haben. Wir werden die Art dieser Lösung verfolgen und finden, dass sie durch Herstellung eines neuen Verhältnisses bewirkt worden ist, dessen zwei entgegengesetzte Seiten wir nunmehr zu entwickeln haben werden usw.«

Das psychoanalytische Erkenntnisverfahren

Betrachtet man das psychoanalytische Erkenntnisverfahren auf dem Hintergrund von Engels' Darstellung des methodischen Vorgehens von Marx im *Kapital*, kann kaum übersehen werden, dass auch die Psychoanalyse ihren Gegenstand logisch-historisch rekonstruiert. Im Zusammenspiel vom sprachlich Dargestellten des Patienten und dem in der Gegenübertragung Wahrgenommenen rekonstruiert der Analytiker das szenisch verstandene Material als notwendige Abfolge *Not-wendender*, auseinander hervorgehender Entwicklungsschritte. Bezugsrahmen ist die psychoanalytische Einsicht, dass subjektive Bildungsprozesse eingespannt sind in die Dialektik von Befriedigung und Versagung (Lorenzer, 1972b) und subjektiv angetrieben werden vom Ziel, Unlust, d. h. narzisstische Kränkungen möglichst zu vermeiden und Lust zu erreichen. Des Weiteren wird der Analytiker im Verlauf dieses Prozesses die Gegebenheiten, von denen er abgesehen hat, wieder als jene Bestimmungsmomente in den Erkenntnisprozess einbeziehen, welche die Einmaligkeit dieses Entwicklungsprozesses ausmachen.

Die Psychoanalyse setzt am neurotischen Leiden an, und auch für sie gilt wie für jede logisch-historische Rekonstruktion, dass die Entstehung des Gegenstands nicht erklärt, sondern *begriffen* wird. Denn »*Begreifen* besteht [...] darin [...] die eigentümliche Logik des eigentümlichen Gegenstandes zu fassen« (Marx, 1843, S. 296). In der logisch-historischen Rekonstruktion einer Lebensgeschichte wird versucht, dieses Leiden als *notwendiges* Produkt frühkindlicher Konflikte und ihrer *notwendenden* Bewältigungsversuche auf den Begriff zu bringen. Die historiographische Erkundung einer Lebensgeschichte dient ausschließlich dem Ziel, ihre Elemente als Erscheinungsformen des Abgewehrten zu entlarven und die Sinnzusammenhänge wieder auszugraben, in die das Abgewehrte gehörte. Anvisiert wird, dem Subjekt verborgene Sinnzusammenhänge wieder verfügbar und Lebensgeschichte als Leidensgeschichte, als Abfolge von Konflikten lesbar zu machen.

Da die Psychoanalyse am Gegenwärtigen und nicht am Vergangenen ansetzt, scheint ihr Verfahren dem Marxschen zu widersprechen, wie es sich in der Warenanalyse zeigt. Man könnte auf das Konzept des Durcharbeitens verweisen und argumentieren, dass das psychoanalytische Verfahren geradezu gegenläufig zur Marxschen Warenanalyse angelegt ist. Durcharbeiten bezieht sich idealtypisch auf die Widerstände gegen das sukzessive Abtragen von Ersatzbildungen, in denen das Abgewehrte im Zuge des Lebens in unterschiedlichen Formen Bewusstsein gewonnen und wieder verloren hat. Um zum Kernkonflikt vorzudringen, werden im Durcharbeiten dessen verschiedene Ersatzbildungen gleichsam wie historisch gewordene tektonische Schichtungen in einem zeitkonsumierenden Prozess abgetragen. Ohne dieses Durcharbeiten könnte jedenfalls der Kernkonflikt nicht erreicht werden. Deshalb schreibt Kuiper (1962, S. 653) mit Hinweis auf Lampl-De Groot, »sollte man versuchen, die Lebensgeschichte in umgekehrter Reihenfolge durchzuarbeiten«.

Dieses Argument wird freilich mit dem Hinweis entkräftet, dass Marx (1873, S. 27) die im Kapital enthaltenen Warenanalyse die »Darstellungsweise« und nicht die »Forschungsweise« seiner Untersuchung ist.

> »Die Forschung hat den Stoff sich im Detail anzueignen, und deren inneres Band aufzuspüren. Erst nachdem diese Arbeit vollbracht ist, kann die wirkliche Bewegung entsprechend dargestellt werden« (ebd.).

Beide sind aber nicht nur zeitlich verschieden, sondern liegen konträr zueinander. Die Darstellung steigt vom Abstrakten zum (Gedanken)Konkreten auf, während die Forschung aus dem real Konkreten das Wesentliche hervorhebt. Marx lässt keinen Zweifel daran, dass seine Untersuchung nicht bei der einfachen Warenform, sondern an den kapitalistischen gesellschaftlichen Verhältnissen ansetzt. Zustimmend zitiert er I. I. Kaufmann, den Verfasser einer kritischen Besprechung des *Kapitals*:

> »Demzufolge bemüht sich Marx nur um eins: durch genaue wissenschaftliche Untersuchung die Notwendigkeit bestimmter Ordnungen der gesellschaftlichen Verhältnisse nachzuweisen und soviel als möglich unzweifelhaft die Tatsache zu konstatieren, die ihm zu Ausgangs- und Stützpunkten dienen. Hierzu ist es vollständig hinreichend, wenn er mit der Notwendigkeit der gegenwärtigen Ordnung zugleich die Notwendigkeit einer anderen Ordnung nachweist [...] nicht die Idee, sondern nur die äußere Erscheinung kann ihr [der Untersuchung] zum Ausgangspunkt dienen [...] Indem sich

Marx das Ziel stellt [...] die kapitalistische Wirtschaftsordnung zu erforschen und zu erklären, formuliert er nur streng wissenschaftlich das Ziel, welches jede genaue Untersuchung des ökonomischen Lebens haben muss« (ebd., S. 26f.).

Die zentrale Stellung der Ware, mit der frühesten und abstraktesten Form er die Darstellung seiner Untersuchung beginnt, ist nicht der Ausgangspunkt seiner Untersuchung. Zwar »mag es so aussehen, als habe man es mit einer Konstruktion a priori zu tun«, schreibt Marx (ebd., S. 27). Aber die abstrakteste Form der Ware ist keine »Konstruktion a priori«, sondern das *Resultat* seiner Untersuchung. Der »wirkliche Ausgangspunkt [...] der Anschauung und der Vorstellung« ist das real »Konkrete« (Marx, 1857, S. 632).

Gegenstandsverständnis und Erkenntnisverfahren – epistemologisch betrachtet

Nicht nur dass beide Male die Rekonstruktion am Vorfindlichen ansetzt und das Gegenwärtige als entwicklungsnotwendiges Resultat der Selbstbewegung des Gegenstandes unter bestimmten Bedingungen expliziert. Beide setzen auch an der Sprache an, nehmen an der Praxis teil und entlarven das sprachlich Dargestellte als Darstellung von etwas anderen. Marx nimmt an der gesellschaftlichen Praxis teil, die er untersucht, und entlarvt die in Schriftsprache vorliegenden Überlegungen der bürgerlichen Ökonomie, die sich auf diese Praxis beziehen, als entstellte Darstellungen des gesellschaftlich *Noch-Nicht-Bewussten*. Der Psychoanalytiker nimmt in Gestalt von Übertragungen an der unbewussten Praxis des Patienten teil und dechiffriert die in Sprache gefassten Ersatzbildungen, in denen der Patient seine ihm unbewusste Praxis verschleiert artikuliert, als deren entstellte Darstellungen.

In derselben Weise, in der es der Historische Materialismus nicht dabei belässt, eine bestimmte Gesellschaftsform auf allgemeine Begriffe zu bringen –

> »die sogenannten *allgemeinen Bedingungen* aller Produktion sind nichts als die abstraktesten Momente, mit denen keine wirkliche geschichtliche Produktionsstufe begriffen ist« (Marx, 1857/58, S. 24) –

wird auch in der psychoanalytischen Rekonstruktion die Einmaligkeit des Subjekts nicht auf allgemeine Begriffe gebracht. Auch die Psychoanalyse ist keine historische Wissenschaft vom Allgemeinen, sondern eine Wissenschaft vom konkret Einzelnen. Wie in der Untersuchung der Gesellschaft wird in der Untersuchung des Subjekts das Wesen seiner Besonderheit und Einmaligkeit in der ihm eigenen Geschichte, in der Selbstbewegung jedes einzelnen Subjekts aufgesucht. Wie sich die allgemeine Bestimmung des Historischen Materialismus, dass jede Gesellschaftsform einmalig ist, in der Allgemeinheit des historisch-materialistischen Erkenntnis- und Untersuchungsverfahrens wiederfindet, findet sich die allgemeine Bestimmung des Subjekts, dass es einmalig ist, in der Allgemeinheit der psychoanalytischen Erkenntnis- und Behandlungsmethode wieder. Dies ist eine Methode, welche allgemein erlaubt, jedes Subjekt in seiner Einmaligkeit durch die Aufdeckung der Entwicklungslogik seines Gewordenseins zu begreifen.

Dabei sagen sowohl im Historischen Materialismus wie auch in der Psychoanalyse die Begriffe nicht, wie Gesellschaft, bzw. wie das Subjekt im Allgemeinen entsteht, sondern sie sagen allgemein, wie eine einzelne Gesellschaft bzw. ein Subjekt entstehen kann. Sève (1972, S. 274) formuliert das für den Historischen Materialismus so:

> »Begriffe [...] sagen uns [...] nicht, *wie das Einmalig-Konkrete im Allgemeinen ist*, sondern sie sagen allgemein, *wie das Einmalig-Konkrete hervorgebracht wird*. Ebendeshalb aber kann das Wesen dann in seiner konkreten Wirklichkeit begriffen, *das Einmalige in der Allgemeinheit des Begriffs erfasst werden*. In den dialektischen Formen der Abstraktion ist das Wesen nicht das, was als dem Gegenstand und anderen damit verglichenen Gegenständen gemeinsam erscheint, sondern es ist die notwendige innere Bewegung *des an und für sich genommenen Gegenstands*, ist also das Wesen *dieses* Gegenstands. Die Allgemeinheit des Begriffs ergibt sich nicht durch das Ausscheiden des Einmaligen, sondern durch das Erhöhen des Einmaligen auf die Stufe *seiner inneren Logik*, das heißt, dass sie die ›eigentümliche Logik des eigentümlichen Gegenstands konstituiert‹.«

In beiden Wissenschaften definieren Begriffe die Strategien der Erkenntnis des Einmaligen. Sie sagen, wonach zu suchen ist, aber nicht, was man finden wird. Auf demselben Weg, in dem das Denken eine konkrete gesellschaftliche Produktionsstufe im Aufsteigen vom »Abstrakten zum Konkreten« begreift und als »Zusammenfassung vieler Bestimmungen, also Einheit des Mannigfaltigen [...] als Gedankentotalität, als Gedanken-konkretum« (Marx, 1857, S. 632) reproduziert, wird auch in der Psycho-analyse das konkrete Subjekt als »Einheit des Mannigfaltigen« gedanklich reproduziert.

Die strukturelle Gleichartigkeit beider Erkenntnisverfahren zeigt auch, dass Individuum und Gesellschaft nicht, wie Jacoby (1975) unterstellt, unterschiedliche Logiken für sich beanspruchen, sondern in der Tat durch »eine *einzige* Logik geprägt sind« (Lichtman, 1982, S. 132). Um diese strukturelle Gleichartigkeit nochmals zu dokumentieren, haben wir deren Darstellung von Marx für die bürgerliche Gesellschaft für den psychoana-lytischen Gegenstand, das Subjekt, übersetzt und einander gegenüberge-stellt.

Erkenntnis der Gesellschaft	Erkenntnis des Subjekts
Die bürgerliche Gesellschaft ist die entwickeltste und mannigfaltigste historische Organisation der Produktion. Die Kategorien, die ihre Verhältnisse ausdrücken, das Verständnis ihrer Gliederung, gewähren daher zugleich Einsicht in die Gliederung und die Produktionsverhältnisse aller der untergegangenen Gesellschaftsformen, mit deren Trümmern und Elementen sie sich aufbaut, von denen teils noch unüberwundne Reste sich in ihr fortschleppen, bloße Andeutungen sich zu ausgebildeten Bedeutungen entwickelt haben« etc. (1857/58, S. 39).	*Die psychischen Verhältnisse des Erwachsenen* sind die entwickeltste und mannigfaltigste historische Organisation *seiner Seele*.

Vergleicht man das historische-materialistische Erkenntnisverfahren mit unseren Übersetzungen für die Psychoanalyse – wir haben sie kursiv gesetzt –, wird erkennbar, dass auch der Erkenntnisgegenstand beider strukturell identisch ist. Im Historischen Materialismus sind es gesellschaftliche Verhältnisse. In der Psychoanalyse sind es die individuell-psychischen Verhältnisse, aus denen das Subjekt ent- und besteht. Im Erkenntnisverfahren werden in beiden Fällen die Kategorien der gegenwärtigen Existenzform des Untersuchungsobjekts entnommen – »Die bürgerliche Ökonomie liefert [...] den Schlüssel zur antiken etc.« (Marx, 1857/58, S. 39) –, sodass die Auffassung, die Marx (ebd.) im Satz zusammenfasst »Die Anatomie des Menschen ist ein Schlüssel zur Anatomie des Affen«, ebenso auf die Erkenntnis des psychoanalytischen Gegenstands zutrifft.

Dem widerspricht Lichtman (1982, S. 62f.). Er zitiert Bernfeld (1926, S. 492f.) und meint, dass dieser mit Recht schreibe:

> »Die Psychoanalyse unterscheidet sich von der offiziellen Psychologie durch ihren genetischen Standpunkt [...]. Das in Frage stehende Phänomen gilt in der Psychoanalyse als ›verstanden‹, wenn seine Determinanten in der Vorgeschichte [...] aufgefunden sind.«

Daraus ginge hervor, dass Freud im Gegensatz zu Marx den Begriff der Entwicklung »entleeren« würde (Lichtman, 1982, S. 63), weil er das Gegenwärtige bloß auf Vergangenes zurückführe und als dessen Erscheinungsform behaupte. Aber bei diesem Argument entgeht Lichtman die Differenz zwischen Verstehen und Begreifen. In der Psychoanalyse meint Verstehen »szenisches Verstehen«, d. h. etwas als Darstellung von etwas anderem zu verstehen (z. B. Lorenzer, 1985, S. 9), wie es bspw. beim Verstehen einer Metapher der Fall ist, und Begreifen heißt – wir haben darauf hingewiesen – die eigentümliche Entwicklungslogik des Verstandenen zu erfassen. In der psychoanalytischen Behandlung kann etwa die Übertragung, die Beziehung des Patienten zum Psychoanalytiker, als bewusste und entstellte Darstellungsform der Beziehung des Patienten zu einem seiner Primärobjekte verstanden werden. Damit würde der Beziehung des Patienten zum Psychoanalytiker zwar eine andere Bedeutung zugeschrieben, aber sie wäre noch nicht begriffen. Begriffen wäre die Übertragungsbeziehung erst, wenn ihre Entstehungsgeschichte enträtselt wäre, wenn man wüsste, *wie* diese Übertragungsbeziehung entstanden ist, wenn also in ihrer logisch-historischen Rekonstruktion aufgewiesen wäre, *wie* sich das Vergangene in die gegenwärtigen Erscheinungsformen entwickelte.

Auch hinsichtlich ihres epistemologischen Gegenstandsverständnisses sind der Historische Materialismus und die Psychoanalyse strukturell identisch. In beiden Konzeptionen wird die Gegenwart solange von der Vergangenheit beherrscht, wie die Vergangenheit erinnerungslos bleibt. In der Pferdephobie des Kleinen Hans etwa wird der Umgang mit dem Pferd von der unbewusst gewordenen und vergangenen Beziehung zum Vater bestimmt (Freud, 1909). Prinzipiell gilt im Historischen Materialismus: »In der bürgerlichen Gesellschaft herrscht [...] die Vergangenheit über die Gegenwart« (Marx & Engels, 1847/48, S. 476) solange, wie sie sich ihrer Geschichte nicht bewusst ist. Weil bspw. nicht bewusst ist, dass der Wert einer Ware hergestellt ist – er verkörpert die Zeit, in der menschliche Arbeitskraft durchschnittlich für die Herstellung einer Ware verwendet wird bevor sie auf dem Markt auftritt –, scheint die Ware ihren Wert »von Natur zu besitzen wie [ihre] Eigenschaft, schwer zu sein oder warm zu halten« (Marx, 1867, S. 72). Es ist dieses Verständnis, welches das gesellschaftliche Verhalten der Individuen bestimmt.

Ferner sind die Individuen auch aus Sicht des Historischen Materialismus irrationalen Kräften ausgesetzt. Osborn (1965, S. 19) hat diese strukturelle Ähnlichkeit des Gegenstandsverständnisses beider Wissenschaften betont:

>»Beide begreifen den Menschen als ein Wesen, das irrationalen Kräften ausgesetzt ist, die seine lebendige Entfaltung beschränken und behindern. Für den Marxisten gehören jene Kräfte den ökonomischen und sozialen Umweltbedingungen an, die sich nicht so entwickelt haben, wie es aufgrund des technischen und wissenschaftlichen Fortschritts möglich gewesen wäre. Für die Freudsche Theorie ist die Irrationalität des Menschen darauf zurückzuführen, dass infantile Denk- und Gefühlsschemata sich bis ins Leben der Erwachsenen durchsetzen [...] ein irrationaler Mensch in einer irrationalen Gesellschaft: diese beiden Faktoren sind unauflöslich miteinander verbunden.«

Unter implizitem Bezug auf Freuds Begriff des Unbewussten hat Fromm (1937b, S. 204) diese Identität beider in ihrem epistemologischen Gegenstandsverständnis einst so formuliert:

>»Der Umstand, dass der bürgerliche Mensch über die sein Verhalten bestimmende Antriebe nicht Bescheid weiß, findet seine Entsprechung darin, dass er die die wirtschaftliche Entwicklung bestimmenden Kräfte in der durch den Markt regulierten Wirtschaft nicht kennt und sie ihm als undurchschaubare Schicksalsmächte erscheinen.«

Die strukturelle Gleichartigkeit von Historischem Materialismus und Psychoanalyse reicht freilich nicht aus, um das im psychoanalytischen Wissen enthaltene gesellschaftliche Wesen des psychoanalytischen Gegenstands zu dechiffrieren und unverkürzt auf Begriffe zu bringen. Ganz unverzichtbar ist ferner eine entideologisierende Entmystifizierung des psychoanalytischen Triebbegriffs, an dessen naturhaftem Charakter die bisherigen Vermittlungsversuche von Psychoanalyse und historisch-materialistischer Gesellschaftstheorie scheiterten. Dem werden wir uns im nächsten Kapitel zuwenden.

VI Freuds Triebbegriff – entmystifiziert

> »Die Trieblehre ist sozusagen unsere Mythologie. Die
> Triebe sind mythische Wesen, großartig in ihrer Unbe-
> stimmtheit.«
>
> *Sigmund Freud, 1933*

Wenn für die Psychoanalyse die Feststellung Lurijas (1925, S. 55; Übers.:
Wygotski, 1926, S. 115) zutrifft, dass sie ein »System monistischer Psychologie [ist], deren Methodologie übereinstimmt mit der Methodologie des
Marxismus«, könnte man denken, dass ihre Vermittlung gänzlich unpro-
blematisch ist. Dem steht allerdings die Frage Wygotskis (1926, S. 114)
entgegen:

> »Wieso hat dieses System, das durchweg mit dem Marxismus überein-
> stimmt, in seiner logischen Entwicklung die Idee der Sexualität zu ihrem
> Eckpfeiler gemacht, die mit dem Marxismus eindeutig unvereinbar ist?«

Nicht nur weil Freud (1920, S. 53) feststellt, »dass wir unversehens in den
Hafen der Philosophie Schopenhauers eingelaufen sind«, sondern hauptsächlich, weil die Methode auch für die Ergebnisse verantwortlich ist, die
mit ihr gewonnen werden, argumentiert Wygotski weiter, verbietet sich
auch bei einer methodologischen Gleichartigkeit eine unmittelbare Verbindung von Historischem Materialismus und Psychoanalyse. Wygotski
(1926, S. 114) kommt zum Schluss, dass es für ein solches »verknüpfen«
nicht genügt, eine »Deckungsgleichheit der Merkmale zweier Systeme
festzustellen« (ebd., S. 120). Wie in unserem ist auch in seinem Verständnis für eine Vermittlung mit dem Marxismus »eine äußerst sorgfältige und
kritische methodologische Analyse« (ebd., S. 118f.) der Psychoanalyse erforderlich, eine kritische Befragung »der grundlegenden Begriffe Freuds«,
ihrer »Prämissen« und »Ausgangspunkte« und ihre Befreiung von Irrtü-
mern (ebd., S. 116).

Dazu gehört fraglos Freuds Triebbegriff, an dem die bisherigen Vermittlungsversuche gescheitert sind. Wir werden fragen, ob dieses Konzept für
die Psychoanalyse wirklich unabdingbar ist, wenn es sich bei der »Trieb-

lehre« nur um »unsere Mythologie« (Freud, 1933, S. 101) handelt, und auch diesmal in Beantwortung der Frage auf frühere Überlegungen zurückgreifen (Zepf & Seel, 2016).

Dabei sollte klar sein, dass wie im manifesten Trauminhalt mehrere latente Vorstellungen verdichtet sein und sich in religiösen Vorstellungen nicht nur *noch-nicht-bewusste* gesellschaftliche Verhältnisse, sondern zugleich auch unbewusste Inhalte des personalen Seelenlebens verschleiert darstellen können, auch in den psychoanalytischen Kategorien Aspekte des gesellschaftlich *Noch-Nicht-Bewussten* noch mit Anderem verdichtet sein können.

Orientiert an Freuds mythologischen Triebverständnis, das eine strukturellen Identität von manifestem und latentem Inhalt impliziert, wollen wir nach seelischen Phänomenen fahnden, die die Eigenschaften aufweisen, die Freud den Trieben zuschreibt. Wir wollen uns über die Konsequenzen aufklären, die für die metapsychologische Betrachtungsweise resultieren, und den Problemen der Entstehung der Sexualität und der Repräsentanzwelt nachgehen, wenn man ihnen den Trieb als Ursprung entzieht. Laplanche (1984, S. 143) beschreibt in diesem Zusammenhang nicht-körperliche Phänomene als »Quell-Objekte des Triebes«, die wir im Zusammenhang mit Freuds Konzept der Ersatzbildungen und im nachfolgenden Kapitel auch im Hinblick auf eine Vermittlung von Historischem Materialismus und Psychoanalyse diskutieren werden.

Vorab wollen wir einschränkend bemerken, dass wir die sog. Selbsterhaltungs- oder Ich-Triebe sowie die Konzepte »Eros« und »Thanatos«[48] beiseitelassen und uns ausschließlich auf den Triebbegriff konzentrieren werden, der sich auf sexuelle Triebe bezieht.

In diesem Sinn ist »Trieb« in der Psychoanalyse ein Begriff, der über die menschliche Sexualität, die Natur fundamentaler menschlicher Motivationen und den wesentlichen Grund psychischer Aktivitäten aufklären soll. Das Konzept wird als ein allgemeines verstanden, welches auf der »Grundlage von vielen individuellen Beobachtungen und Schlussfolgerungen« (Brenner, 1982, S. 37) gebildet worden wäre.

Brenners Formulierung erweckt den Eindruck, als verdanke sich das Triebkonzept der verständigen Abstraktion aus vielfältigen realen Formen, in welchen der Trieb in je besonderer Weise enthalten ist und die in psy-

---

48 Beide Konzepte wurden andernorts kritisch diskutiert und zurückgewiesen (Zepf, 2006a, S. 35–39).

choanalytischen Untersuchungen erfasst wurden. Wäre dem so, wäre das Konzept »Trieb« bspw. dem Konzept »gesellschaftlicher Produktion im Allgemeinen« analog, das in soziologischen Untersuchungen aus verschiedenen Formen der gesellschaftlichen Produktion abstrahiert wurde.

Auch für das Triebverständnis wäre damit die Einheit von Theorie, Methode und Erkenntnisgegenstand im psychoanalytischen Verfahren gewahrt. Gegenstand der psychoanalytischen Methode ist das als Repräsentanzwelt konzeptualisierte Innenleben des Individuums. Nur diese Repräsentanzwelt kann im an Sprache gebundenen psychoanalytischen Verfahren erfasst werden. Die theoretischen Begriffe sind als Abstraktionen aus eben dieser Repräsentanzwelt zu verstehen, welche sie analytisch aufgliedert und die ihr innewohnenden Aspekte mit dem Ziel auf Begriffe zu bringen, das historisch gewordene Zusammenwirken seelischer Repräsentanzen im Vorgang der theoretischen Rekonstruktion als sog. Gedankenkonkretum durchsichtig werden zu lassen. Unter diesen Umständen würde Trieb zu Begriffen wie Narzissmus, Affekt, Bewusstsein, Vorbewusstes, Unbewusstes, Abwehrmechanismen gehören, die in die Repräsentanzwelt Perspektiven einziehen, in denen sie im psychoanalytischen Verfahren zu befragen ist.

So verstanden könnte der Triebbegriff über Sexualität und menschliche Motivationen aufklären. Dieses Verständnis wird aber durch Freuds (1933, S. 101) Anmerkung konterkariert, dass die »Trieblehre« unsere »Mythologie« ist, Triebe als »mythische Wesen, großartig in ihrer Unbestimmtheit« bezeichnet und Mythen bekanntlich nicht aufklären, sondern selbst aufklärungsbedürftig sind (z. B. 1908b, S. 222; 1910a, S. 36; 1924, S. 426; 1932, S. 3).

Zur Frage wird hier, warum Freud Triebe zu mythischen Wesen erklärt, obwohl er sie, wie Benedek (1973) anmerkt, keineswegs als unbestimmte Entitäten, sondern als Realität behandelt, und er in mehreren Textstellen seine Überzeugung unterstreicht, dass Psychoanalyse von dem Mythologischen weg und zur Realität hinführt. In diesem Zusammenhang nehmen bspw. Thomä & Kächele (1988, S. 502) an, dass diese Bezeichnung ironisch gemeint sei und Brenner (1969) glaubt, dass sie humoristisch gedacht sei. Sterba (1964, S. 444) versteht sie als eine »façon de parler«, mit der Freud sein Bedauern über die Unkenntnis der Triebe ausdrücke, und Rado (1939) vermutet ebenso, dass Freud damit die wissenschaftliche Unzulänglichkeit seines Triebkonzepts unterstreichen will.

Legt man Freuds (1933, S. 101) Feststellung zugrunde, dass man »nie sicher ist, sie [die Triebe] scharf zu sehen«, könnte man aber auch mit Viderman (1974) und Wallace (1989) vermuten, dass Freuds Verständnis dadurch zustande kam, dass im psychoanalytischen Verfahren nur Repräsentanzen, d. h. *Abbilder* von Trieben, nicht aber die Triebe selbst erkundet werden können. Deshalb ist Compton (1981, S. 211) zufolge der Trieb »an unknown« und Schmidt-Hellerau (2005) versteht Trieb als

> »an intellectual agreement, a theoretical construct, something that does not exist in reality in a material sense, but is a notion we find helpful in thinking about psychic phenomena as different from and connected with somatic phenomena« (ebd., S. 999).

Trifft dies zu, hätten Triebe wie Mythen den Charakter von »Phantasieschöpfungen« (Freud, 1925, S. 95). Damit hätten sie zwar ihre eigenständige Bedeutung verloren, blieben aber auch als Metaphern insofern von Interesse, als Mythen möglicherweise etwas anderes darstellen, das der Aufklärung dienlich sein könnte.

Zunächst wird also zu prüfen sein, ob sich »Trieb« bei Freud wirklich auf etwas bezieht, das sich dem psychoanalytischen Untersuchungsverfahren entzieht.

Freuds Definition der sexuellen Triebe

Freuds Definition der sexuellen Triebe ist widersprüchlich. Einerseits stellt er fest: »Unter einem ›Trieb‹ können wir zunächst nichts anderes verstehen, als die psychische Repräsentanz einer kontinuierlich fließenden, innersomatischen Reizquelle« (1905a, S. 67), im Trieb sehen wir »den psychischen Repräsentanten organischer Mächte« (1911, S. 311), und der Trieb ist »psychischer Repräsentant der aus dem Körperinnern stammenden, in die Seele gelangenden Reize« (1915a, S. 214). In diesen Formulierungen bezeichnet »Trieb« ein seelisches Phänomen, in dem sich körperliche Reize repräsentieren, die sich außerhalb der Psyche befinden.

Andererseits sondert Freud den Trieb von psychischen Repräsentanzen.

> »Ein Trieb kann nie Objekt des Bewusstseins werden, nur die Vorstellung, die ihn repräsentiert. Er kann aber auch im Unbewussten nicht anders als durch die Vorstellung repräsentiert sein. Würde der Trieb sich nicht an eine

Vorstellung heften [...] könnten wir nichts von ihm wissen. Wenn wir aber doch von einer unbewussten Triebregung oder einer verdrängten Triebregung reden [...] können [wir] nichts anderes meinen als eine Triebregung, deren Vorstellungsrepräsentanz unbewusst ist« (1915c, S. 275f.).

Auch redet Freud von der »psychischen (Vorstellungs-)Repräsentanz des Triebes« (1915b, S. 250), vom »Trieb« als einen »Reiz für das Psychische« (1915a, S. 211), der »aus Reizquellen im Körperinnern stammt« (1933, S. 102f.) und er versteht »Trieb« als einen Begriff der »Abgrenzung des Seelischen vom Körperlichen« (1905a, S. 67). In diesen Zitaten verweist »Trieb« nicht auf die psychische Repräsentanz somatischer Reize, sondern auf die körperlichen Reize selbst.

Möglicherweise weil diese Auffassungen widersprüchlich scheinen, konnten sich die sich widersprechenden Ansichten entwickeln, dass der Trieb rein biologischer Natur sei (z. B. Ogden, 1984; Schalin, 1995), bzw. ausschließlich eine psychische Entität wäre (z. B. Gillet, 1995; Loewald, 1978 in: Kanzer & Spruiell, 1978). Der Widerspruch jedoch löst sich, wenn man den Ausdruck »Grenzbegriff« in Betracht zieht, den Freud für den Triebbegriff verwendet. »›Trieb‹«, so Freud (1915a, S. 214), ist »ein Grenzbegriff zwischen Seelischem und Somatischem«, ein »Grenzbegriff des Somatischen gegen das Seelische« (1911, S. 311), bzw. ein »Grenzbegriff zwischen psychologischer und biologischer Auffassung« (1913b, S. 410f.). Versteht man »Grenzbegriff« in diesem Kontext mit Green (2000), Schmidt-Hellerau (2005) und Simpson (2003) als einen Begriff, der eine Grenze zwischen Körper und Seele zieht, bleibt dieser Widerspruch natürlich unverändert, und man müsste Freud zumindest eines inkonsistenten Gebrauchs des Terminus »Trieb« beschuldigen. Liest man »Grenzbegriff« hingegen mit Opatow (1989) als einen Begriff, der Grenzen überschreitet, weil sein Gegenstand sowohl diesseits wie jenseits davon liegt, löst sich der widersprüchliche Gebrauch dieses Terminus auf. Für die von Opatow vertretene Auffassung des Grenzbegriffs bei Freud spricht, dass Freud seiner Definition des Triebes als Grenzbegriff meist eine Art von erläuterndem Nachsatz folgen lässt, in dem er Trieb als eine spezifische Verbindung von Psyche und Körper beschreibt. Bspw. heißt es in einem solchen Nachsatz, dass Trieb der »psychische[r] Repräsentant der aus dem Körperinnern stammenden, in die Seele gelangenden Reize« (Freud, 1915a, S. 214) oder der »psychische[.] Repräsentant[.] organischer Mächte« ist (1911, S. 311). Vor dem Hintergrund dieses Verständnisses des Grenzbegriffs erweist sich Trieb als ein Sachverhalt, in dem ein körperlicher Aspekt und die Psyche in einem kognitiven Verhältnis insofern stehen, als sich dieser Aspekt seelisch repräsentiert.

Der Begriff des sexuellen Triebs wird vermutlich erstmals im Manuskript E erwähnt, das wahrscheinlich vom 6. Juni 1894 datiert. Darin heißt es: »Anders bei endogener Spannung, deren Quelle im eigenen Körper liegt (Hunger, Durst, Sexualtrieb)« (Freud, 1985b, S. 73). Ein Jahr später findet sich dieser Terminus in publizierter Form (1895b, S. 335). In systematischer Weise wird der Sexualtrieb jedoch erst 1905 in den *Drei Abhandlungen* erörtert.

In dieser Arbeit argumentiert Freud (1905a, S. 73) gegen die populäre Meinung, dass der »Geschlechtstrieb [in] der Kindheit fehle und erst in der als Pubertät bezeichneten Lebensperiode erwache«. Der Geschlechtstrieb wird als qualitätslos und »als Maß[.] von Arbeitsanforderung für das Seelenleben« vorgestellt (ebd., S. 67). Eine spezifische Qualität erhalten die Triebe durch die »Beziehung zu ihren somatischen Quellen und ihren Zielen«. Ihre Quelle ist »ein erregender Vorgang in einem Organ«, welche die »›erogene Zone‹ des von ihm ausgehenden sexuellen Partialtriebes« ist (ebd., S. 68), und das Ziel besteht in der »Aufhebung dieses Organreizes« (ebd.). In den Jahren danach wird diese mehrgliedrige Triebdefinition wiederholt und ergänzt. 1915 werden Quelle, Drang (früher »Arbeitsanforderung«) und Ziel um das Objekt vervollständigt: »Das Objekt des Triebes ist dasjenige, an welchem oder durch welches der Trieb sein Ziel erreichen kann« (1915a, S. 215). Weitere 18 Jahre später wird zusammengefasst:

> »Man kann am Trieb Quelle, Objekt und Ziel unterscheiden. Die Quelle ist ein Erregungszustand im Körperlichen, das Ziel die Aufhebung dieser Erregung, auf dem Wege von der Quelle zum Ziel wird der Trieb psychisch wirksam. Wir stellen ihn vor als einen gewissen Energiebetrag, der nach einer bestimmten Richtung drängt. Von diesem Drängen hat er den Namen: Trieb« (1933, S. 103).

Die Qualifizierung der Triebe auf ihrem Weg von der Quelle zum Ziel geschieht in Anlehnung an die Befriedigung lebenswichtiger, sog. »große[r] Körperbedürfnisse« (1900, S. 571) wie »Hunger und Durst« (1916/17, S. 427):

»Das Sexualziel des infantilen Triebes besteht darin, Befriedigung durch die geeignete Reizung der so oder so gewählten erogenen Zone hervorzurufen. Diese Befriedigung muss vorher erlebt worden sein, um ein Bedürfnis nach ihrer Wiederholung zurückzulassen [...]. Die Veranstaltung, welche diesen Zweck für die Lippenzone erfüllt [...] ist die gleichzeitige Verknüpfung dieser Körperstelle mit der Nahrungsaufnahme« (1905a, S. 85).

Wie an seinem Verständnis des sexuellen Triebes hält Freud auch an dieser Auffassung durchgehend fest (s. 1914a, S. 153; 1916/17, S. 324; 1923, S. 221; 1940a, S. 76).

Quelle, Ziel und Drang eines sexuellen Triebes werden durch ein Objekt in einem Prozess miteinander verbunden, in welchem sexuelle Triebe inhaltlich, d. h. zu Wünschen werden, die an ein Objekt adressiert sind. Der erlebbare Trieb – die an ein Objekt gerichtete sexuelle Wunschregung – verdankt sich der sensorischen Stimulation von Körperzonen durch das Objekt.

Das würde heißen, dass die konkreten Triebbedürfnisse durch die Form ihrer Befriedigung hergestellt werden. Z. B. werden die Lippen zu einer erogenen Zone über eine »Reizung durch den warmen Milchstrom«, der »die Ursache der Lustempfindung« war (1905a, S. 82). Dies gilt nicht nur für die oralen, sondern ebenso für die analen und genitalen Triebregungen. Auch hier werden die entsprechenden erogenen Zonen durch Lustempfindungen qualifiziert, die »durch die Waschungen und Reibungen der Körperpflege und durch gewisse akzidentelle Erregungen« (ebd., S. 88) hervorgerufen werden. Nachdem er schon 1900 festgehalten hat: »Nach meinen bereits zahlreichen Erfahrungen spielen die Eltern im Kinderseelenleben aller späteren Psychoneurotiker die Hauptrolle« (1900, S. 267), heißt es nun:

»Der Verkehr des Kindes mit seiner Pflegeperson ist für dasselbe eine unaufhörlich fließende Quelle sexueller Erregung und Befriedigung von erogenen Zonen [...] zumal da letztere – in der Regel die Mutter – das Kind selbst mit Gefühlen bedenkt, die aus ihrem Sexualleben stammen, es streichelt, küsst, wiegt und ganz deutlich zum Ersatz für ein vollgültiges Sexualobjekt nimmt. Die Mutter würde wahrscheinlich erschrecken, wenn man ihr Aufklärung gäbe, dass sie mit all ihren Zärtlichkeiten den Sexualtrieb ihres Kindes weckt und dessen spätere Intensität vorbereitet« (1905a, S. 124).

Diese Auffassung mündet 1933 in die Aussage, dass »die Verführerin [...] regelmäßig die Mutter« ist, welche über die körperlichen Kontakte bei der Pflege des Kindes »Lustempfindungen« hervorruft und vielleicht »sogar zuerst erwecken musste« (1933, S. 129). Sieben Jahre später wiederholt Freud die Auffassung, dass die Mutter in »der Körperpflege [...] zur ersten Verführerin des Kindes« wird (1940a, S. 115).

Die letzten Äußerungen erwecken den Eindruck, als ob in Freuds Verständnis die Objekte für die Herstellung der Triebwünsche verantwortlich sind. Dieser Eindruck trügt. Freud sieht die Beziehung von Trieb und Objekt nicht so, wie man es aufgrund seiner Darstellungen vermuten könnte. Für ihn ist der »Geschlechtstrieb [...] wahrscheinlich zunächst unabhängig von seinem Objekt und verdankt wohl auch nicht den Reizen desselben seine Entstehung« (1905a, S. 47). Auch zehn Jahre danach ist er davon noch überzeugt: »Das Objekt des Triebes ist [...] das variabelste am Triebe, nicht ursprünglich mit ihm verknüpft, sondern ihm nur infolge seiner Eignung zur Ermöglichung der Befriedigung zugeordnet« (1915a, S. 215), und der Äußerung von 1940, in der er die Mutter als die erste Verführerin des Kindes bezeichnet, folgt die Bemerkung, dass hier die

> »phylogenetische Begründung so sehr die Oberhand über das persönliche akzidentelle Erleben [hat], dass es keinen Unterschied macht, ob das Kind wirklich an der Brust gesaugt hat oder mit der Flasche ernährt wurde und nie die Zärtlichkeit der Mutterpflege genießen konnte. Seine Entwicklung geht in beiden Fällen die gleichen Wege« (1940a, S. 115).

Für die Entwicklung der Triebe, die mit der oralen Phase beginnt, über die anale in die genitale Phase führt und mit der Latenzzeit einen vorläufigen Abschluss findet, ist ebenfalls nicht die Sozialisation verantwortlich. Diese Entwicklung ist vielmehr

> »eine organisch bedingte, hereditär fixierte und kann sich gelegentlich ganz ohne Mithilfe der Erziehung herstellen. Die Erziehung verbleibt [...] in dem ihr angewiesenen Machtbereich, wenn sie sich darauf beschränkt, das organisch Vorgezeichnete nachzuziehen und etwas sauberer und tiefer auszuprägen« (1905a, S. 78; s. a. 1916/17, S. 364f.).

Obwohl in Freuds Auffassung Triebwünsche in Anlehnung an die Befriedigung der großen Körperbedürfnisse qualifiziert werden, ist ihre Entstehung gleichwohl unabhängig von den Objekten. Die Triebwünsche sind seiner Ansicht nach präexistent, das Kind bringt seine »sexuellen Triebe und Betätigungen [...] mit auf die Welt« (1910a, S. 43). Wie er am Beispiel genital-sexueller Wünsche in der ödipalen Situation schreibt, werden sie der »archaischen Erbschaft«, den »Niederschläge[n] frühmenschlicher Entwicklung« entnommen (1937, S. 86), und von den Primärobjekten in der Ontogenese nur evoziert. Denn bei diesen Niederschlägen handelt es sich nicht um bloße Möglichkeiten. Ausdrücklich wird festgehalten, »dass die archaische Erbschaft des Menschen nicht nur Dispositionen, sondern auch Inhalte umfasst, Erinnerungsspuren an das Erleben früherer Generationen« (1939, S. 206), Erinnerungsspuren der in Anlehnung an Darwin konzipierten Urhorde (1921, S. 136). Zu dieser Erbschaft gehören auch die sog. unbewussten »Urphantasien«, die u. a. von »Kinderverführung, [...] Beobachtung des elterlichen Verkehrs, [...] Kastrationsdrohung« oder »Kastration« handeln, die Freud ebenfalls als »phylogenetische[n] Besitz« versteht (1916/17, S. 386).

Wie wir festgehalten haben, versteht Freud (1905a, S. 29) die Ontogenese als eine Wiederholung der Phylogenese, sodass in dieser Sicht in der Sozialisation das phylogenetische Erbe der Gattung individualisiert wird. D. h., die phylogenetischen szenischen Urrepräsentanzen der Triebe sind in der Biologie enthalten, und werden in den ontogenetischen Szenarien in die psychischen Repräsentanzen der aktuellen Objekte eingekleidet.

Indem Trieb, so Brede (1984, S. 53), bei Freud »das aktive, auf Objekte gerichtete Auftreten von organismischen Innenreizen mit dem reizinhärenten Ziel der Spannungsreduktion« bezeichnet, zeuge er von der »Naturverfallenheit« der »Menschen«. Freuds Triebkonzept isoliert mithin die innere Triebnatur des Subjekts von seiner äußeren, gesellschaftlichen Natur und verbindet sie wieder, indem es jene auf die Formbestimmung präexistenter Triebwünsche reduziert.

Allerdings lässt sich die phylogenetische Begründung der biologischen Verankerung sexueller Triebwünsche nicht aufrechterhalten. Wie schon angemerkt, ließen sich nirgendwo Anhaltspunkte finden, die eine ubiquitäre Existenz von Freuds Urhorde wahrscheinlich machen konnten. Angesichts Darwins (1871; zit. n. F. J. Sullivan, 1979, S. 354) Feststellung, dass das entscheidende Kriterium für das Überleben der Gattung nicht im Überleben der Tüchtigsten, sondern in der Fortpflanzung liegt,[49] kann eine

---

[49] Wenn sich die Tüchtigsten nicht fortpflanzen, sind sie für die Gattung ohne evolutionäre Bedeutung (F. J. Sullivan, 1979, S. 354).

kindliche Sexualität Jahre vor der geschlechtlichen Reife auch nicht mit evolutionstheoretischen Argumenten begründet werden.

Aber auch mit dem psychoanalytischen Verfahren lässt sich diese Verankerung nicht legitimieren. »Das Studium der Triebquellen gehört der Psychologie nicht mehr an«, sagt Freud (1915a, S. 216) und sieht zu Recht, dass eine biologische Grundlegung des Triebes in dem psychoanalytischen Erkenntnisverfahren nur mittels einer reduktiven Schlussbildung begründet werden könnte, die von der Zielvorstellung des Triebes ausgeht (ebd.). Reduktive Schlussbildungen aber sind logisch nicht zwingend, und erlauben auch Schlüsse auf andere Sachverhalte.

Da es die »kontinuierlich fließende[.], innersomatische[.] Reizquelle« (1905a, S. 67) des Triebes, die sich psychisch repräsentieren soll, in den präpubertären Kinderjahren gar nicht gibt, läuft diese reduktive Schlussbildung ins Leere. »Wir wissen«, schreibt bspw. Laplanche (2000a, S. 28),

> »dass die Sexualhormone und die Hormone in der Hypophyse, die bei der Geburt noch existieren [...], bereits während der ersten Monate [...] auf null zurückgehen und erst nach der Pubertät oder etwas vorher wieder zunehmen.«

Möglicherweise gründet in dieser Lage Freuds durchgängige Unzufriedenheit mit seinem Triebkonzept. Wir haben schon darauf hingewiesen, dass er in seine phylogenetischen Begründungen von 1912 drei Jahre später eine »wissenschaftliche[.] Phantasie[.]« (1985a, S. 81) sah,[50] und bereits 1914 kritisiert er den »völligen Mangel einer irgendwie orientierenden Trieblehre« (1914a, S. 143). 1920 hält er den Trieb für »das dunkelste Element der psychologischen Forschung« (1920, S. 35), 1924 sieht er in der »Trieblehre« »das unfertigste Stück der psychoanalytischen Theorie« (1905a, S. 65; Fußnote von 1924), und zwei Jahre später erklärt er, dass »die Lehre von den Trieben [...] für die Psychoanalyse ein dunkles

---

50 Am Ende seines Lebens versteht er seine phylogenetischen Überlegungen jedoch anders. Als Jones (1957, S. 367) im Jahr 1939 bat, den Satz im Moses zu ändern, in dem er die Lamarcksche Auffassung als allgemeingültig hinstellt, weil jeder vertrauenswürdige Biologe sie heutzutage als unhaltbar betrachte, bemerkte Freud, dass sie alle unrecht hätten und diese Stelle so bleiben müsse. Noch im selben Jahr machte er diese Ansicht mit der Feststellung öffentlich, dass er entgegen der »gegenwärtige[n] Einstellung der biologischen Wissenschaft« der Annahme »einer Vererbung [...] [von] Erinnerungsspuren an äußere Eindrücke [...] nicht entbehren« kann (Freud, 1939, S. 207).

Gebiet« ist (1926c, S. 301). Eine Trieblehre jedenfalls, die auf dem Resultat einer reduktiven Schlussbildung gründet, erweist sich als eine Spekulation ohne Erklärungspotenz, als »phlogiston of psychology« (Morgane & Mokler, 2000, S. 976), und kommt einer »Mythologie« (Freud, 1933, S. 101) wirklich sehr nahe.

Will man den Konsequenzen entgehen, die aus dieser Auffassung des Triebes folgen, ist die Lücke, die in der Struktur psychoanalytischer Theorie offensichtlich nur mythologisch überbrückt ist, zu schließen. Bateson (zit. n. Slavin, 1990, S. 323) forderte Ähnliches: Das »concept of instinctual drive explains nothing but it does point to something that needs explaining«. Möglicherweise eignet sich dazu das, was in der mythologischen Trieblehre insgeheim enthalten ist. Soll aber ein dechiffrierter Triebbegriff die Erklärungsfunktion des Triebes übernehmen, sollte er dessen Eigenschaften aufweisen, ohne selbst ein Trieb zu sein.

Der Trieb und das personale dynamische Unbewusste

Wenn der »Charakter des Drängenden [...] eine allgemeine Eigenschaft der Triebe, ja das Wesen derselben« ist (Freud, 1915a, S. 214), sollten wir zuallererst fragen, was im Seelenleben einen ähnlichen Drang ausüben kann. Ein derartiges Drängen wird außer dem Trieb dem Unbewussten zugeschrieben: »Das Unbewusste, das heißt das ›Verdrängte‹ [...] strebt [...] nichts anderes an, als [...] zum Bewusstsein oder zur Abfuhr durch die reale Tat durchzudringen« (1920, S. 17). Auch die »konstante Kraft« der Triebe, die das Sexualverhalten antreibt (Freud, 1915a, S. 212), findet sich in der »Kraftäußerung des Verdrängten« (1920, S. 18) wieder, die sich im Wiederholungszwang darstellt, dem das verdrängte Unbewusste unterliegt.[51]

Da ein Individuum alles »wiederholt [...] was sich aus den Quellen seines Verdrängten bereits in seinem offenkundigen Wesen durchgesetzt hat« (1914b, S. 131), unterliegen natürlich auch die Ersatzbildungen dem Wiederholungszwang. Durch sie werden die unbewussten Wünsche unbewusst gehalten, und mit der Aktualisierung eines verdrängten Wunsches wird

---

51 Wie bekannt, steht der Wiederholungszwang bei Freud noch in anderen Kontexten, die wir hier nicht diskutieren wollen (s. dazu Zepf, 2006b, S. 238ff.).

»die Angst, die zuerst die Verdrängung auslöste, wieder mobilisiert und ruft zugleich mit der Wiederholung der Triebregung eine Wiederholung der gegen sie gerichteten Maßnahmen hervor« (Fenichel, 1945a, S. 132).

Auch die Herkunft beider ist dieselbe. Während Freud (1937, S. 86) den Trieb in der »archaischen Erbschaft«, den »Niederschläge[n] frühmenschlicher Entwicklung« verortet, konstituiert sich in seiner Auffassung der »Kern« des personalen dynamischen Unbewussten des Kindes ebenfalls aus »ererbte[n] psychische[n] Bildungen« (Freud, 1915c, S. 294), aus »phylogenetisch mitgebrachten Schemata«, den »Niederschläge[n] der menschlichen Kulturgeschichte«, zu denen etwa der »Ödipuskomplex« gehört (1918, S. 155).

Darüber hinaus lassen Ersatzbildungen weitere strukturelle Ähnlichkeiten von Trieb und Unbewusstem erkennen. Der Trieb gewinnt nicht durch sein unmittelbares Ziel, dem Aufheben des körperlichen Reizzustandes, sondern in Gestalt eines Wunsches nach sensorischer Stimulation Bewusstsein, und der unbewusst gewordene Wunsch wird dem Seelenleben nicht auf dem Weg seiner Befriedigung, sondern in Gestalt seiner Ersatzbildung auf dem Weg zu einer Ersatzbefriedigung bekannt. Des Weiteren korrespondiert auch das Verhältnis von Trieb und Objekt mit dem Verhältnis von Unbewusstem und Objekt. Bei den Trieben ist das »Saugen des Kindes an der Brust der Mutter vorbildlich für jede Liebesbeziehung geworden«, weshalb die »Objektfindung [...] eigentlich eine Wiederfindung« (Freud, 1905a, S. 123) der ursprünglichen Beziehung mit einem anderen Objekt darstellt. Das Objekt ist damit »das variabelste am Trieb, nicht ursprünglich mit ihm verknüpft, sondern ihm nur infolge seiner Eignung zur Ermöglichung der Befriedigung zugeordnet« (1915a, S. 215; s. a. Laplanche & Pontalis, 1967, S. 342). Wir haben darauf hingewiesen, dass im Unbewussten der Primärvorgang herrscht, Verschiedenes unter dem Aspekt der Lustgewinnung und Unlustvermeidung wie identisch behandelt wird, sodass auch bei verdrängten Wünschen das Objekt, an das sich die unbewussten Wünsche bewusst richten, das variabelste an diesen Wünschen ist. Es ist nicht ursprünglich mit diesen Wünschen verknüpft, sondern ihnen nur infolge seiner Eignung zur Ermöglichung einer (Ersatz-) Befriedigung zugeordnet.

Unbewusste Wunschvorstellungen sind mithin eine Quelle von der ein Drang ausgeht, sie werden auf dem Weg zur ihrer Ersatzbefriedigung dem Seelenleben bekannt und die Objekte sind das Variabelste an ihnen.

Sie weisen mithin die Charakteristika auf, die Freud den sexuellen Trieben zuschreibt. Darüber hinaus ist das psychoanalytische Verfahren darauf angelegt, das unbewusst Gewordene dem Bewusstsein wieder zugänglich zu machen, sodass es scheint, als könnte man mit Holt (1976), Jiménez (2006), Meissner (2007), Panksepp (1999), Person (1999, S. 36) und Stolorow (1986) auf den Triebbegriff verzichten.

Die vorgetragenen Argumente reichen aber noch nicht, um den Triebbegriff zu verabschieden. Die Psychoanalyse führt »alle psychischen Vorgänge – von der Aufnahme äußerer Reize abgesehen – auf das Spiel von Kräften zurück«, und diese »Kräfte sind ursprünglich alle von der Natur der Triebe, also organischer Herkunft« (Freud, 1926c, S. 301), sodass noch die Konsequenzen zu erkunden sind, die aus einer Verabschiedung des Triebbegriffs für die Metapsychologie folgen würden.

Libido und Metapsychologie

Die psychische Repräsentanz der von den Triebquellen ausgehenden körperlichen Reize – »die Kraft, mit welcher der Sexualtrieb im Seelenleben auftritt« (1917, S. 4) – bezeichnet Freud (z. B. 1940a, S. 73) als »Libido« (s. Zepf & Zepf, 2007), die die Vorstellungen unterschiedlich besetzen und sich über sie verteilen soll. Diesem Kräftespiel, das Freud unter den dynamischen und ökonomischen Aspekt der Metapsychologie subsumiert, schreibt er eine erklärende Funktion zu.

> »Wir wollen die Erscheinungen nicht bloß beschreiben und klassifizieren, sondern sie *als Anzeichen eines Kräftespiels in der Seele begreifen*, als Äußerungen von zielstrebigen Tendenzen, die zusammen oder gegeneinander arbeiten« (1916/17, S. 62; unsere Kurs.).

Unterstrichen wird »die überragende Wichtigkeit des quantitativen Faktors« bei den Erklärungen (1937, S. 79) etwa in Aussagen wie »Das quantitative Moment zeigt sich [...] als entscheidend für den Konflikt« (1915b, S. 254), »Die Gegenbesetzung ist der alleinige Mechanismus der Urverdrängung« (1915c, S. 280) bzw. die »*Gegenbesetzung* [besorgt die] Herstellung und Fortdauer [der] Verdrängung« (ebd.). Ob allerdings Freuds besetzungstheoretische Argumentationen zu Recht einen explikativen Status beanspruchen können ist fraglich.

155

Bspw. bezweifelten Rosenblatt & Thickstun (1970) schon vor fast 50 Jahren entschieden, dass besetzungstheoretische Aussagen einen wesentlichen Aspekt des klinischen Materials so abbilden, dass Erkenntnisse resultieren, welche über klinische Einsichten hinausreichen. Sie argumentierten, dass besetzungstheoretische Erklärungen tautologisch sind, und einen motivationalen Sachverhalt ohne jedweden Zugewinn an Erkenntnis lediglich in einer anderen Sprache darstellen. Man gewinnt bspw. den Eindruck, dass eine Person nur sich selbst liebt und andere Menschen nicht lieben kann, »erklärt« dies mit einer starken libidinösen Besetzung seiner Selbstrepräsentanz, die mit einer mangelhaften Besetzung der Objektrepräsentanzen verbunden ist, und nimmt den gewonnenen Eindruck als Beleg. Und bei einer Verdrängung, bei der »das Unlustmotiv eine stärkere Macht gewinnt als die Befriedigungslust« (Freud, 1915b, S. 249) und die aufrechterhalten wird, weil ansonsten die Unlust wieder erfahren würde, welche die Verdrängung veranlasste, wird der motivationale Sachverhalt in der besetzungstheoretischen Formulierung lediglich verdoppelt. Die Feststellung, dass den verdrängten Inhalten ein Teil der Libido, mit der sie besetzt sind, entzogen und für die Besetzung der psychischen Repräsentanzen verwendet wird, welche die verdrängten Vorstellungen ersetzen, wodurch ihr erneutes Auftreten im Bewusstsein verhindert wird (1915c, S. 280f.), hat keinen Erkenntniszugewinn.

Auch in epistemologischer Sicht steht der explikative Status besetzungstheoretischer Aussagen in Zweifel. Erklärungen bestehen notwendigerweise aus drei Klassen von Sätzen. Die erste Klasse bezieht sich auf das »Explanandum« und beschreibt das, was der Fall war bzw. ist. Die Erklärung – das »Explanans« – besteht notwendig aus zwei Klassen von Sätzen: »Die eine von ihnen enthält gewisse Sätze [...], welche spezifische Antecedenzbedingungen konstatieren; die andere ist eine Menge von Sätzen [...], welche allgemeine Gesetze darstellen« (Apel, 1964/65, S. 254). Diese Unterscheidung wird der wissenschaftlichen Warum-Frage gerecht, die stets fragt: »Auf Grund welcher allgemeinen Gesetze und auf Grund welcher Antecedenzbedingungen ist bzw. war dies der Fall?«

Sieht man vom tautologischen Charakter besetzungstheoretischer Argumentationen ab und begreift Freuds (1915c, S. 281) These über das Zusammenwirken von Besetzung und Gegenbesetzung im Falle der Verdrängung als ein allgemeines Gesetz, wäre eine einzelne Verdrängung erklärt, wenn sie als Resultat eines besonderen Kräftespiels ausgewiesen werden könnte. Bedingung einer wahren Erklärung ist allerdings, dass die Existenz nicht nur des Explanandums – der Verdrängung –, sondern auch das Vorhandensein der Antezendenzbedingungen (zuvor in anderer Schreibweise als Antecedensbedingungen wie im Original aufgeführt) – die Kräfteverteilung in Besetzung und Gegenbesetzung – wie auch die Wahrheit ihres, im allgemeinen Gesetz formulierten Zusammenhanges gesichert ist.

Diese letzte Bedingung kann jedoch im Verfahren der Psychoanalyse nicht eingelöst werden. In ihrem Untersuchungsverfahren »geht nichts anderes vor als ein Austausch von Worten zwischen dem Analysierten und dem Arzt« (1916/17, S. 9), und Sprache kann nicht über eine quantitative Verteilung der Libido auf bewusste und unbewusste Repräsentanzen informieren. Habermas (1968, S. 308) machte schon vor Jahren zu Recht geltend, dass in diesem sprachgebundenen Verfahren das »Energieverteilungsmodell [...] nur den *Anschein* [erzeugt], als würden sich die psychoanalytischen Aussagen auf messbare Energieverwandlungen beziehen« und so gefasst ist, dass »Beobachtbarkeit zwar sprachlich assoziiert, aber tatsächlich nicht eingelöst wird – und nicht eingelöst werden *kann*«.

Wenn Besetzungen ihre somatische Grundlegung fehlt, ihre Verteilungen tautologisch sind und sich dem psychoanalytischen Verfahren entziehen, geht mit dem Verzicht auf den Triebbegriff und dem darauf beruhenden ökonomischen metapsychologischen Gesichtspunkt nur eine scheinbare Erkenntnis verloren.

Gleichwohl sollten wir den ökonomischen Gesichtspunkt, den Freud (1926c, S. 303) selbst als »*open to revision*« verstand, nicht ersatzlos streichen. Wir empfehlen vielmehr die Idee, dass Besetzungen auf reale Kräfte körperlicher Prozesse zurückgehen, durch einen affektiven Gesichtspunkt zu ersetzen und den Besetzungsbegriff als eine Bezeichnung für das Vorliegen von Gefühlen zu verstehen (s. Zepf & Zepf, 2007). Auch Freud (1906, S. 7) spricht von »affektbesetzte[n] Vorstellungen«, »affektbesetzten seelischen Vorgängen« (1905a, S. 63), »affektbesetzte[n] Gedanken« (1907b, S. 132), »affektbesetzte[n] Denkvorgänge[n]« (1913a, S. 17), »affektiv besetzten Wunschregungen« (1921, S. 86), »affektiv besetzten Vorstellungen« (1926c, S. 301) und von »affektiv geladenen Gedanken« (1933, S. 18). Gefühle lassen sich jedenfalls im psychoanalytischen Verfahren auffinden. Der affektive Gesichtspunkt bezöge sich auf das Erleben und würde dazu auffordern, im Patienten die Beziehungen zwischen Gefühlen und Vorstellungen, in die sich seine Repräsentanzwelt gliedert, im Zusammenhang mit den anderen metapsychologischen Untersuchungsdimensionen in der Perspektive des zweigliedrigen »Streben nach Lustgewinn und Unlustvermeidung«

(1916/17, S. 390) aufzuklären. Wie wir (Zepf & Zepf, 2007) am Beispiel der Verdrängung gezeigt haben, bleiben die Begründungen eines bestimmten Zusammenspiels von Repräsentanzen in epistemologischer Hinsicht völlig ausreichend, wenn wir das Lust-Unlust-Prinzip vom ökonomischen Gesichtspunkt ablösen, zu dem es bei Freud in Beziehung steht.

Aber auch wenn wir mit dem Verzicht auf den ökonomischen Gesichtspunkt nicht mehr verlieren als scheinbare Begründungen, genügt dies immer noch nicht, um die Verabschiedung des Triebbegriffs zu rechtfertigen. Zuvor ist noch klären, woher die ersten unbewussten Vorstellungen kommen sollen und wie es um die frühkindliche Sexualität bestellt ist, wenn sie phylogenetisch nicht begründbar sind und ihnen die sexuellen Triebe als Ursprung genommen werden. Laplanche hat hierzu einige Überlegungen entwickelt, mit denen wir uns nun auseinandersetzen wollen.

Laplanches Konzept der enigmatischen Botschaften

Laplanche entzieht mit dem Hinweis, dass die hormonelle Ausstattung, die Freuds Triebbegriff voraussetzt, im präpubertären Kind noch nicht vorhanden ist, dem Trieb zum einen die somatische Grundlage. Zum anderen weist er Freuds biologische Fundierung des Triebes mit dem Argument zurück, dass Freud (1915a, S. 211) »den Begriff des Triebes unter den des Reizes [...] für das Psychische« und des »Reflexschema[s]« subsumiere, »demzufolge ein von außen her an das lebende Gewebe (der Nervensubstanz) gebrachter Reiz durch Aktion nach außen abgeführt wird«, wobei »der Triebreiz nicht aus der Außenwelt, sondern aus dem Innern des Organismus selbst« stammt. Laplanche (1987b, S. 30) wendet ein, dass die Idee, die Intensität einer an die Psyche herangeführten Erregung würde sich nach der Reaktion des Organismus am Ausgang identisch wiederfinden, auf einen Mechanismus hinauslaufe, der heutzutage von niemandem mehr vertreten würde.

Das biologische Reflexbogen- bzw. Abfuhrmodell, das Freud dem Seelenleben unterstellt, hält Laplanche für falsch. Laplanche (ebd., S. 174) ist der Ansicht, dass der

> »Trieb [...] in Wahrheit die eigene Kraft der Vorstellungen [ist], sobald diese in einen bestimmten isolierten und getrennten Status überwechseln, den des Verdrängten und des ursprünglichen Unbewussten.«

Die unbewussten Vorstellungen,[52] d. h., die unbewussten sexuellen Wünsche des Kindes, entstehen in den Dechiffrierungsversuchen elterlicher Botschaften als »Rückstand der immer nur unvollständigen Übersetzung der Botschaft« (2004, S. 912). Die Übersetzungen der elterlichen Botschaften können nur unvollständig sein, weil sie sowohl für die Eltern wie auch für das Kind rätselhaft sind, und zwar insofern, als sie im Gewande bewusster immer auch unbewusste »›Botschaften‹« (1984, S. 138) enthalten. Bei den bewussten Botschaften, so Fletcher (2007, S. 1257), handelt es sich um Ersatzbildungen der unbewussten sexuellen Phantasien der Eltern.

Mit dem Argument, dass jedes Kind von Anfang an solchen, durch das Unbewusste korrumpierten Mitteilungen seiner Eltern ausgesetzt ist, re-etabliert Laplanche Freuds Verführungstheorie als »anthropologische Grundsituation« (2004, S. 899). Mit »*Urverführung*« bezeichnet er (1987b, S. 158f.) »jene Grundsituation, in der der Erwachsene dem Kind sowohl nicht-verbale, verbale als auch verhaltensvermittelte Signifikanten unterbreitet, die von unbewussten sexuellen Bedeutungen durchdrungen sind«. Die

> »Hände der Mutter [können] unbewusste sexuelle Wünsche mit sich führen [...] ohne im Geringsten die Sprache einzubegreifen. [...] Die Gesten, die Brust, das Lächeln einer Mutter sind nicht-verbale Signifikanten, welche das Individuum [...] zu übersetzen versucht (mit einem übrig bleibenden Rest)« (1987a, S. 235).

Mit dem Beispiel der unbewussten sexuellen Botschaften, die sich im Stillvorgang an das Kind richten, illustriert Laplanche eine derartige Verführung. Die Brust ist von der Frau »in hohem Maße sexuell und unbewusst besetzt« (1987b, S. 159). Sie

> »ist eine der wichtigsten erogenen Zonen der Frau und als solche spielt sie unausweichlich eine Rolle in der Beziehung zum Kind. Was will denn diese

---

52 Auf den ersten Blick scheint es, als würde auch Lorenzer (1986, S. 152) die Triebe mit dem Unbewussten gleichsetzen. Er schreibt: »Die als Trieb gekennzeichneten Verhaltensentwürfe sind unbewusst.« Der nähere Blick aber belehrt, dass er nicht, wie Laplanche, dem Unbewussten einen triebhaften Charakter, sondern am Triebbegriff festhält und dem Trieb einen unbewussten Charakter zuschreibt.

Brust von mir, diese Brust, die mich nährt, aber auch erregt; die mich erregt, indem sie sich selbst erregt? Was möchte sie mir sagen, von dem sie selbst nichts weiß?« (1988, S. 139).

Weil das elterliche Verhalten immer auch sexuelle Inhalte transportiert, die den Eltern unbewusst sind, bringe die »Verführungstheorie [...] die Wahrheit über den Begriff der Anlehnung zu Tage« (1992b, S. 215). Die Wahrheit an Freuds (1905a, S. 82) These, dass Triebwünsche in Anlehnung an die Befriedigung lebenswichtiger Körperbedürfnisse entstehen, besteht darin, dass bspw. orale Triebwünsche nicht durch eine physikalische Reizung der Lippen durch den »warmen Milchstrom« entstehen, der die Lippen als »erogene Zone« qualifiziert. Vielmehr entstehen sie durch die mütterlichen unbewussten Botschaften, die sich über den Milchstrom und den mit ihm verbundenen Interaktionen vermitteln.

In Laplanches Verständnis ist das Kind nur der Möglichkeit nach sexuell, eine Möglichkeit, die erst durch die unbewussten sexuellen Botschaften der Eltern Wirklichkeit wird.

> »Die anthropologische Grundsituation besteht in der Beziehung des Erwachsenen zum kleinen Kind, wobei der Erwachsene ein Unbewusstes hat, wie es die Psychoanalyse beschreibt, eine sexuelles Unbewusstes, das im Wesentlichen aus infantilen Rückständen zusammengesetzt, ein perverses Unbewusstes im Sinne der *Drei Abhandlungen*. Das Kind seinerseits aber verfügt über [...] keine hormonellen Auslöser der Sexualität« (Laplanche, 2001, S. 19f.).

Ausdrücklich wird festgehalten:

> »Wir wissen, dass die Sexualhormone und die Hormone in der Hypophyse, die bei der Geburt noch existieren [...] bereits während der ersten Monate [...] auf null zurückgehen und erst nach der Pubertät oder etwas vorher wieder zunehmen« (2000a, S. 28).

D. h., dass die unterstellte »kontinuierlich fließende[.], innersomatische[.] Reizquelle« (Freud, 1905a, S. 67) des Triebes, die sich psychische repräsentieren soll, in den präpubertären Kinderjahren gar nicht vorhanden ist. Dieses Zitat macht deutlich, dass Laplanche die Unterscheidung, die Freud (ebd., S. 32) aufhob, wiedereinführt. Freud hatte geschrieben:

»Die populäre Meinung macht sich ganz bestimmte Vorstellungen von der Natur und den Eigenschaften dieses Geschlechtstriebes. Er soll der Kindheit fehlen, sich um die Zeit und im Zusammenhang mit dem Reifungsvorgang der Pubertät einstellen, sich in den Erscheinungen unwiderstehlicher Anziehung äußern, die das eine Geschlecht auf das andere ausübt, und sein Ziel soll die geschlechtliche Vereinigung sein oder wenigstens solche Handlungen, welche auf dem Wege zu dieser liegen.«

An dieser Unterscheidung hält Laplanche (2000b, S. 46) fest, allerdings mit einer ergänzenden und die differentia specifica zur populären Meinung betonenden Anmerkung: »Das Kind ist ›genetisch-sexuell-unschuldig‹ [...]. Gleichwohl wird es bereits in den ersten Stunden seines Lebens sexuell.« Im Unterschied zur populären Meinung hält Laplanche mit Freud an der »infantilen Sexualität« fest, ersetzt aber für sie die von Freud angenommenen präformierten Triebwünsche durch unbewusste Vorstellungen, die sich aus dem Unbewussten der Eltern generieren. Dadurch unterscheiden sie sich von der »instinkthaften Sexualität« (ebd.). Die infantile Sexualität »comes [...] from the unconscious of the other« (Laplanche, in: Danon & Lauru, 2015, S. 710), d. h. aus der abgewehrten infantilen Sexualität (Laplanche, 2003, S. 123) des Anderen.

Es ist interessant, wie nahe schon Freud dieser Auffassung Laplanches gekommen ist. Bei der Diskussion eines Vortrags mit dem Titel »Zur Grundlage der Mutterliebe« äußert Freud sich am 11.01.1911 (Nunberg & Federn, 1974, S. 118f.; unsere Kurs.) wie folgt:

»Die Hauptwirkung, die der Anblick des Kindes hervorruft, *besteht in der Erweckung der eigenen infantilen Sexualität* der Mutter. Es erwacht einerseits ein Stück Sexualneid, anderseits spielt sich die oft genug mühsam durchgesetzte und aufrechterhaltene Sexualverdrängung von neuem ab [...]. Mit der bei der Kinderpflege erfolgenden Befriedigung gewisser erogener Zonen geht eine Rückbildung des Charakters, ein Stück Regression einher, was sich oft deutlich genug in der Verschlampung so mancher junger Mütter äußert.«

Aber auch wenn Laplanche im Unterschied zu Freud die infantile Sexualität des Kindes nicht als triebhaft, sondern als bedingt durch das Unbewusste der Eltern auffasst, wird eine instinkthafte, hormonell bedingte Sexualität nicht bestritten. »Keineswegs«, schreibt Laplanche (2000b, S. 45),

»leugnen wir [...] beim Menschen die Existenz einer instinkthaften Sexualität, die an die Reifung des Organismus gebunden ist und neurohormonale Schnittstellen mit sich führt [...]. Diese Sexualität drängt den Menschen zu mehr oder weniger vorprogrammierten sexuellen Verhaltensweisen und zielt – wie Freud es bereits vorgehoben hat – ohne dass dieses Ziel bewusst festgelegt wäre – auf die Selbsterhaltung der Art.«

Die instinkthafte Sexualität ist auch nicht das Produkt, in das hinein sich die infantile Sexualität entwickelt. Sie entsteht mit der hormonellen Reifung als neues Phänomen, während die »infantile Sexualität [...] zum größten Teil verdrängt und unbewusst« ist (ebd.), und in Ersatzbildungen zurückbleibt. Zu diesen Ersatzbildungen gehören natürlich auch die Vorstellungen, die mit der instinkthaften Sexualität verbunden sind.

In der infantilen Sexualität geht der von Freud den biologisch präformierten Triebwünschen zugeschriebene innere Drang in Wirklichkeit aus »verdrängten Sach-Vorstellungen« hervor (Laplanche, 1984, S. 133f., 142), aus Resten der Übersetzungsversuche der unbewussten elterlichen Botschaften, die auf dem Wege der »*Implantation*« in das Kind gelangen (1990, S. 111) und zu den »Quell-Objekte[n] des Triebes« (1984, S. 143) werden.

An anderer Stelle (Zepf & Seel, 2015) haben wir vorgeschlagen, das metaphorische Konzept der Implantation durch das Konzept der projektiven Identifizierung in der Fassung zu ersetzen, die von Rosenfeld (1964) vorgelegt wurde. Danach impliziert projektive Identifizierung die Projektion von abgewehrten Aspekten des Selbst auf ein anderes Objekt und für das Objekt die Nötigung, sich mit den projizierten Aspekten zu identifizieren. Unterstellt man diese Operation, wird unmittelbar einsichtig, dass sich die Problematik des Kindes einem Prozess verdankt, indem beide Eltern Aspekte ihre Konflikte auf ihr Kind projizieren und das Kind genötigt ist, sich mit den elterlichen Projektionen zu identifizieren, weil die Liebe seiner Eltern davon abhängt.

Das Kind wandelt sich damit vom Objekt der elterlichen Bestrebungen in deren Subjekt, und die Eltern wandeln sich in Objekte der Bestrebungen ihres Kindes. D.h., die Quellen kindlicher Bestrebungen sind nicht Triebe, sondern die »verdrängten Sach-Vorstellungen« (1990, S. 111) der Eltern, die auf dem Wege elterlicher Projektionen in das Kind verlagert wurden und mit denen sich das Kind identifizierte.

Die Konfliktproblematik des Vaters und der Mutter erscheint nun im Kind als die ihm eigene Problematik und zwar in einer Weise, die mit der Abwehrlage der Eltern korrespondiert. Wenn das Kind seine Eltern als Objekte nicht verlieren will, ist es gehalten, die projizierten Bestrebungen der Eltern so umzugestalten, dass innerhalb des gesamten Beziehungsgefüges sowohl der bewussten wie auch der unbewussten Bedürfnislage der Eltern Rechnung getragen wird. Die verpönten Bestrebungen der Eltern sind ihnen in einem szenischen Ablauf so vorzuführen, dass sie zwar ihrem Bewusstsein verborgen bleiben, gleichwohl aber von ihnen unbewusst in der Bedeutung registriert werden können, die diesen Szenen insgeheim zukommt.

Dies gilt von Anbeginn des kindlichen Lebens. Schon die ersten Interaktionsangebote der Eltern sind durch ihr Unbewusstes kompromittierte Botschaften. Natürlich können anfänglich noch keine Identifizierungen angenommen werden. Auf der Repräsentanzebene meint Identifizierung eine Veränderung der Selbstrepräsentanz entsprechend einer Objektrepräsentanz. Eine Identifizierung aufseiten des Kindes impliziert somit getrennte Selbst- und Objektrepräsentanzen, und diese Voraussetzung liegt erst mit Beginn des Spracherwerbs vor (z.B. Brenner, 2000; Zepf, 2005). D.h., zu Beginn ist davon auszugehen, dass seelische Prozesse allein in der Mutter und im Vater stattfinden. In deren Repräsentanzwelt liegen Selbst- und Objektrepräsentanzen vor, die sich auf bewusster Ebene unterscheiden lassen. Deshalb ist es den Eltern möglich, unbewusste Wünsche auf die Repräsentanz ihres Kindes zu projizieren bzw. zu verschieben, und diese Projektionen bzw. Verschiebungen zwingen das Kind zu einem Interagieren, das den bewussten wie auch den unbewussten Intentionen der Eltern genügt. Orientiert am Erfolg bzw. Misserfolg versucht das Kind (z.B. Anochin, 1967, S. 95) eine Form des Interagierens zu finden, die für die Eltern im Sinne ihrer bewussten und unbewussten Intentionen deutbar ist. Genügt das kindliche Verhalten diesen Bedingungen, wird Lust erfahren, genügt es ihnen nicht, wird sich für das Kind auf Dauer kein lustvolles Interagieren entwickeln können.

Denkt man Laplanches Überlegungen zu Ende, handelt es sich bei dieser Lust, die das Kind erfährt, nicht, wie Freud (z.B. 1905a, S. 85; 1933, S. 129) meinte, um eine »Lustempfindung«, die durch die Stimulation einer erogenen Zone hervorgerufen wurde. Es handelt sich nicht um eine sog. »erogene[.] Lust« (Fenichel, 1945b, S. 46). Stellt man sich die Situation ein, in der sich das Neugeborene befindet – hochgradiger und als Unlust wahrgenommener Erregungszustand, den es durch das Finden einer Form des Interagierens zu bewältigen sucht, die für die Eltern im Sinne ihrer bewussten und unbewussten Intentionen deutbar ist –, erfüllt die Lust, die beim Auffinden dieser Interaktionsform erfahren wird, genau das Kriterium, mit dem Fenichel (ebd., 1945a, S. 70) die »Funktionslust« charakterisiert, die in der Erfahrung gründet, dass als Unlust wahrgenommene Erregungszustände selbstständig bewältigt werden können (ebd.). Wie andernorts (Zepf & Zepf, 2008) dargelegt, ist die Funktionslust damit auch der erlebnismäßige Ausdruck einer gelungenen Abwehr dann, wenn sich in der kindlichen Repräsentanzwelt Objekte und Kind getrennt haben. D. h., indem dem Kind mittels einer Ersatzbildung – der von den Eltern akzeptierten Interaktionsform – der auf das Kind projizierten Inhalte gelingt, die körperlichen Spannungszustände zu bewältigen, ist diese Ersatzbildung auch für die Mutter Ausdruck einer gelungenen Abwehr, sodass diese Interaktionsform sowohl im Kind als auch in der Mutter diese Funktionslust generiert.

Für die infantile Sexualität stellen mithin Laplanches Überlegungen auch Freuds Konzept der erogenen Zonen infrage. Deren »besondere[r] Chemismus« (Freud, 1905a, S. 118) soll für die sexuelle Qualität der Libido verantwortlich sein. Bislang aber, wie Laplanche (2000a, S. 28) zu Recht anmerkt, wurde er in präpubertären Kindern nicht gefunden.

Zusammengefasst bedeutet dies, dass die sexuellen Bedürfnisse im präpubertären Körper durch die Primärobjekte des Kindes hergestellt werden. Ihre Triebkraft erwächst nicht aus ihnen selbst, sondern aus dem Niederschlag des elterlichen Unbewussten im Kind. Freuds (1921, S. 151) Gleichsetzung seiner phylogenetischen Begründung mit einem »Mythos« erlaubt, auch sie als chiffrierte Darstellung dessen verstehen, was von Freud übersehen, aber von Laplanche in Betracht gezogen wurde: das Unbewusste der Eltern. Die Phylogenese liegt ebenso außerhalb des Bewusstseins von Kind und Eltern wie deren Unbewusstes, und diese strukturelle Übereinstimmung ermöglicht, Freuds phylogenetische These vor allem als eine mystifizierte Darstellung des mütterlichen Unbewussten zu deuten. Für diese Deutung spricht, dass Freud (1915c, S. 294) auch das personale dynamische Unbewusste des Kindes in »ererbte[n] psychische[n] Bildungen« verortet, für die vergangene Generationen ebenso die Verantwortung tragen wie das Unbewusste der vorherigen Generation für das kindliche personale dynamische Unbewusste verantwortlich ist. Freuds These drückt damit aus, dass die Mutter, wenn sie »bei den Verrichtungen der Körperpflege Lustempfindungen am Genitale hervorruf[t], vielleicht sogar zuerst erwecken mußte« (1933, S. 129), nicht ihrer bewussten, sondern ihrer unbewussten Intention folgt. Wie das phylogenetische Erbe dringt auch die unbewusste Intention der Mutter in das Seelenleben des Kindes ebenso schicksalhaft ein, wie es Freud für dieses Erbe konzeptualisierte.[53]

---

53 Tendenziell hatte Fromm (1937a, S. 172) das schon vorweggenommen: Man findet, schrieb er, »in einer sehr großen Zahl von Fällen, dass der Vater beziehungsweise die

Wenn man mit Freud die psychoanalytische Trieblehre als »Mythologie« (ebd., S. 101) begreift, dechiffriert sich die von Freud auffallend oft betonte subjektive Fremdheit des eigenen Unbewussten auch als Darstellungsform der objektiven Fremdheit des elterlichen Unbewussten (s. ebd., S. 103; ferner Laplanche, 1992a, S. 20). Des Weiteren kann auch in Freuds Auffassung, dass die Quelle der Triebe außerhalb der Psychologie situiert ist, der außerhalb des Individuums liegende Ursprung seines Unbewussten erkannt werden. Vergleicht man Freuds und unsere Überlegungen weiter, lassen sich noch andere Eigentümlichkeiten, die Freud den Trieben zuschreibt, an den unbewussten Vorstellungen entdecken und die auf den Trieb bezogenen Vorstellungen als deren naturhafte Darstellung verstehen. Wir stellen die Eigentümlichkeiten der Triebe und des personalen dynamischen Unbewussten nochmals einander gegenüber.

Eigenschaften der Triebe	Eigenschaften des Unbewussten
Das bewusste Objekt ist bei Trieben das Variabelste (Freud, 1915a).	Das bewusste Objekt ist bei unbewussten Wünschen das Variabelste.
Triebe können nicht als Triebe, sondern nur mittels ihrer psychischen Repräsentanz bewusst werden (Freud, 1915c).	Unbewusste Wünsche können nicht als unbewusste Wünsche, sondern nur mittels ihres Ersatzes bewusst werden.
Triebe richten Arbeitsanforderungen an das Ich, denen es genügen muss, wenn die Triebwünsche befriedigt werden sollen (Freud, 1915a).	Unbewusste Wunschvorstellungen richten Arbeitsanforderungen an das Ich, denen es genügen muss, wenn diese Wunschvorstellungen in der Gestalt von Ersatzbildungen befriedigt werden sollen.
Triebe werden von einer konstanten, chemischen Prozessen in den erogenen Zonen geschuldeten Kraft angetrieben, die den Naturgesetzen unterliegt (Freud, 1915a).	Unbewusste Vorstellungen unterliegen dem Wiederholungszwang, der sich mit derselben Kraft durchsetzt, mit der sich Naturgesetze durchsetzen (Dahmer, 1973, S. 379).
Triebe sind ahistorisch. Das Kind bringt seine »sexuellen Triebe und Betätigungen […] mit auf die Welt« (Freud, 1910a, S. 43).	Das Unbewusste des Kindes ist ahistorisch. Es stammt aus der Geschichte der Eltern und wird in der Generationenfolge weitergegeben.

Mutter sexuelle Impulse dem Kind gegenüber haben, die im Wesentlichen unbewusst sind […]. Eine sehr minutiöse Beobachtung des Verhaltens von Eltern zeigt, auf wie vielen Wegen die subtile Verführung beziehungsweise sexuelle Stimulierung der Kinder durch die Eltern erfolgt, und dass ein großer Teil von dem, was wir an inzestuösen Wünschen bei Kindern finden, schon die Reaktion auf diese Stimulierung ist«.

Die strukturelle Identität von Trieb und personalem Unbewussten erlaubt die Idee, dass Laplanche etwas zutage gefördert hat, das in Freuds triebtheoretischen Überlegungen in entstellter Form und mit dem gesellschaftlich *Noch-Nicht-Bewussten* verdichtet enthalten ist. Es sind die abgewehrten Wünsche der Eltern, die für die frühkindliche Sexualität so schicksalhaft sind, als würden sie der Biologie entstammen, die in einem biologischen Gewand von Freuds Triebbegriff zur Darstellung gebracht werden. Die Unerkennbarkeit der Triebe im psychoanalytischen Verfahren und ihre biologische Begründung, die »einer *falschen* [...] *Physiologie* entnommen« ist (Laplanche, 1987b, S. 30), legen nahe, den biologisch verfassten Triebbegriff durch das personale dynamische Unbewusste zu ersetzen. Es dürfte klar geworden sein, dass dieser Ersatz das metapsychologische Gebäude keineswegs zum Einsturz bringt, sondern nur nahelegt, den ökonomischen Gesichtspunkt durch einen affektiven Gesichtspunkt zu ersetzen, und sich die Entstehung der frühkindlichen Sexualität ohne Triebbegriff sogar schlüssiger begründen lässt.

Am strukturell gleichartigen epistemologischen Gegenstandsverständnis des Historischen Materialismus und der Psychoanalyse ändert sich dadurch nichts. Als materielle Basis der seelischen Entwicklung des Individuums erweist sich nicht, wie Fenichel und Reich annahmen, seine innere Triebnatur, sondern in Gestalt des elterlichen Unbewussten die äußere, soziale Natur des Menschen. Ihr verdankt sich das personale dynamische Unbewusste der Individuen. Auch nach der Substituierung des Triebs durch das hergestellte Unbewusste bildet sich der psychoanalytische Gegenstand unter Bedingungen, welche die Menschen bei ihrer Geburt vorfinden, unterliegt scheinbaren Naturgesetzen, wird von einer erinnerungslosen Vergangenheit beherrscht, und wie der Historische Materialismus bleibt auch die Psychoanalyse kritisch angelegt und rekonstruiert ihren Gegenstand logisch-historisch.

VII Die »natürlichen Bedürfnisse« (Marx & Engels)

> »Weder die Natur – objektiv – noch die Natur subjektiv ist unmittelbar dem *menschlichen* Wesen adäquat vorhanden.«
>
> *Karl Marx, 1844*

In diesem Kapitel wollen wir noch prüfen, inwieweit sich das durch Laplanche geläuterte Verständnis des psychoanalytischen Triebbegriffs mit dem Bedürfnisbegriff von Marx und Engels verträgt.

Der Begriff »Bedürfnis« steht bei Marx und Engels in ganz unterschiedlichen Kontexten. Es gibt »Akkumulationsbedürfnisse« (Marx, 1867, S. 641), »Entwicklungsbedürfnisse« (ebd., S. 649), »gesellschaftliche[.] Bedürfnisse« (ebd., S. 87), »Lebensbedürfnisse« (ebd., S. 328), »natürliche[.] Bedürfnisse« (ebd., S. 185), »notwendige[.] Bedürfnisse« (ebd., S. 326), »physische Bedürfnisse« (ebd., S. 245), »soziale[.] Bedürfnisse« (ebd., S. 246), es ist die Rede vom »Exploitationsbedürfnis« (ebd., S. 512), »Luxusbedürfnis« (ebd., S. 468), »Verwertungsbedürfnis« (ebd., S. 284) und von »konsumtiven Bedürfnisse[n]« (1961/63a, S. 318), »künstlichen Bedürfnisse[n]« (ebd., S. 172), »Menschlichen Bedürfnissen« (1867, S. 57), »natürlichen Bedürfnissen« (ebd., S. 185), »Produktionsbedürfnissen« (ebd., S. 405). Wie Heller (1974, S. 23) feststellt, nimmt der Bedürfnisbegriff im Historischen Materialismus einen zentralen Status ein, wird zur Definition verwandt, ohne selbst genauer definiert zu werden. Bspw. ist die »Ware« definiert als ein »Ding, das durch seine Eigenschaften menschliche Bedürfnisse irgendeiner Art befriedigt« (Marx, 1867, S. 49), der Gebrauchswert, die Bedürfnisbefriedigung mithin notwendige Bedingung jeder Ware und ihr Tauschwert ihre hinreichende Bedingung ist. Aber was mit Bedürfnis hier genau gemeint ist, bleibt offen.

Wir werden nicht Hellers (1974) differenzierte Untersuchung des Bedürfnisbegriffs bei Marx und Engels wiederholen, sondern uns darauf beschränken zu prüfen, inwieweit unser Verständnis des psychoanalytischen Triebbegriffs dem Begriff der natürlichen bzw. physischen Bedürfnisse von Marx und Engels strukturell korrespondiert.

Unter »natürlichen Bedürfnisse[n]« subsummieren Marx und Engels

Bedürfnisse »wie Nahrung, Kleidung, Heizung, Wohnung« (Marx, 1867, S. 185), und bezeichnen »die Erzeugung der Mittel zur Befriedigung dieser Bedürfnisse« als die »erste geschichtliche Tat« (Marx & Engels, 1845/46, S. 28). Daraus scheint hervorzugehen, dass Marx und Engels präexistente Bedürfnisse unterstellen. Auch bei der Diskussion von Max Stirner beschreiben sie den »Geschlechtstrieb« als »›fix‹« und »[j]edes einer ›Begierde‹ zugrunde liegende Bedürfnis [...] ebenfalls« als »etwas ›Fixes‹« (ebd., S. 239). Zugleich aber informieren sie, »dass das befriedigte erste Bedürfnis selbst, die Aktion der Befriedigung und das schon erworbene Instrument der Befriedigung zu neuen Bedürfnissen führt« und dass »diese Erzeugung neuer Bedürfnisse [...] die erste geschichtliche Tat« ist (ebd., S. 28).

Heller (1974) versucht den Widerspruch zwischen beiden Textstellen – im ersten Zitat ist die Erzeugung der Mittel zur Bedürfnisbefriedigung die erste geschichtliche Tat, im zweiten ist es die Erzeugung des Bedürfnisses –, mit der Annahme zu lösen, dass in diesen Zitaten derselbe Sachverhalt aus unterschiedlichen Perspektiven betrachtet wird. Sie argumentiert, dass mit der Erschaffung von Werkzeugen zur Befriedigung von Bedürfnissen ein neues Bedürfnis, das Bedürfnis nach Werkzeugen geschaffen würde, worauf sich das Syntagma »erste geschichtliche Tat« bezöge. Allerdings ist in diesen Textstellen nicht von Werkzeugen, sondern von der »Erzeugung der Mittel zur Befriedigung« bzw. vom »erworbene[n] Instrument zur Befriedigung« die Rede, die sich beide nicht auf die Herstellung des Gegenstands oder der Aktion beziehen, mit denen ein Bedürfnis befriedigt wird, sondern auf den Gegenstand bzw. die Aktion selbst.

Nun haben Marx und Engels nicht nur die Passagen, die vom Geschlechtstrieb als einem fixen, d. h. konstanten Bedürfnis im Manuskript der *Deutschen Ideologie* handeln, gestrichen. Angesichts der Bemerkungen,

➢ dass »[u]nsere Bedürfnisse und Genüsse [...] aus der Gesellschaft« entspringen und »gesellschaftlicher Natur sind« (Marx, 1849, S. 412),

➢ dass »Hunger [...] Hunger [ist], aber Hunger, der sich durch gekochtes, mit Gabel und Messer gegeßnes Fleisch befriedigt [...] ein andrer Hunger [ist], als der rohes Fleisch mit Hilfe von Hand, Nagel und Zahn verschlingt«, und

➢ die »Produktion [...] dem Bedürfnis nicht nur ein Material, sondern [...] dem Material auch ein Bedürfnis« liefert (1857, S. 624), löst sich dieser Widerspruch vielmehr dann auf, wenn man die Erzeugung des Mittels zur Bedürfnisbefriedigung mit der Erzeugung des Bedürfnisses in der Formulierung Rubinsteins (1946, S. 777) zusammennimmt, nämlich dass »sich die organischen Bedürfnisse im Prozess ihrer Befriedigung selbst [entwickeln]« und dies als die erste geschichtliche Tat versteht.

Gegen diese Lösung scheint zu sprechen, dass das Neugeborene – um sich am Leben zu erhalten – bestimmte Nahrungsmittel, eine bestimmte Zufuhr an Flüssigkeit, Sauerstoff, Wärme u. a. benötigt. Da ein Bedürfnis immer ein Bedürfnis nach etwas ist, scheint es also auch durchaus legitim anzunehmen, dass das Neugeborene mit bestimmten Bedürfnissen auf die Welt kommt. Die weitergehende Annahme aber, dass diese objektiven Körperbedürfnisse auch schon subjektiv, d. h. für das Neugeborene selbst, in intentionaler Form als Bedürfnisse existieren, wäre jedoch problematisch. Wie sollte das Neugeborene bereits intrauterin – in welch rudimentärer Form auch immer – wissen, dass extrauterin ein bestimmtes Nahrungsmittel, z. B. die Muttermilch, vorhanden ist, auf das sich dann sein Bedürfnis richten könnte? Es ist nicht zu begründen, warum und wie dieses besondere Nahrungsmittel in ihm bereits vor seiner Erfahrung registriert sein soll. Damit ein körperlicher Zustand, in dem ein objektiver Mangel herrscht, auch subjektiv zu einem Bedürfnis wird, muss dieser Mangel erst inhaltlich definiert und psychisch repräsentiert sein. Dazu muss der Mangelzustand in Beziehung gesetzt werden zu Aktion und Gegenständen, die ihn beheben und die nirgendwo anders als im Prozess der Befriedigung des körperlichen Bedarfs erfahren werden können.[54]

Ausgangsbasis dieses Prozesses ist die intrauterine Einheit von Bedarf und Bedarfsstillung, die mit der Geburt aufgehoben wird. Die intrauterin vorliegende kontinuierliche Bedarfsstillung wird nun ersetzt durch die Praxis eingeübter Interaktionsformen. Der kindliche Organismus wird zunächst in undifferenzierte Spannungszustände versetzt, die sich in wenig strukturierten, ganzheitlichen Körperreaktionen äußern. In dem die Mutter auf diese undifferenzierte »organismische Entladung eines noch unprofilierten Körperbedarfs« (Lorenzer, 1973b, S. 104) in relativ konstanter Weise mit einem bestimmten Verhalten reagiert – einem Interaktionsangebot, das aufseiten des Kindes Entspannung herbeiführt –, qualifi-

---

54 Bruch (1969, S. 130) fasste das Ergebnis ihrer Untersuchungen dahingehend zusammen, »that *hunger awareness is not innate biological wisdom but that learning is necessary for this biological need to become organized into recognizable patterns*«.

ziert sie den abstrakten *Bedarf* des Kindes in spezifische *Bedürfnisse* für das Kind. Sie qualifiziert den objektiven Bedarf in Wünsche des Säuglings nach den Mitteln, die sich im Zusammenspiel mit der Mutter ergaben und ergeben, und mit denen sich das Bedürfnis befriedigen lässt. Aus vielfältigen, realen Interaktionen bildet sich im Kind ein inneres Modell, Freuds (1900, S. 543) neuronal konzipierte »Erinnerungsspur«, in dem jene Bedingungen gespeichert werden, die in verschiedenen Interaktionen gemeinsam auftreten und die unbedingt vorhanden sein müssen, wenn die im Modell vorweggenommene Entspannung auch erreicht werden soll. Dieses innere Modell ist die gemeinsame Form verschiedener Interaktionen, welches aus ihnen in einem aktiven, praktischen Findungsprozess real abstrahiert wird. Es ist nicht nur das Produkt abgelaufener, sondern zugleich auch das Muster künftiger Interaktionen, in denen es bestätigt wird oder unter neuen Bedingungen entsprechend modifiziert werden kann.

Dies trifft auf die sog. »natürlichen Bedürfnisse« zu, die bei Freud als »große Körperbedürfnisse« auftreten. Auch er versteht deren Genese als eine soziale:

> »In der Form der großen Körperbedürfnisse tritt die Not des Lebens zuerst an ihn [den Säugling] heran. [...] Das hungrige Kind wird hilflos schreien oder zappeln. Die Situation bleibt aber unverändert [...]. Eine Wendung kann erst eintreten, wenn auf irgendeinem Wege, beim Kinde durch fremde Hilfeleistung, die Erfahrung des *Befriedigungserlebnisses* gemacht wird, das den inneren Reiz aufhebt. Ein wesentlicher Bestandteil dieses Erlebnisses ist das Erscheinen einer gewissen Wahrnehmung (der Nahrung im Beispiel), deren Erinnerungsbild von jetzt an mit der Gedächtnisspur der Bedürfniserregung assoziiert bleibt. Sobald dies Bedürfnis ein nächstesmal auftritt, wird sich, dank der hergestellten Verknüpfung, eine psychische Regung ergeben, welche das Erinnerungsbild jener Wahrnehmung wieder besetzen [...] also eigentlich die Situation der ersten Befriedigung wiederherstellen will. Eine solche Regung ist das, was wir einen Wunsch heißen« (ebd., S. 571).

Auch die Genese der sexuellen Bedürfnisse, die wir als Resultat der elterlichen Projektionen verstanden haben, ist eine soziale. Sie sind Ersatzbildungen der abgewehrten sexuellen Wünsche der Mutter und des Vaters. Der sexuelle Charakter ihrer Wünsche ist auch für die Lust verantwortlich, die das Kind bei den Berührungen seines Körpers durch ein Objekt erfährt. Auch diese Ersatzbildungen werden inhaltlich durch die Form der Befriedigung der abgewehrten sexuellen Wünsche der Eltern hergestellt. Wir haben darauf hingewiesen, dass im Verständnis Freuds die Lippen zu einer erogenen Zone mittels einer »Reizung durch den warmen Milchstrom« werden (1905a, S. 82). Dies gilt nicht nur für die oralen, sondern ebenso auch für die analen, phallischen und genitalen Triebregungen. Auch hier werden die entsprechenden erogenen Zonen durch Lustempfindungen qualifiziert, die sich äußerer Stimulation verdanken und z. B. »bei der Entleerung von Harn und Darminhalt« (1916/17, S. 325) anfallen, »durch die Waschungen und Reibungen der Körperpflege und durch gewisse akzidentelle Erregungen« (1905a, S. 88) hervorgerufen werden.

Diese Ersatzbildungen des elterlichen Unbewussten aufseiten des Kindes korrespondieren mit Lorenzers Interaktionsformen, die sich wie die »großen Körperbedürfnisse« im Prozess der Befriedigung, d. h. im realen Interagieren bilden. Sie sind keine innere, apriorische Verhaltensformel, sondern eine durch das Unbewusste der Eltern aufgenötigte und das Überleben des Kindes sichernde Notwendigkeit, wobei die Abwehrlage aufseiten der Eltern und die Möglichkeiten des Kindes bestimmen, in welcher Ersatzbildung ihr Unbewusstes im Kind erscheinen kann.

Wie in Lorenzers Konzept zwingen auch in unserer Konzeption zwar Bedürfnisse das Individuum, sich in Beziehung setzen; aber sowohl die großen Körperbedürfnisse wie die Ersatzbildungen des elterlichen Unbewussten erwachsen selbst aus der Interaktion als deren Resultat. Die hergestellte Form des Interagierens ist eine körperliche Ersatzbildung des mütterlichen und väterlichen Unbewussten, und der Drang, diese Interaktion zu wiederholen, gründet anfänglich im Unbewussten der Eltern.

Wie Marx (1844, S. 579) im Eingangszitat zu diesem Kapitel implizit feststellt, ist auch die innere Natur des Menschen nicht als natura *naturans*, sondern nur als natura *naturata* »dem *menschlichen* Wesen adäquat vorhanden«. Wir haben gesehen, dass die sexuellen Bedürfnisse, von denen wir handeln, in der körperlichen Gestalt von Ersatzbildungen des mütterlichen und väterlichen Unbewussten strukturell mit den natürlichen Bedürfnissen, von denen Marx und Engels sprechen, gleichartig sind. Wie die natürlichen müssen auch die in Gestalt von Ersatzbildungen des elterlichen Unbewussten auftretenden sexuellen Bedürfnisse des Kindes befriedigt werden, wenn das Individuum am Leben bleiben soll. Beide Bedürfnisarten existieren objektiv als Möglichkeiten im Neugeboren, werden in der sozialisatorischen Praxis verwirklicht, indem im Prozess der Befriedigung ihre subjektive und konkret-wirksame Existenzform hergestellt wird.

VIII Vermittlung: Warum metatheoretisch?

>»Unifying knowledge in any field of endeavor requires metatheory comprising a conceptual scaffolding that is sufficiently broad to encompass all of the specific knowledge domains distinctly pertinent to the field under consideration, that can serve as a coherent framework for systematically interrelating the essential knowledge elements within and among those domains.«
>
> *Jack C. Anchin, 2008*

Wir wissen bislang nicht nur, dass die Einwände gegen den Historischen Materialismus und seine Vermittlung mit der Psychoanalyse unser Unternehmen nicht ernsthaft gefährden können, sondern auch, dass

➢ die Vermittlungsversuche von Horkheimer, Marcuse, Lorenzer und M. Schneider scheiterten;

➢ Historischer Materialismus und Psychoanalyse sich in der Bestimmung ihres Erkenntnisgegenstands und in ihrem Erkenntnisverfahren gleichen;

➢ der Triebbegriff sich als das personale dynamische Unbewusste dechiffrieren lässt, welches strukturell mit dem Begriff der »natürlichen Bedürfnisse« von Marx und Engels korrespondiert.

Ebenso wissen wir, dass es nicht genügt, die Kategorien, unter denen soziologische und psychoanalytische Befunde firmieren, lediglich punktuell in Beziehung zu setzten, wenn man in eine gesellschaftliche Bedingungsanalyse neurotischer Strukturen eintreten will. Benutzt man etwa die Kategorie der »Arbeit« in einer solchen Analyse, bliebe ohne vorherige metatheoretische Vermittlung ihr Stellenwert im Gesamtzusammenhang unbegriffen, gleichgültig, ob man ihr den theoretischen Inhalt belässt, den sie in der Gesellschaftstheorie hat, ob man sie privat und/oder phänomenologisch, psychoanalytisch – etwa als Terrain, auf dem sich innerpsychische Konflikte darstellen können – oder naturwissenschaftlich – bspw. als ATP-verbrauchenden Prozess[55] – bestimmt.

Man muss sich darüber aufklären, dass sich Historischer Materialismus

---

55 Adenosintriphosphat, kurz ATP, ist der universelle und unmittelbar verfügbare Energieträger in Zellen und wichtiger Regulator energieliefernder Prozesse.

und Psychoanalyse auf qualitativ verschiedene Prozesse beziehen – soziale einerseits und psychische andererseits –, deren Erkenntnisse in wechselseitiger Abstraktion von den Erkenntnissen des jeweils anderen entstanden sind. Weil einseitig, bleiben die in den verschiedenen Theorien gefassten Erkenntnisse notwendig abstrakt, wenn sie aufeinander bezogen werden. Sie bleiben eingesperrt in den jeweiligen Theorierahmen, dem sie angehören und in dem sie eine Erklärungsfunktion haben. Eine metatheoretische Vermittlung beider Theoriesysteme ist unverzichtbar, wenn das Zusammenwirken sozialer und psychischer Prozesse als Gedankenkonkretum theoretisch begriffen werden soll. Diesen Weg wissenschaftlicher Erkenntnisbildung beschreibt Marx (1857, S. 632) so:

> »Das Konkrete ist konkret, weil es die Zusammenfassung vieler Bestimmungen ist, also Einheit des Mannigfaltigen. Im Denken erscheint es daher als Prozess der Zusammenfassung, als Resultat, nicht als Ausgangspunkt, obgleich es der wirkliche Ausgangspunkt und daher auch der Ausgangspunkt der Anschauung und der Vorstellung ist. Im ersten Weg wurde die volle Vorstellung zu abstrakter Bestimmung verflüchtigt; im zweiten führen die abstrakten Bestimmungen zur Reproduktion des Konkreten im Wege des Denkens [...] die Methode, vom Abstrakten zum Konkreten aufzusteigen, [ist] die Art für das Denken [...] sich das Konkrete anzueignen, es als geistig Konkretes zu reproduzieren [...].«

Die Reproduktion des Zusammenhangs von gesellschaftlichen und psychischen Prozessen als ein »geistig Konkretes«, in dem die abstrakten Bestimmungen, die sich ihren voneinander isolierten Analysen verdanken, zu einer Einheit synthetisiert werden, ist in diesem Fall an eine Metatheorie gebunden, der die Objekttheorien des Historischen Materialismus und der Psychoanalyse gemeinsam sind.

Weil die Ansichten über den Gegenstand von Metatheorien auseinandergehen, wollen wir zumindest in geraffter Form unser Verständnis der Metatheorie vorab darlegen, auf dessen Grundlage wir im Folgenden argumentieren werden.

Die meisten Autoren, die sich mit Fragen der Metatheorie befassen, sind sich zwar einig, dass der Gegenstand von Metatheorien Objekttheorien sind, und Metatheorien sich gegenüber den Objekttheorien auf einer höheren semantischen Stufe befinden (z.B. Bondas & Hall, 2007; Colomy, 1991; Faust, 2005; Finfgeld, 2003; Gadomski, 2001; Paterson et al., 2001;

Ritzer, 1988; Weinstein & Weinstein, 1991; Zhao, 2010). Unterschiede bestehen jedoch hinsichtlich der Aspekte von Objekttheorien, die jeweils als Gegenstand einer Metatheorie reklamiert werden. Derwin (1999), Finfgeld (2003) und Takla & Pape (1985) bspw. sehen in den impliziten Vorannahmen einer Objekttheorie den Gegenstand der Metatheorie. Für Bondas & Hall (2007) sind es die Methoden und Schlussfolgerungen, die auf der Grundlage ermittelter Befunde gezogen werden. Für Zhao (2010) ist es der Prozess der Theoriebildung, für S. Fuchs (1991), Turner (1990) und Weinstein & Weinstein (1991) ist es die dekonstruierend herausgearbeitete Struktur einer Objekttheorie und für Anchin (2008) und Ritzer (1988) ist es die Integration verschiedener Objekttheorien.

Schon beim ersten Hinsehen wird erkennbar, dass sich diese unterschiedlichen Objekte einer Metatheorie nicht ausschließen, sondern ergänzen. Es handelt sich bei ihnen um unterschiedliche Aspekte eines Ganzen. Die Explikation der impliziten Vorannahmen einer Objekttheorie und der Prozess der Theoriebildung spiegeln die Vorbedingungen einer Objekttheorie, die Struktur bildet die Objekttheorie selbst ab, die Integration reflektiert die verschiedenen Objekttheorien und in der Betrachtung der verwandten Methoden und gezogenen Schlussfolgerungen werden die Konsequenzen dargestellt, die sich aus einer Objekttheorie ergeben.

Wallis (2010, S. 78) fasst diese verschiedenen Aspekte im gegenwärtigen Verständnis der Metatheorie zusammen:

»Metatheory is primarily the study of theory, including the development of overarching combinations of theory, as well as the development and application of theorems for analysis that reveal underlying assumptions about theory and theorizing.«

Bis auf die Theorieentwicklung werden wir dem Folgenden dieses Verständnis zugrunde legen. Bei der Herstellung einer gemeinsamen Metatheorie von Historischem Materialismus und Psychoanalyse werden wir uns sowohl an der eingangs zitierten Auffassung Anchins (2008) wie auch am Vorschlag von Wallis (2010, S. 84) orientieren, die »core constructs and their interrelationships« beider Objekttheorien in Augenschein zu nehmen. Wir werden die Eigenschaften ihrer Kategorien, die Art ihrer Beziehungen, die in den beiden Theorien bestehen, sowie die Beziehung zwischen diesen Beziehungen, die im kategorialen System des Historischen Materialismus und der Psychoanalyse vorliegen, aus erkenntnistheoretischer Perspektive untersuchen. Erkenntnisse sind in Beziehungen enthalten, in denen die Kategorien einer Objekttheorie zueinanderstehen, sodass mittels einer Metatheorie die Erkenntnisse des Historischen Materialismus und der Psychoanalyse zueinander in Beziehung gesetzt werden können.

Warum die Notwendigkeit einer metatheoretischen Vermittlung in den vergangenen Versuchen, psychoanalytische und historisch-materialistische Erkenntnisse zueinander in Beziehung zu setzen, nicht gesehen wurde, gründet möglicherweise darin, dass Psychoanalytiker sowohl ihren Erkenntnisgegenstand, das Subjekt, als auch den Erkenntnisgegenstand des Historischen Materialismus, die Gesellschaft, als einen Naturgegenstand und demzufolge beide Wissenschaften als Naturwissenschaften begriffen haben. Freud (1950, S. 387)[56] wollte eine »naturwissenschaftliche Psychologie« entwerfen, und noch gegen Ende seines Lebens hielt er an dieser Auffassung fest: »Die Psychologie ist eine Naturwissenschaft. Was sollte sie denn sonst sein?« (1940b, S. 143). Freuds epistemologische Auffassung wurde von anderen geteilt:

➤ »Die Psychoanalyse ist heute bereits [...] allgemein akzeptiert als Naturwissenschaft der Seele« (Bernfeld, 1930, S. 109);

➤ »die Psychoanalyse [ist] eine empirische Naturwissenschaft« (Fenichel, 1931, S. 136);

➤ die »Psychoanalyse ist eine naturwissenschaftliche, materialistische Psychologie« (Fromm, 1932, S. 37);

➤ die Psychoanalyse ist »eine psychologische Methode, die mit naturwissenschaftlichen Mitteln das Seelenleben als ein besonderes Gebiet der Natur zu beschreiben und zu erklären versucht« (Reich, 1929, S. 9).[57]

Deshalb verwundert es nicht, wenn Freud (1940a, S. 81) anmerkte, dass es möglich ist, »die Gesetze festzustellen«, denen die psychischen Vorgänge gehorchen, mit denen sich die Psychoanalyse beschäftigt. Auch diese Auffassung wurde von anderen geteilt:

---

56 Ricœur (1965) betont, dass Freud dieses Ziel niemals aufgegeben habe. Möglicherweise hängt damit zusammen, dass Freud seine Metaphern, mit denen er seine theoretischen Konzepte zu erläutern versucht, vorwiegend dem naturwissenschaftlichen Bereich entnimmt.

57 Noch in der Gegenwart wird die Psychoanalyse von manchen renommierten Psychoanalytikern als Naturwissenschaft verstanden (z. B. Brenner, 2008; Rangell, 2002).

➤ Bernfeld (1926, S. 492) notierte, dass die Psychoanalyse »typische und allgemeine Mechanismen der seelischen Abläufe feststellt«;

➤ Fenichel (1934, S. 295) betonte, dass »die von der Psychoanalyse ermittelten naturwissenschaftlichen Gesetze der menschlichen Seele Allgemeingültigkeit haben«;

➤ Fromm (1932, S. 40) unterstrich, dass Menschen »psychologischen Gesetzen unterliegen, die die Psychoanalyse im Individuum entdeckt hat«;

➤ Reich (1929, S. 57; Ergänzung von 1934) stellte fest: »Das Psychische ist aus dem Organischen hervorgegangen, muss daher die gleichen Gesetze aufweisen wie dieses.«

Desgleichen wurde auch der Historische Materialismus bzw. Marxismus als Naturwissenschaft verstanden. Im *Rundbrief 11* vom 12. Februar 1935 schrieb Fenichel, dass die »analytische Öffentlichkeit für die »›richtige Anwendung‹ der klinisch-naturwissenschaftlichen Analyse« auf »›die Gesellschaftswissenschaften‹« zu interessieren ist (Reichmayr & Mühlleitner, 1998, S. 178), und im *Rundbrief 21* vom 31. Dezember 1935 bezeichnete er die Rundbriefempfänger als »naturwissenschaftliche Opposition innerhalb der I. P. V.« (ebd., S. 304).

Nun ist auch im Historischen Materialismus von »Naturgesetzen der Produktion« (Marx, 1867, S. 765) und davon die Rede, dass »die kapitalistische Produktion [...] mit der Notwendigkeit eines Naturgesetzes ihre eigene Negation« erzeugt (ebd., S. 791) und »der Lauf der Geschichte durch innere allgemeine Gesetze beherrscht wird« (Engels, 1886, S. 296). Es scheint also, als müsste man auch den Historischen Materialismus als eine Naturwissenschaft verstehen. In diesem Sinn fasste auch Reich unter dem Pseudonym »Ernst Parell« (1934, S. 69) das naturwissenschaftliche Verständnis des Historischen Materialismus zusammen:

> »Der Marxismus ist vor allem eine Methode der Untersuchung der Wirklichkeit überhaupt und *jede echte Naturwissenschaft ist demnach marxistisch*. Die Anwendung dieser speziellen Methode des dialektischen Materialismus auf die Wirtschaft und Gesellschaft ergibt die marxistische Ökonomie, ihre Anwendung auf die seelische Struktur der Menschen die marxistische Psychologie.«

Träfe diese Einschätzung zu, würde es sich beim Historischen Materialismus und der Psychoanalyse um Naturwissenschaften handeln, entfiele das Vermittlungsproblem. Naturwissenschaften sind Wissenschaften, die die organische und unorganische Materie mittels Methoden, die die Reproduzierbarkeit und Unabhängigkeit ihrer Ergebnisse vom Untersucher sichern sollen, empirisch mit dem Ziel untersuchen, gesetzmäßige Zusammenhänge zu erkennen, die im Gegenstand vorliegen. Gesetze, welche in einer Naturwissenschaft erkannt werden, haben allgemeine Gültigkeit, sodass sich Erkenntnisse unmittelbar aufeinander beziehen lassen. Die Gesetze der Physik gelten ebenso in der Chemie wie chemische Gesetze in der Physik Geltung haben, und Begriffe meinen in verschiedenen Naturwissenschaften dasselbe. In jeder Naturwissenschaft wird bspw. unter »Gewicht«, »Atom«, »Neutron«, oder »Kochsalz« dasselbe verstanden.

Das Verständnis der Psychoanalyse und des Historischen Materialismus als Naturwissenschaften scheint jedoch in Wirklichkeit einem Missverständnis geschuldet, das beide Male im Gegenstand gründet. Für die Psychoanalyse beruht es auf dem Wiederholungszwang, dem das Unbewusste unterworfen ist. Sofern ein »szenischer Auslösereiz« vorhanden ist (Lorenzer, 1970, S. 81f.) setzen sich die im Zuge von Abwehrvorgängen unbewusst gewordenen Beziehungsmuster im Wiederholungszwang mit derselben Folgerichtigkeit durch, mit der sich Naturgesetze durchsetzen. Schon vor über 150 Jahren hat Mill (1862) darauf hingewiesen, dass sich die »Regelmäßigkeiten der Natur« (ebd., S. 396) durchsetzen, wenn »gewisse Ursachen vorhanden sind« (ebd., S. 392). Die strukturelle Ähnlichkeit des Wirkens von Naturgesetzen und des Unbewussten wird noch deutlicher, wenn man hinzunimmt, dass die abgewehrten szenischen Muster im Bewusstsein in Gestalt von Ersatzbildungen erscheinen, sich darin verbergen und so wirksam bleiben wie die »Regelmäßigkeiten der Natur« (ebd., S. 396) »beim ersten Anblick« im »Chaos« (ebd., S. 473f.) unerkennbar, aber wirksam sind. Da die Individuen nicht wissen, was sie tun, wirken ihre unbewussten Motive wie Naturkräfte, und erwecken den Eindruck, als wäre ihr Verhalten von »Naturgesetzen« beherrscht. Das befremdliche Verhalten eines zwangsneurotischen Patienten wird damit ebenso vorhersagbar wie etwa das Fallen eines Steines, wenn man ihn vom Tisch stößt.

Dass dieses »szientistische Selbstmissverständnis«[58] der Psychoanalyse (Habermas, 1968, S. 263) einem fundamentum in re beruht, dafür spricht auch die Überzeugung Freuds (1940a, S. 80), dass gerade die

---

58 Wir werden später nochmals auf dieses Missverständnis zu sprechen kommen.

»Auffassung, das Psychische sei an sich unbewusst, gestattet, die Psychologie zu einer Naturwissenschaft wie jede andere auszugestalten.«

Die Annahme liegt nahe, dass sowohl Bernfelds, Fenichels, Freuds, Fromms als auch Reichs Einschätzung der Psychoanalyse als Naturwissenschaft in der Missdeutung des pseudonatürlichen Charakter des neurotischen Leidens als naturhaft gründet, in der Verkennung von natura *naturata* als natura *naturans*.[59]

Wir haben bereits unterstrichen, dass auch die Erscheinungen gesellschaftlicher Prozesse als Naturgesetze auf einer ebensolchen Bewusstlosigkeit beruhen. Unter Hinweis auf Engels (1844, S. 515) Aussage: »Es ist [...] ein Naturgesetz, das auf der Bewusstlosigkeit der Beteiligten beruht«, beschreibt Marx (1867, S. 89; unsere Kurs.) einen solch scheinbar naturhaften Zusammenhang in folgender Weise:

> »Es bedarf vollständig entwickelter Warenproduktion, bevor aus der Erfahrung selbst die wissenschaftliche Einsicht herauswächst, dass die unabhängig voneinander betriebenen, aber als naturwüchsige Glieder der gesellschaftlichen Teilung der Arbeit allseitig voneinander abhängigen Privatarbeiten fortwährend auf ihr gesellschaftlich proportionelles Maß reduziert werden, weil sich in den zufälligen und stets schwankenden Austauschverhältnissen ihrer Produkte die zu deren Produktion gesellschaftlich notwendige Arbeitszeit als *regelndes Naturgesetz* gewaltsam durchsetzt, wie etwa das Gesetz der Schwere, wenn einem das Haus über dem Kopf zusammenpurzelt.«

Ebenfalls haben wir bereits auf Dahmer (1973, S. 379f.) verwiesen, der eben diese Bewusstlosigkeit als das gemeinsame Moment beider Missverständnisse kenntlich macht, nämlich, dass unter dieser Bedingung die Menschen »den Gesetzen ihrer bewusstlos erzeugten (psychischen) oder sozialen zweiten Natur [unterliegen], als wäre es Naturgesetze«.

Während sich aus Sicht der Psychoanalyse die unbewusst gewordenen personalen Beziehungsmuster im Wiederholungszwang in Gestalt eines Naturgesetzes durchsetzen, setzen sich in der Gesellschaft die noch

---

59 Psychische Prozesse sind aus zerebralen Prozessen entstanden. Insofern könnte man die sich im Wiederholungszwang durchsetzen seelischen Prozesse als dialektische Negation der naturgesetzlich ablaufenden zerebralen Prozesse verstehen, die mit dieser Negation von der Quelle zum materiellen Substrat psychischer Prozesse geworden sind.

nicht bewussten Zusammenhänge in einer ebensolchen Gestalt durch. Im *Kapital* bspw. spricht Marx (1867, S. 649) von einem »in ein Naturgesetz mystifizierte[n] Gesetz der kapitalistischen Akkumulation«. Und sowohl im Historischen Materialismus als auch in der Psychoanalyse ist es das erklärte Ziel, die Bewusstlosigkeit, die Bedingung des Wirkens scheinbarer Naturgesetze aufzuheben. Für die Psychoanalyse stellt Freud (1905a, S. 90) fest, dass es durch »die psychoanalytische Erforschung gelingt, das Vergessene bewusst zu machen und damit einen Zwang zu beseitigen, der vom unbewussten psychischen Material ausgeht«, womit, wie Habermas (1968, S. 330) ergänzt, »analytische Einsicht die Kausalität des Unbewussten als solche« trifft und »die Therapie »ihre Wirksamkeit der Aufhebung der Kausalzusammenhänge« verdankt.

Bezüglich der gesellschaftlichen »Naturgesetze« notierte Adorno (1959/66, S. 348f.):

> »Die Naturgesetzlichkeit der Gesellschaft ist Ideologie, soweit sie als unverbrüchliche Naturgegebenheit hypostasiert wird. Real aber ist die Naturgesetzlichkeit als Bewegungsgesetz der bewusstlosen Gesellschaft. Dass die Annahme von Naturgesetzen nicht [...] zu ontologisieren sei, dafür spricht das stärkste Motiv der Marxschen Theorie überhaupt, das der Abschaffbarkeit jener Gesetze. Wo das Reich der Freiheit begönne, gälten sie nicht mehr.«

Engels (1880, S. 226) hatte geschrieben:

> »Mit der Besitzergreifung der Produktionsmittel durch die Gesellschaft ist die Warenproduktion beseitigt und die Herrschaft des Produkts über die Produzenten. [...] Die Gesetze ihres eignen gesellschaftlichen Tuns, die ihnen bisher als fremde, sie beherrschende Naturgesetze gegenüberstanden, werden dann vom Menschen mit voller Sachkenntnis angewandt und damit beherrscht [...]. Die objektiven, fremden Mächte, die bisher die Geschichte beherrschten, treten unter die Kontrolle der Menschen selbst. [...] Es ist der Sprung der Menschheit aus dem Reich der Notwendigkeit in das Reich der Freiheit.«

Die Erkenntnis, dass es sich beim Verständnis beider Wissenschaften als Naturwissenschaften um ein Missverständnis handelt, weil beide Male fälschlicherweise die Erscheinung für das Wesen genommen werden,

hätte jene erkenntniskritische Reflexion beider Wissenschaften voraus-
gesetzt, die mit dem Positivismus Comtes, der etwa zur Zeit der Vermittlungsversuche von Psychoanalyse und Historischem Materialismus
ins wissenschaftliche Bewusstsein einzog, zunehmend aus der Mode
kam. Schmidt (1988) sieht Freud dem Geist des Positivismus verhaftet,
Adler & Benveniste (2012) beschreiben Bernfelds Neigung zum Positivismus,[60] Cooper (1988) betont die positivistische Haltung Fenichels,
und Dahmer (1972) hebt den Positivismus Reichs hervor. Wie Habermas (1968) ziemlich überzeugend dargelegt, wurde mit dem Vorherrschen des Positivismus Erkenntnistheorie mehr und mehr durch Wissenschaftstheorie ersetzt und auf Methodologie nivelliert, sodass die
Missdeutung beider Wissenschaften als Naturwissenschaften auch nicht
mehr erkenntniskritisch betrachtet und aufgeklärt wurde. Die erkenntniskritische Reflexion der Psychoanalyse reduzierte sich praktisch auf
Sartre und Merleau-Ponty (Sandkühler, 1970, S. 15), im Einvernehmen
mit dem Positivismus (z. B. Schlick, 1936) sahen die Psychoanalytiker
in der Welt Naturgesetze wirksam und verstanden dementsprechend die
Psychoanalyse und den historischen Materialismus als eine Naturwissenschaft, sodass verborgen blieb, dass eine metatheoretische Vermittlung
aus folgenden Gründen zwingend ist:

➢ Dieselben Begriffe bedeuten im Historischen Materialismus und in
der Psychoanalyse Unterschiedliches und stehen in unterschiedlichen begrifflichen Zusammenhängen. »Arbeit« beispielsweise versteht der Historische Materialismus als eine Ware, die mehr Wert
produziert als sie kostet. Sie ist den Individuen entfremdet, weil sie
ihre Arbeitskraft an den Eigner der Produktionsmittel verkaufen
und dieser sich den von ihr produzierten Mehrwert aneignet.

In psychoanalytischer Hinsicht hingegen ist Arbeit ein Terrain,
auf dem sich innerpsychische Konflikte darstellen können.

➢ Die Untersuchungsverfahren des Historischen Materialismus und
der Psychoanalyse fokussieren nicht auf die Entdeckung von Gesetzen. Im Gegenteil, ihre Interessen gelten der Auflösung ihrer Wirksamkeit.

---

60 Bernfeld (1926, S. 102) merkt an, dass »Freud selbst wenig Reflexionen über seine eigene
Denkweise und die Methode der Psychoanalyse« angestellt habe, sodass man durchaus
den Eindruck gewinnen kann, dass Freud dem Positivismus in Unkenntnis dessen verhaftet war, was Positivismus meint.

➢   Die Objekte beider Theorien liegen dialektisch ineinander.

➢   Das eine Objekt ist jeweils notwendige und hinreichende Bedingung für die Existenz des anderen. Ohne Gesellschaft gibt es keine Menschen, und ohne Menschen keine Gesellschaft.[61]

---

61 Nach den Regeln der formalen Logik ist A eine notwendige Bedingung für B, wenn B hinreichende Bedingung für das Vorliegen von A ist, und A ist hinreichende Bedingung für B, wenn B eine notwendige Bedingung für das Vorliegen von A ist. Im Falle der Naturwissenschaften ist die von einer Wissenschaft festgestellte Eigenschaft eines Untersuchungsobjekts nicht zugleich notwendige und hinreichende Bedingung einer seiner anderen Eigenschaften, mit der sich eine andere Wissenschaft beschäftigt. Die physikalische Eigenschaft eines Steins, sein Gewicht bspw., ist zwar eine notwendige, aber nicht eine hinreichende Bedingung für das Vorliegen seiner chemischen Eigenschaft, bspw. des Quarzes, und Quarz ist eine zwar hinreichende, aber nicht eine notwendige Bedingung für das Vorliegen seiner physikalischen Eigenschaft des Gewichts. Das Gewicht des Steins könnte ebenso gut durch Calcit oder Dolomit zustande kommen.

IX Individuum und Gesellschaft: Grundlinien der theoretischen Reproduktion ihrer Totalität

> »Produktion, Distribution, Austausch, Konsumtion [...] sind alle Glieder einer Totalität [...]. Unterschiede innerhalb einer Einheit. [...] Eine bestimmte Produktion bestimmt [...] bestimmte Konsumtion, Distribution, Austausch, *die bestimmten Verhältnisse dieser verschiednen Momente zueinander.* Allerdings wird auch die Produktion, *in ihrer einseitigen Form,* ihrerseits bestimmt durch die andren Momente. [...] Es findet Wechselwirkung zwischen den verschiednen Momenten statt. Dies der Fall bei jedem organischen Ganzen.«
>
> *Karl Marx, 1857*

Wir haben die Argumente entkräftet, die eine Vermittlung infrage stellen, und die Bausteine zusammengetragen, die wir für eine metatheoretische Vermittlung von Historischem Materialismus und der Psychoanalyse Freuds benötigen.

Wie eingangs schon erwähnt, ist bei der theoretischen Reproduktion des Verhältnisses von Individuum und Gesellschaft zu beachten, dass es sich bei einer solch gedanklichen Reproduktion um die Reproduktion einer Totalität handelt. Auch haben wir bereits ansatzweise angemerkt, dass wir im Einvernehmen mit dem angeführten Marx-Zitat unter »Totalität« ein Ganzes verstehen, das sich in Elemente gliedert. Diese Elemente sind keine selbstständigen, nur additiv zusammengebundene Entitäten. Sie setzen sich wechselseitig voraus, wobei ein Element die anderen Elemente wesentlich bestimmt, die selbst wieder auf das sie bestimmende Element einwirken. Wie die Totalität von Produktion, Konsumtion, Distribution und Austausch eine »Einheit« (Marx, 1857, S. 630) darstellt, weil ihre Elemente sich wechselseitig voraussetzen, und die vollständig ist, weil sie in Gänze von ihrer inneren Struktur, dem inneren Zusammenhang ihrer Elemente bestimmt wird, ist auch die Gesellschaft eine solche Totalität. Adorno (1956a, S. 22) formuliert sie so:

> »Gesellschaft im prägnanten Sinn meint [...] eine Art Gefüge zwischen Menschen, in dem alles und alle von allen abhängen: in dem das Ganze sich erhält

nur durch die Einheit der von sämtlichen Mitgliedern erfüllten Funktionen und in dem jedem Einzelnen grundsätzlich eine solche Funktion zufällt, während zugleich jeder Einzelne durch seine Zugehörigkeit zu dem totalen Gefüge in weitem Maße bestimmt wird.«

Als Totalität referiert Gesellschaft nicht auf die Gesamtheit der in ihr vorhandenen Individuen, nicht auf von einem Staat überwölbten Familien und Einrichtungen wie Kindergärten, Schulen, Universitäten, religiösen Gemeinden, Betrieben etc. Totalität bezieht sich auf die Einheit von gesellschaftlichen Verhältnissen *und* den Individuen, die in diesen Verhältnissen leben. Das Leben der Individuen ist gesellschaftlich vermittelt, und ohne diese Vermittlung würden weder die Individuen noch das sie Vermittelnde existieren können. Weil sich die Elemente dieser Einheit wechselseitig voraussetzen, ein Element – die gesellschaftlichen Verhältnisse – das andere – die Individuen – wesentlich bestimmt und die Individuen zugleich auf die sie bestimmenden gesellschaftlichen Verhältnisse zurückwirken, ist diese Einheit mehr als ein Ganzes. Sie ist mehr als ein Ganzes, weil diese Einheit gänzlich von dem inneren Zusammenhang ihrer Elemente bestimmt wird. Deshalb erfüllt sie auch das Kriterium der Vollständigkeit.

In der Reproduktion dieser Totalität sind Individuum und Gesellschaft zu vermitteln. Vermitteln heißt nicht, die Entfremdung von Individuum und Gesellschaft, die das Subjekt für die Psychoanalyse erst sichtbar werden ließ, auf theoretischer Ebene einzuebnen und, wie im psychoanalytischen Revisionismus verschiedener Schulen üblich, die Bedeutung der Abwehr oder des Unbewussten zu schmälern, Gesellschaft auf zwischenmenschliche Beziehungen und Soziologie auf Psychologie zu reduzieren. Ebenso wenig meint Vermittlung, Psychoanalyse auf Soziologie zu verflachen und das entfremdete Subjekt in den gesellschaftlichen Verhältnissen aufzulösen. Unter Bewahrung der Eigenständigkeit der einen wie der anderen Seite ist vielmehr aufzuklären, wie die gesellschaftliche Entfremdung ins Innere der Menschen gelangt und welche Konsequenzen sich aus ihrer inneren, gesellschaftlich hergestellten Entfremdung für die gesellschaftliche Entfremdung ergeben. Beginnen wir mit dem Ersteren.

Die Vergesellschaftung des Individuums

Mit der Ersetzung des biologisch verfassten Triebbegriffs durch das Konzept des personalen dynamischen Unbewussten eröffnet sich eine neuartige

Perspektive für die Vermittlung der Einsichten des Historischen Materialismus und der Psychoanalyse bei der Herstellung des vergesellschafteten Individuums. Indem wir mit Laplanche die Forderung Fromms (1958, S. 34) einlösen, ein Konzept zu revidieren, das »im Geiste des physiologischen Materialismus des neunzehnten Jahrhunderts aufgestellt« worden war, ist die entscheidende Barriere beseitigt, an der die bisherigen Vermittlungsversuche von Historischem Materialismus und Psychoanalyse scheiterten. Sie misslangen, weil nicht gesehen wurde, dass sich in Freuds Trieblehre das in einer kapitalistischen Gesellschaft verdinglichte Subjekt zur Darstellung bringt. Man war der im Triebbegriff erscheinenden Wirklichkeit aufgesessen, hatte das Subjekt lediglich als ein Natur*objekt* begriffen, welches Naturgesetzen unterliegt, und damit als das verkannt, zu dem es in der bestehenden Gesellschaftsform geworden war: ein Objekt, welches bewusstlos der Herrschaft ihm entfremdeter Verhältnisse unterliegt.

Die Dechiffrierung des Triebbegriffs als mystifizierte Darstellung des elterlichen Unbewussten im Kind ergibt für die Vermittlung beider, dass die von Freud vertretene Triebbestimmtheit des menschlichen Verhaltens dessen soziale Bestimmtheit in naturhafter Form zum Ausdruck bringt. In Wirklichkeit ist die Triebnatur des Menschen eine individuierte Erscheinungsform seiner sozialen, zweiten Natur.

Mit der Ersetzung des Triebs durch das fremdbestimmte Unbewusste sind die notwendigen Elemente beisammen, die wir für eine metatheoretische Vermittlung von Historischem Materialismus und Psychoanalyse benötigen, in welcher die 6. Feuerbach-These so radikal genommen werden kann, wie sie gemeint ist, und die subjektiven Strukturen der Menschen als individuierte Erscheinungsformen ihres gesellschaftlichen Wesens begriffen werden können.

Wir haben bereits ausgeführt, dass in einer gemeinsamen Metatheorie des Historischen Materialismus und der Psychoanalyse die Eigenschaften ihrer Kategorien, deren Beziehungen sowie die Beziehung dargestellt werden, in der die objekttheoretischen Beziehungen stehen. Objekttheoretische Kategorien und Beziehungen verweisen auf außersprachliche, reale vorhandene Gebilde. Diese Gebilde liegen auf der sog. »Null-Stufe«, sodass eine Metatheorie beider, wenn sie, Stinchcombe (1987) folgend, die kausale Struktur dieser Beziehungen der Kategorien und die Beziehung zwischen ihnen bspw. als *unspezifische Bedingungen, spezifische Bedingungen erster und zweiter Ordnung, notwendige* und *hinreichende Bedingungen, Begleitbedingungen* (Hörz, 1970) qualifiziert, nicht objekttheoretische Begriffe, sondern mittels dieser Begriffe und Beziehungen reale Sachverhalte abbildet.

Nimmt man aus dieser Perspektive die Entfremdung in den Blick, ist festzuhalten, dass sich ihre Kategorie – wie alle Kategorien des Historischen Materialismus – auf einen gesellschaftlichen Sachverhalt bezieht und die Beziehung des Menschen zu den gesellschaftlichen Verhältnissen charakterisiert. In der Kategorie »Entfremdung« ist die gesellschaftlich hergestellte Entfremdung gefasst, die Entfremdung vom Produkt der eigenen Tätigkeit und von anderen Menschen, und sie steht u. a. in Beziehung zu folgenden Kategorien:

➤ »konkrete Arbeit« – Arbeit, die den Gebrauchswert einer Ware herstellt
➤ »abstrakte Arbeit« – Arbeit, die den Tauschwert einer Ware herstellt
➤ »Arbeitskraft« – Arbeit, die bei der Herstellung des Gebrauchs- und Tauschwert einer Ware vorausgabt wird
➤ »Mehrarbeit« bzw. »Mehrwert« – Arbeit, die mehr Wert produziert als es für die Produktion und Reproduktion der eignen Arbeitskraft erforderlich ist
➤ »Reproduktionskosten« – Kosten, die für den Erhalt der Arbeitskraft anfallen
➤ »Kapitalist« – Eigner der Produktionsmittel und der Arbeitskraft des Lohnabhängigen
➤ »Aneignung« – Aneignung des Mehrwerts

Ihre Beziehung zur »Arbeitskraft« vermittelt sich in der historisch-materialistischen Objekttheorie über die Kategorien »konkrete Arbeit« bzw. »abstrakte Arbeit«, »Reproduktionskosten«, »Mehrarbeit«, »Kapitalist« und »Aneignung«.

Bedingungsanalytisch ist Entfremdung in folgende Abfolge eingeordnet: »konkrete Arbeit« → »abstrakte Arbeit« → »Mehrarbeit« → »Mehrwert« → »Aneignung« → »Kapitalist« → »Entfremdung«. Metatheoretisch betrachtet erweist sich in dieser Beziehung die »konkrete Arbeit« als notwendige Bedingung der »abstrakten Arbeit«, diese als notwendige Bedingung der »Mehrarbeit«, die »Mehrarbeit« als notwendige Bedingung des »Mehrwerts«, der »Mehrwert« als notwendige Bedingung seiner »Aneignung« durch den »Kapitalisten« und die »Aneignung« als notwendige Bedingung der »Entfremdung« des Arbeiters.

Folgt man der 6. Feuerbach-These, befindet sich das menschliche Wesen nicht im Menschen, sondern ihm außermittig in den gesellschaftlichen Verhältnissen. Es erscheint in Menschen in derselben Weise, in welcher in der Totalität von Produktion, Konsumtion, Distribution und Austausch das für die Konsumtion, Distribution und Austausch wesentliche Element – die Produktion – in ihnen erscheint. Das wesentliche Element gewinnt dort Erscheinungsformen, die in anderen Kategorien gefasst werden. Arbeit, die sich in der Produktion in abstrakte und konkrete Arbeit gliedert, die für die Konsumtion, Distribution und den Austausch wesentlich sind, präsentiert sich im Zusammenhang von Konsumtion, Distribution und Austausch als »Ware«, die abstrakte Arbeit als »Tauschwert« und die konkrete Arbeit als »Gebrauchswert«.

Dies trifft auch auf die in den Kategorien des Historischen Materialismus gefassten gesellschaftlichen Verhältnisse zu, die für das Individuum wesentlich sind und die Marx und Engels als entfremdet beschreiben. Auch sie erscheinen im Individuum in einer anderen Form. Wie die Erscheinungsformen der abstrakten und konkreten Arbeit werden auch sie in anderen Begriffen gefasst als jene, die ihre wesentliche Bestimmung artikulieren. In diesem Fall referieren die Begriffe, in denen die Erscheinung dargestellt wird, auf das seelische Innenleben, und unterscheiden sich deshalb von denen des Historischen Materialismus. Andernorts haben wir (Zepf & Seel, 2020) dargestellt, dass sich *noch-nicht-bewusste* gesellschaftliche Phänomene, die von Marx und Engels ermittelt wurden, jedoch noch keinen Eingang ins Alltagsbewusstsein der Individuen gefunden haben, in die Individuen eintragen und dass die Art und Weise, in der sie in den Individuen vorliegen, in Freuds psychoanalytischen Kategorien begriffen werden.

Das gesellschaftlich Entfremdete existiert im Individuum als personales dynamisches Unbewusstes, und der Prozess der Entfremdung existiert in den Abwehrmechanismen. In der gesellschaftlichen Entfremdung wird das Leben des Einzelnen sich selbst äußerlich und er wird von etwas entfremdet, das in Wirklichkeit Teil seiner eigenen Person, aber seiner bewussten Kontrolle entzogen ist und dieser Teil erscheint ihm als etwas Fremdes. Ebenso ist auch das personale dynamische Unbewusste dem Leben des Individuums äußerlich, ihm fremd geworden, entzieht sich seiner bewussten Kontrolle und bleibt doch ein Teil seiner Person.

Zu beachten ist, dass die gesellschaftlichen Verhältnisse nicht unmittelbar ihre individuierten psychischen Erscheinungsformen in den Subjekten produzieren. Vielmehr wird deren Produktion über die Erwachsenen vermittelt, von denen die kindliche Primärsozialisation durchgeführt wird. Zwischen subjektiven Bildungsprozessen und den gesellschaftlichen Verhältnissen schiebt sich die Dialektik von primärer und sekundärer Sozialisation: Die gesellschaftliche Herstellung bestimmter subjektiver Strukturen im Kind wird von Erwachsenen besorgt, die ihre Primärsozialisationen bereits durchlaufen haben und am gesellschaftlichen Produktionsprozess teilnehmen, der in einer bestimmten Weise organisiert ist. Insofern ist auch in unseren Überlegungen »die Familie [...] die psychologische Agentur der Gesellschaft« (Fromm, 1932, S. 42; Kurs. aufgehoben), in der die Grundlegung gesellschaftlich erwünschter psychischer Strukturen besorgt wird.

Bei dieser Grundlegung werden die infantilen Wünsche auf dem Wege, den wir mit Laplanche beschrieben haben, als *Ersatzbildungen der unbewussten Wünsche der Eltern* in folgendem Vorgang hergestellt: elterliche »Projektionen« → »Unlust« (des Kindes) → »Identifikation« → »Verschiebung« → »Ersatzbildung« → »Verdrängung« → »unbewusst«. Metatheoretisch betrachtet sind die elterlichen »Projektionen« notwendige und hinreichende Bedingungen der »Unlust« des Kindes, »Unlust« stellt die notwendige Bedingung der »Identifikation« mit den elterlichen »Projektionen« dar, diese »Identifikation« wiederum ist notwendige Bedingung der »Verschiebung«, »Verschiebung« bleibt notwendige Bedingung der »Ersatzbildung«, »Ersatzbildung« notwendige Bedingung der »Verdrängung« und »Verdrängung« notwendige Bedingung des »Unbewussten«.

Psychoanalytisch gesehen vermittelt sich die Bildung neurotischer Strukturen im Kind über die Projektion des elterlichen personalen, dynamischen Unbewussten in das Kind, die mit der Notwendigkeit von Ersatzbildungen einhergeht. In historisch-materialistischer Sicht erweisen sich die unbewussten elterlichen Projektionen als eine Darstellungsform der Entfremdung, in der die Eltern ihre, ihnen *noch-nicht-bewusste* gesellschaftliche Entfremdung wiederholen, sich von ihrem eigenen personalen dynamischen Unbewussten noch weiter entfremden, indem sie es in ihr Kind verlagern, und mit der Veräußerlichung ihres Unbewussten zugleich dessen innere Selbstentfremdung herstellen. Diese innere Selbstentfremdung wiederum bleibt dem Kind verborgen. Indem es sich mit den Projektionen seiner Eltern identifiziert und Ersatzbildungen herstellt, die der Bedürfnislage seiner Eltern korrespondieren, erlebt es sich selbst nicht als Agent seiner Eltern, sondern als Autor seiner Wünsche, und verkennt den Drang, den die unbewussten elterlichen Botschaften im Wiederholungszwang in ihm ausüben, als eigenen Antrieb.

Bedingungsanalytisch betrachtet kann die Kategorie »Projektion« über die Kategorie »Entfremdung«, die in ihr erscheint, zum theoretischen System des Historischen Materialismus in Beziehung gesetzt und aus dieser Perspektive untersucht werden, und umgekehrt lässt sich »Entfremdung« mittels der Kategorien »Projektion« mit dem psychoanalytischen theoretischen System in Beziehung setzen und aus dieser Perspektive untersuchen. Marx (Engels, 1884, S. 61) hatte geschrieben:

> »Die moderne Familie enthält in *Miniatur* alle die Gegensätze in sich, die sich später breit entwickeln in der Gesellschaft und in ihrem Staat«,

sodass sich mit der Bildung neurotischer Strukturen die Entfremdung, die aus Sicht des Historischen Materialismus letztendlich im Widerspruch zwischen gesellschaftlicher Produktion und privater Aneignung des erwirtschafteten Mehrwerts gründet, ins Individuum transportiert. Dort erscheint der gesellschaftliche Widerspruch nicht als Widerspruch zur ahistorischen Triebnatur des Individuums, sondern als Widerspruch *in* seiner sozialen Natur, als Widerspruch *in* der Erscheinungsform seines gesellschaftlichen Wesens, als Widerspruch zwischen seinem bewussten Leben und seinen unbewussten Intentionen, der sich in Gestalt der Entfremdung beider voneinander präsentiert.

Buchstabieren wir den Zusammenhang von Gesellschaft und neurotischer Strukturbildung nochmals sequenziell aus: »Konkrete Arbeit« → abstrakte Arbeit« → »Mehrarbeit« → »Mehrwert« → »Aneignung« → »Kapitalist« → »Entfremdung« auf der gesellschaftlichen Seite und »Verschiebung« → »Ersatzbildung« → »Verdrängung« → »unbewusst« auf der elterlichen Seite. Dies führt aufgrund der elterlichen »Projektionen« im Kind zur Sequenz »Unlust« → »Identifikation« → »Verschiebung« → »Ersatzbildung« → »Verdrängung« → »unbewusst«. Indem dieser Ablauf zeigt, »wie der Antagonismus der gegenwärtigen kapitalistischen Produktionsweise als Widersprüchlichkeit individueller Struktur, als strukturelle Beschädigung in Erscheinung tritt« (Lorenzer, 1974, S. 218), kann die neurotische Struktur »als Produkt menschlicher Praxis auf gegenwärtigem gesellschaftlichem Stand, gegenwärtiger Produktionsweise begriffen werden« (ebd.).

Auf abstrakter Ebene haben wir damit nachgewiesen, dass Neurosen wirklich eine »gesellschaftliche Krankheit« sind (Ferenczi, 1908, S. 22), die »nicht ohne eine Veränderung dieses gesellschaftlichen Zusammenhangs geändert werden« kann (Fenichel, 1945b, S. 195). Wie wir bei der Erörterung des gesellschaftlich Unbewussten aus psychoanalytischer Sicht dargestellt haben (Zepf & Seel, 2020), wird die konkrete Form, in der sich mit der Entfremdung der gesellschaftliche Widerspruch in die Individuen einträgt, von den sog. Begleitbedingungen, den konkreten Inhalten des Unbewussten ihrer Eltern bestimmt. Hingegen bildet sich die allgemeine gesellschaftliche Verursachung der unbewussten Konflikte in den Individuen in den überindividuellen Konflikt*strukturen* ab, und führt in diesem Sinn zu einer Herrschaft des Allgemeinen über das Besondere.[62]

Bis anhin dürfte klar geworden sein, dass es einer Metatheorie bedarf, um Elemente eines nicht-naturwissenschaftlichen theoretischen Systems mit dem anderen nicht-naturwissenschaftlichen theoretischen System in Beziehung zu setzen. In unserem Beispiel lässt sich »unbewusst« mittels der Kategorien »Verdrängung«, »Ersatzbildung« über »Verschiebung« mit der »Entfremdung« zum theoretischen System des Historischen Materialismus in Beziehung setzten, und umgekehrt kann »Mehrarbeit« mittels der Kategorien »Mehrwert«, »Aneignung«, »Kapitalist« mit der Kategorie »Entfremdung« über die Kategorie »Verschiebung« mit dem psychoanalytischen theoretischen System in Beziehung gesetzt werden.

Natürlich stehen »Entfremdung« im Historischen Materialismus und »Verschiebung« in der Psychoanalyse noch in weiteren Beziehungen, die Entfremdung bspw. zu den Kategorien wie »Ware«, »Gebrauchswert«, »Tauschwert«, »Profit«, »Kapital«, und »Verschiebung« in der Psychoanalyse zu Kategorien wie »Ich-Funktionen«, »Über-Ich« und weiteren Abwehrmechanismen. Für eine konkrete metatheoretische Vermittlung wären diese Beziehungen zu detaillieren und in der Metatheorie entsprechend differenziert ebenso abzubilden wie die Beziehung zwischen den kategorialen Beziehungen in den beiden Theoriesystemen. Wir brauchen aber diese Beziehungen und ihre metatheoretische Differenzierung nicht im Einzelnen zu buchstabieren, um das Prinzip zu verdeutlichen: die Metatheorie informiert über die innere Struktur beider Systeme, gibt Auskunft *wie* die Elemente eines theoretischen Systems, *wie* das, was die Kategorien

---

62 Die Grundlegung psychischer Strukturen ist kein Alleinstellungsmerkmal mehr der Familie. Inzwischen hat sich mit den Kindertagesstätten (s. dazu Zepf & Seel, 2017) eine weitere Agentur etabliert, über die sich die Gesellschaft in die Individuen hinein vermittelt. Für diese Kindertagesstätten gilt entsprechend, was wir für die familiäre Sozialisation dargestellt haben.

einer Wissenschaft bezeichnen, miteinander und mit dem zusammen-hängt, das die Kategorien der anderen Wissenschaft abbilden. Erkennbar wird, dass mithilfe einer solchen Metatheorie die Voraussetzung geschaffen wird, die Konsequenzen zu erfassen, die sich aus Erkenntnissen des Historischen Materialismus für das psychoanalytische Begreifen des Subjekts ergeben.

Das vergesellschafte Individuum und die gesellschaftlichen Verhältnisse

In einer Analyse der Primärsozialisation interessiert die Sekundärsozialisation in unserem Zusammenhang als Instanz, über die sich die gesellschaftliche Grundlegung neurotischer Strukturen vermittelt. In der Analyse des Gesellschaftsprozesses rückt sie unter der Frage in den Blick, wie innerhalb der Totalität von gesellschaftlichen Verhältnissen und Individuen die von gesellschaftlichen Verhältnissen in den Individuen hergestellten neurotischen Strukturen auf diese Verhältnisse Einfluss nehmen. In unserem Kontext und in Sonderheit heißt dies: Wie die innerliche Entfremdung, die Auftrennung des Seelenlebens in bewusst und unbewusst, auf die gesellschaftlichen Verhältnisse einwirkt, in denen die Entfremdung der Individuen gründet.

Wenn sich die Menschen des »Konflikt[s] zwischen gesellschaftlichen Produktivkräften und Produktionsverhältnissen« in »ideologischen Formen [...] bewusst werden und ihn ausfechten« (Marx, 1859, S. 9), scheint es zunächst, als könnten Neurosen die Bereitschaft der Menschen erhöhen, ihren gesellschaftlichen Grundkonflikt in den ideologischen Bewusstseinsformen auszutragen. Überfliegt man dieses Marx-Zitat lediglich, könnte man mit Baran (1960) argumentieren, dass Neurosen, die aus der inneren Entfremdung erwachsen, irrationale Antworten auf irrationale gesellschaftliche Verhältnisse darstellen, in denen die Individuen leben, dem Grunde nach lebende Symptome einer Gesellschaft sind, die sie objektiv infrage stellen, indem sie ihr die ihr eigene Pathologie indizieren.

Anderorts haben wir darauf hingewiesen, dass das entfremdete personale dynamische Unbewusste dem gesellschaftlichen Zusammenleben ein virtuelles Störmoment ist (Zepf & Seel, 2020), weil sich Menschen im Verbund ihrer inneren und äußeren Entfremdung in der Gesellschaft nur mehr partiell wiedererkennen können. Auch wurde bislang erkennbar, dass unsere kapitalistische Gesellschaft Menschen auf Produzenten und Konsumenten von Waren reduziert. Ihr gesellschaftlicher Status ist der von Warenproduzenten, die Mehrwert produzieren bzw. von Warenkonsumenten, die den von ihnen produzierten Mehrwert realisierten, sowie der von Werbeträgern der Waren, die sie besitzen und die sich nur noch auf Marktplätzen begegnen, in die sich unsere Welt verwandelt hat. Dem steht ein personales Unbewusstes gegenüber, in dem sich emotionale Beziehungen niedergeschlagen haben, sodass es in der Tat den Anschein hat, als könnte der Widerspruch erfahren werden, in dem es sich zu den damit einhergehenden emotionslosen und bloß instrumentellen gesellschaftlichen Beziehungen befindet. »Die wechselseitige und allseitige Abhängigkeit der gegeneinander gleichgültigen Individuen bildet ihren gesellschaftlichen Zusammenhang«, stellt Marx (1857/58, S. 90) für den Kapitalismus fest, und Lukàcs (1923, S. 200f.) zieht die Konsequenz für die Beziehungen der Menschen untereinander:

> »Der Akt des Tausches in seiner formellen Allgemeinheit [...] hebt ebenfalls den Gebrauchswert als Gebrauchswert auf, schafft ebenfalls jene Beziehung der abstrakten Gleichheit zwischen konkret ungleichen [...] Materien [...]. So ist das Subjekt des Tausches genauso abstrakt, formell und verdinglicht wie sein Objekt.«

Wort für Wort gelesen kann man jedoch feststellen, dass in diesem Marx-Zitat vor dem »ausfechten« von »bewusst werden« die Rede ist, ausfechten mithin, wenn auch in ideologischen Formen, ein Bewusstsein des Konflikts voraussetzt. Damit wird deutlich, dass sich Barans Überlegungen zwar auf ein widerständiges, aber noch bewusstloses Potenzial beziehen. Damit dieses widerständige Potenzial auch subjektiv wirksam werden kann, müsste die »Entfremdung des Bewusstseins zum Bewusstsein der Entfremdung« (Tomberg, 1969, S. 171) werden, müsste das entfremdete personale dynamische Unbewusste den Individuen bewusstwerden und als gesellschaftlich hergestellt begriffen werden können.

Davon kann jedoch nicht die Rede sein. Im Gegenteil, das personale dynamische Unbewusste präsentiert und verbirgt sich immer in bewusstseinskonformen Ersatzbildungen, und auch in den meisten psychoanalytischen Behandlungen wird dem Widerstand, der sich in den Neurosen wortlos artikuliert, nicht zur Sprache verholfen.[63] Will man sich also über die Rückwirkung der innerlichen Entfremdung vom Unbewussten auf die Gesellschaft aufklären, sind die Ersatzbildungen in Augenschein zu nehmen, in denen sich das personale dynamische Unbewusste darstellt. Als Leitlinie kann dabei die Rückwirkung der Elemente einer Totalität auf das Element genommen werden, von dem sie wesentlich bestimmt werden. Marx hat diese Rückwirkung in der Totalität von Produktion, Konsumtion, Distribution und Austausch beschrieben. Hier bleibt die Wirkung, die andere Elemente auf das für sie wesentliche Element ausüben können, auf die Ebene der Erscheinungen begrenzt. Die Erscheinungsform der abstrakten und konkreten Arbeit als Tausch- und Gebrauchswert, den sie in der Konsumtion, Distribution und im Austausch gewinnen, weist der Arbeit in der Produktion eine qualitative neue Erscheinungsform in dem Sinne zu, dass sie als Ware verkäuflich wird. Denkt man sich die Rückwirkung der inneren auf die äußerliche Entfremdung entsprechend, müsste die gesellschaftliche Entfremdung durch die Rückwirkung der von ihr hergestellten inneren Entfremdung ebenfalls in eine qualitative neue Erscheinungsform einmünden.

Diese neue Qualität wird erkennbar, wenn man sich vergegenwärtigt, dass das verdrängte personale dynamische Unbewusste in der Regel sowohl mit individuellen als auch überindividuellen Ersatzbildungen einhergeht. Zu den individuellen Ersatzbildungen, in die das entfremdete personale

---

63 Baran & Sweezy (1966, S. 348) geben folgende Prognose ab: »Wenn wir unsere Aufmerksamkeit auf die inneren Treibkräfte des entwickelten Monopolkapitalismus beschränken, ist der Schluss kaum zu umgehen, dass eine schlagkräftige revolutionäre Aktion nur eine dürftige Aussicht hat, das System zu stürzen. Aus diesem Blickwinkel gesehen, dürfte der wahrscheinlichere Verlauf der Entwicklung eine Fortsetzung des gegenwärtigen Verfallsprozesses sein [...]. Das logische Ergebnis wäre die Verbreitung immer heftigerer psychischer Störungen, die zu der Schwächung und schließlichen Unfähigkeit des Systems führen muss, nach seinen eigenen Bedingungen zu funktionieren.« Diese Prognose traf für die BRD zu. Daten der gesetzlichen Krankenkassen und der Rentenversicherung belegen seit Langem die Zunahme psychischer Erkrankungen. In den letzten zehn Jahren stiegen die Arbeitsunfähigkeitstage aufgrund psychischer Störungen um 37 %, die Krankenhausfallhäufigkeit von psychisch Kranken erhöhte sich von 2000 bis 2009 um 70 %, und der Anteil der Frühverrentungen liegt inzwischen bei 36 % (Bühring, 2010). Ein aktueller Bericht des *World Economic Forum* und der *Harvard School of Public Health* vom September 2011 kommt zum Ergebnis, dass die direkten und indirekten Kosten für psychische Erkrankungen weltweit von 2,5 Billionen US Dollar 2010 auf 6 Billionen 2030 steigen werden (Zylka-Menhorn, 2011).

dynamische Unbewusste eingebracht wird, gehören die aktuellen emotionslosen Beziehungen zu anderen Personen, die für ein reibungsloses Funktionieren sorgen. Da sich das personale dynamische Unbewusste aus emotionalen, personalen Beziehungen konstituiert, treten in Gestalt von Ersatzbildungen in den aktuellen Beziehungen zu anderen Personen auch die Emotionen auf – direkt oder in abgewehrter Form –, die in den vergangenen Beziehungen vorhanden waren. Die Einschreibung ihrer unbewussten personalen Inhalte in das Bewusstsein ihrer Beziehungen ermöglicht den Individuen, ihr Leben in entmenschlichten gesellschaftlichen Verhältnissen als ein humanes Leben misszuverstehen. D. h., Empathie, Ehrlichkeit, Authentizität, partnerschaftliche Treue werden nicht neben dem vorherrschenden Egoismus, dem Austricksen von Konkurrenten, der Karriereorientierung, dem »*impression management*« (Goffman, 1956, S. 132) und dem öffentlichen Sexismus erlebt, wie Ottomeyer (2016) annimmt. So sie unbewusst gewordenen Beziehungen entstammen werden sie vielmehr in deren Gestalt erfahren – Egoismus, Karriereorientierung und »*impression management*« *etwa als Ausdruck von* Authentizität und Ehrlichkeit *(bspw. im Selbstbekenntnis »Ich bin, was ich bin«) und Empathie im Austricksen der Konkurrenten. Hier wird sie als Mittel eingesetzt, um zu erfahren, was die Konkurrenten insgeheim beabsichtigen, und partnerschaftliche Treue wird im Rahmen einer allgemeinen Untreue als zeitlich begrenztes Phänomen genommen.*

In dem Maße, in dem Menschen sich in all ihren Lebensbereichen als lebende Tauschwerte begegnen, wird dieses Missverständnis, das den instrumentalisierten Beziehungen noch einen humanisierenden Anstrich verleiht, umso nötiger. Denn mit der Generalisierung der Selbstverwertung des Kapitals wächst die Gefahr, dass die Verdinglichung des Menschen sich mehr und mehr zu erkennen gibt und Widerstand gegen das entmenschlichende Ganze hervorrufen könnte. Aus diesem Grund wurde es immer dringender, das Bewusstsein der emotionslosen zwischenmenschlichen Beziehungen im personalen dynamischen Unbewussten zu verankern und ihnen den Anschein menschlicher Beziehungen zu vermitteln.

Bei den überindividuellen Ersatzbildungen ist die Sachlage etwas anders gelagert. Freud erläutert sie am Beispiel religiöser Vorstellungen. In diesem Fall verbinden die Individuen diese Ersatzvorstellungen mit unbewusst gewordenen, »nie ganz überwundenen Konflikte[n] der Kinderzeit«, führen sie »einer von allen angenommenen Lösung« zu (Freud, 1927b, S. 353), ersparen sich so »eine persönliche Neurose auszubilden« (ebd., S. 367) und binden sich stattdessen in eine »habituelle[.] Massenbildung[.]« ein (1921, S. 159). Durch diesen Vorgang werden die den Zusammenhalt garantierenden religiösen Überzeugungen mit der Folge irrational unterfüttert, dass sie durch keine Argumente mehr und auch nicht durch die Realität ernsthaft erschüttert werden können.

Es ist unschwer zu sehen, dass sich die Oberflächengestalten der herrschenden, *noch-nicht bewussten* ökonomischen Verhältnisse ebenso wie religiöse Vorstellungen als gesellschaftlich verbindliche Darstellungsformen individueller unbewusster personaler Inhalte der Einzelnen anbieten. Wie bei den religiösen Vorstellungen binden sich die Individuen vermittels dieser Oberflächengestalten in eine habituelle Masse Gleichgesinnter ein, und werden über die Legierung ihres personalen dynamischen Unbewussten mit dem Alltagsbewusstsein über ihre Persönlichkeitsdefekte in den Dienst des gesellschaftlich vorherrschenden Gedankenguts genommen und zugleich systemkonform borniert gehalten. Was sich in ihrem Bewusstsein noch bilden kann, sind Keloide des Denkens, welche die Individuen gegenüber dem in ihren psychischen Strukturen verborgenen Leiden ebenso abdichten, wie sie die Sicht auf gesellschaftsimmanente Widersprüche verstellen. Freuds Feststellung: »Die Neurose macht asozial«, merkt Lorenzer (1981, S. 125) an, stimmt in diesem Fall

> »in perverser Aufhebung [...]. Der Einzelne ist vereinigt mit anderen, ohne Solidarität entwickeln zu können. Der Einzelne ist zum Massenteil geworden, gebunden durch
> ➤ die Ersatzbefriedigung im kollektiven Agieren,
> ➤ den verführerisch falschen Frieden mit der Realität, die durch die Brille der Weltanschauung wahrgenommen [...] wird.«

Die Religion ist aber nicht nur ein Beispiel für die Verklammerung von gesellschaftskonformen Ersatzbildungen und dem personalen dynamischen Unbewussten der Individuen. Sie ist zugleich ein Modell für die entstellte Darstellung des gesellschaftlich *Noch-Nicht-Bewussten* in Erscheinungen, die noch weiter von der ökonomischen Kerngestalt entfernt sind als ihre ökonomischen Oberflächenphänomene. Nimmt man zu Freuds Überlegungen noch die von Marx und Engels und Fromm hinzu, haben in die religiösen Kategorien nicht nur die entfremdeten unbewussten Inhalte des personalen Seelenlebens, wie von Freud dargestellt, sondern auch die entfremdeten *noch-nicht-bewussten* gesellschaftlichen Verhältnisse Eingang gefunden.

Die Entwicklung der religiösen Vorstellungen des Christentums vom Urchristentum bis zum Nizänischen Konzil in Abhängigkeit von der gesellschaftlichen Lebenspraxis wird von Fromm (1930) ausführlich diskutiert, und noch heute präsentieren sich wesentliche Momente der gesellschaftlichen Verhältnisse, die außerhalb des gesellschaftlichen Bewusstseins bleiben, in religiösem Gewand im Bewusstsein. Im *Anti-Dühring* beschreibt Engels (1878) diesen Zusammenhang. Nachdem in den religiösen Phantasiegestalten zunächst die Mächte der Natur dargestellt waren, die den Menschen unerklärbar gegenüberstanden, repräsentieren sie später die gesellschaftlichen Mächte, die sie mit derselben scheinbaren Naturnotwendigkeit beherrschen, wie die Naturmächte sie beherrscht haben. Danach wurden die den vielen Göttern zugeschriebenen Attribute auf einen Gott übertragen, dem »Reflex des abstrakten Menschen« (ebd., S. 294). In dieser monotheistischen Gestalt konnte die Religion fortbestehen als Darstellungsform des Verhältnisses der Individuen zu den sie beherrschenden natürlichen und gesellschaftlichen Mächten, solange die Menschen unter der Herrschaft solcher Mächte stehen. In den bürgerlichen Gesellschaften werden die Menschen von den von ihnen selbst geschaffenen ökonomischen Verhältnissen, von den von ihnen selbst produzierten Produktionsmitteln wie von einer fremden Macht beherrscht: »Die tatsächliche Grundlage der religiösen Reflexaktion dauert also fort und mit ihr der religiöse Reflex selbst« (ebd., S. 295).

Weder hat sich die »Grundlage« noch ihr religiöser Reflex in den letzten hundert Jahren qualitativ verändert. Nach einer allgemeinen Definition der Religion im Oxford Dictionary (zit. n. Fromm, 1950, S. 248) ist Religion »die Anerkennung einer höheren, unsichtbaren Macht von Seiten des Menschen, die über sein Schicksal bestimmt und Anspruch auf Gehorsam, Verehrung und Anbetung hat«. Strukturell ist diese Definition identisch mit der Formulierung von Adam Smith (1937, S. 423), die das Sozialverhalten des Menschen beschreibt: Zwar sind die Tätigkeiten des Menschen, mit denen er Waren produziert und konsumiert, von privaten Interessen getragen; gleichwohl werden sie »durch eine unsichtbare Hand geleitet, einen Zweck zu verfolgen, der nicht in seiner Absicht lag«. Obwohl Marx diese unsichtbare Hand als Kapitalverwertungsprozess sichtbar machte und ihn als das wirkliche Subjekt unserer Gesellschaftsform insofern auswies, als dieses Interesse das Handeln der Individuen bestimmt, blieb diesem Selbstverwertungsprozess bis heute die Aufnahme ins Alltagsbewusstsein verwehrt. Weil im Christentum wie »in der Warenwelt die Produkte der menschlichen Hand [...] die Produkte des menschlichen Kopfes mit eignem Leben begabte, untereinander und mit den Menschen in Verhältnis stehende selbständige Gestalten« erscheinen (Marx, 1867, S. 86), ist für »eine Gesellschaft von Warenproduzenten [...] das Christentum [...] die entsprechenste Religionsform« (ebd., S. 93). In der Formulierung »der Mensch denkt und Gott [...] lenkt« findet sich »die Fremdherrschaft der kapitalistischen Produktionsweise« (Engels, 1878, S. 295) im religiösen Alltagsbewusstsein wieder.

Auch in der irrationalen Verankerung der Religion in den Individuen verbündet sich das personale dynamische Unbewusste mit den herrschenden bewussten Darstellungsformen des gesellschaftlich *Noch-Nicht-Bewussten* in einer Weise, die eine Entmystifizierung religiöser Vorstellungen als verschleiernde Darstellungsformen gesellschaftlicher Verhältnisse verhindert.

Man könnte hier einwenden, dass die Affinität der Menschen zu religiösen Vorstellungen zumindest in der westlichen Welt rückläufig ist und sie damit auch ihre Eignung verlieren, Menschen mittels gesellschaftssyntonen Ersatzbildungen ihres personalen dynamischen Unbewussten in eine »habituelle[.] Massenbildung[.]« (Freud, 1921, S. 159) einzugliedern. Es trifft zu, dass die Anzahl religiös gläubiger Menschen abgenommen hat. Das heißt aber nicht, dass damit auch das personale dynamische Unbewusste aus seiner affirmativen Funktion entlassen wurde. Denn der religiöse Fetisch, an den das personale dynamische Unbewusste affirmativ attachiert war, wurde inzwischen durch andere Fetische ersetzt.

An seine Stelle trat die Welt der Waren. Mit der Verschiebung der Mehrwertproduktion vom absoluten auf den relativen Mehrwert, der sich aus einer Verkürzung der für die Reproduktion der Arbeitskraft notwendigen Arbeitszeit generiert und durch die Steigerung der Arbeitsproduktivität möglich wurde, eröffnete sich ein »Spielraum für eine menschlich-kulturelle Existenz« (Lukàcs, 1966, S. 270). Diese Verbesserung ihrer Lebensumstände entließ die Menschen jedoch nicht in die Freiheit eines selbstbestimmten Lebens, sondern brachte sie als wesentliche Kaufkraft auf den Markt und entließ sie in die Freiheit eines durchkapitalisierten Konsums. Damit wurden die lohnabhängig Arbeitenden aber nicht nur, wie Lukács (ebd., S. 268) meint, in derselben Weise vom Konsum beherrscht »wie in einer aufgedrungen diktatorischen Weise bei einem Zwölf-Stunden-Arbeitstag die Arbeit das Leben beherrscht hatte«. Dadurch, dass das personale dynamische Unbewusste der Lohnabhängigen in die von der

Werbe- und Bewusstseinsindustrie besorgten szenischen Darstellungen eingebunden wird, dient das Konsumverhalten vor allem der Stabilisierung des Systems.

Auf dem Markt erfolgt diese Bindung des personalen dynamischen Unbewussten an diesen Fetisch in folgender Weise. Es ist unstrittig, dass eine Ware, um gekauft zu werden, für den Käufer einen Gebrauchswert besitzen muss und dass sich heutzutage die instrumentellen Gebrauchswerte der Waren derselben Güteklasse nicht wesentlich unterscheiden. Der instrumentelle Gebrauchswert eines Pick-ups von Toyota, eines SUV von Mercedes oder BMW, eines Anzuges von Boss, Pierre Cardin, oder von Unterhosen von Calvin Klein unterscheidet sich jedenfalls nur unwesentlich – wenn überhaupt – von dem anderer Pick-ups, SUVs, Anzügen oder Unterhosen derselben Güte- oder Preisklasse, sodass die Entscheidung für eine bestimmte Ware noch mit etwas anderem zu tun zu haben muss. Um gekauft zu werden, müssen sich Waren augenscheinlich nicht nur instrumentell, sondern in irgendeiner Weise auch psychisch gebrauchen lassen.

Dafür spricht, dass in der Werbung der instrumentelle Gebrauchswert einer Ware fast gänzlich gleichgültig geworden ist. Wurde früher der Gebrauchswert der Produkte noch in den Mittelpunkt der Präsentation gestellt – Haltbarkeit, Zweckmäßigkeit, technische Perfektion –, so richten sich in den letzten Jahren die Appelle an das Innenleben der Verbraucher und betonen inzwischen immer stärker den Erlebniswert des Angebotenen. Produkte werden nicht mehr als Mittel für einen bestimmten – materiellen – Zweck offeriert, sondern sie sollen zufrieden stellen, unabhängig von ihrer Verwendbarkeit für irgendetwas. Gelegentlich wird heute in der Werbung selbst der instrumentelle Gebrauchswert einer Ware für das Innenleben funktionalisiert. Beispielsweise sind die als extrem geländegängig angepriesenen Offroader von Toyota oder Mitsubishi sicherlich zweckmäßig, nur besitzt Geländegängigkeit in unserem asphaltierten und betonierten Ambiente kaum einen Gebrauchswert. Das konkrete instrumentelle Vermögen wird zu einer abstrakten Eigenschaft, die in den Werbespots in Szenen eingebunden ist, die »männliche Freiheit« oder »Grenzenlosigkeit« dort suggerieren, wo sie nicht mehr vorhanden sind.

Wenn nicht ein Konkurrenzprodukt, sondern die beworbene Ware gekauft werden soll, ist es bei weitgehend identischen instrumentellen Gebrauchswerten erforderlich, dass die Werbung für ein bestimmtes Produkt mit der seelischen Bedürfnislage der potenziellen Käufer korrespondiert. In irgendeiner Weise muss die Werbung einen psychischen Gebrauchswert suggerieren, d. h. anknüpfen an Wünsche und Sehnsüchte, die offen geblieben sind, und die Illusion erwecken, dass sie sich durch den Kauf der Ware befriedigen lassen.

Dass die psychischen Gebrauchswerte von Waren aus Illusionen bestehen, zeigt die Marlboro-Werbung. Niemand wird Marlboro Zigaretten kaufen, weil er überzeugt ist, dass er damit wirklich zu dem Lonely Rider wird, der alle Abenteuer problemlos übersteht, selbstlos anderen hilft und danach wortlos in der untergehenden Sonne am Horizont wieder in einer Freiheit verschwindet, wie es der »Marlboro man« suggeriert. Er wird auch keinen Offroader oder BMW erstehen, weil er glaubt, dass er damit »Freiheit« erwirbt oder erreicht, oder dass ihm attraktive Frauen ihre Unterwäsche ins geöffnete Cabriolet werfen. Das in der Werbung Versprochene stellt nicht die wirkliche, sondern eine symbolische Erfüllung jener Wünsche und Sehnsüchte dar, die in der Vergangenheit unbewusst wurden, und bindet sie in die Vorstellungen ein, mit denen die Ware beworben wird. Wie bei der Verklammerung des personalen dynamischen Unbewussten mit religiösen Vorstellungen bedeutet es auch in diesem Fall

> »eine großartige Erleichterung für die Einzelpsyche, wenn die nie ganz überwundenen Konflikte der Kinderzeit [...] ihr abgenommen und einer von allen angenommenen Lösung zugeführt werden« (Freud, 1927b, S. 352f.).

Im Gegensatz zu Arbeitern, die in den Industriebetrieben sich zunächst zur Durchsetzung ihrer ökonomischen und später ihrer politischen Interessen aktiv zusammenschließen können, assoziieren sich Menschen in Bildung einer habituellen Masse nicht zur Durchsetzung ihrer Interessen. Vielmehr assoziieren sie sich mittels der Einbindung ihres Unbewussten in Schablonen, die von der Religion oder der Werbung- und Bewusstseinsindustrie vorfabriziert werden, hauchen diesen vorgefertigten Plastikfiguren ihr Leben ein – im Dienst etwas ihnen Fremden, im Dienste der »Selbstverwertung« des Kapitals (Marx, 1867, S. 169).

Diese Legierung des personalen dynamischen Unbewussten mit dem Warenfetisch dient nicht nur der Stabilisierung der Verhältnisse. Sie ist auch ganz unmittelbar der Selbstverwertung des Kapitals förderlich. Denn mit dem Kauf einer Ware entlarvt sich das in der Werbung Versprochene als Illusion. Aus dieser Desillusionierung resultiert jedoch kein Konsumverzicht. Im Gegenteil, sie ist Anlass, mit einer anderen, in ähnlicher Weise beworbenen Ware erneut zu versuchen, die ungestillt gebliebenen und nicht zu befriedigenden, unbewussten Sehnsüchte sich zu erfüllen. Aber auch dieser Versuch scheitert, sodass sich eine nicht abschließbare Abfolge von Versuch und Desillusionierung einrichtet, die letztendlich in einem perennierenden, der Mehrwertrealisierung äußerst dienlichen Warenkonsum endet.

Wie der religiöse Fetisch bietet sich auch die im Warenfetischismus sich darstellende dingliche Oberflächengestalt der herrschenden, *noch-nicht bewussten* ökonomisch-gesellschaftlichen Verhältnisse als gesellschaftlich verbindliche Darstellungsform für individuelle, unbewusste personale Inhalte an. Auch im Fall einer Liierung des personalen dynamischen Unbewussten mit dem Konsum assoziiert sich das personale dynamische Unbewusste mit dem im Warenfetischismus sich darstellenden gesellschaftlich *Noch-Nicht-Bewussten* in einer Weise, die eine Defetischisierung des Warenfetischs als mystifizierte Darstellungsform gesellschaftlicher Verhältnisse unterbindet.

Die »neue Physiognomie« (Lukàcs, 1966, S. 267), welche die äußere, gesellschaftliche Entfremdung durch die innere Entfremdung erhält, gewinnt damit Kontur. Wie die abstrakte und konkrete Arbeit in der Produktion durch ihre Erscheinungsformen in Konsumtion, Distribution und im Austausch mit ihrer Verkäuflichkeit eine neue Qualität gewinnen, erreicht auch die gesellschaftliche Entfremdung vermittels ihrer Erscheinung in den Individuen eine neue Qualität: die der *Dauerhaftigkeit*.

Denn die irrationale Unterfütterung der herrschenden gesellschaftlichen Verkehrsformen begründet die »Macht der Gewohnheit von Millionen und aber Millionen«, die im Urteil Lenins (1920, S. 29) »die fürchterlichste Macht« darstellt. Aus dem widerständigen Potenzial des entfremdeten personalen dynamischen Unbewussten ist ein Anpassungspotenzial geworden, das zur Stabilisierung dessen in Dienst genommen wird, gegen das es sich richtet. Um das Aufbrechen eines Widerstands zu verhindern, sind die ideologischen Erscheinungsformen des gesellschaftlich *Noch-Nicht-Bewussten* desto mehr im Alltagsbewusstsein der Individuen irrational zu verankern.

Diese irrational begründete Dauerhaftigkeit wird umso nötiger, je größer der Widerspruch zwischen wachsender Rationalisierung der Organisation der Warenproduktion einerseits und der Irrationalität des ganzen Systems andererseits wird, bzw. je weniger es Beschäftigungen gibt, die noch als notwendig und nützlich erachtet werden. Man braucht sie umso mehr, je größer der Anteil der produzierten Waren an der gesellschaftlichen Gesamtproduktion wird, der hinsichtlich der wirklichen menschlichen Bedürfnisses als nutzlos erfahren wird. Anders ausgedrückt: Man ist auf diese irrational begründete Dauerhaftigkeit umso mehr angewiesen, je weniger sich noch Etwas zur Verteidigung des Status quo als dem einzig Denkbaren vorbringen lässt, je breiter also die für den Monopolkapitalismus kennzeichnende »ideologische Wüste« sich entfaltet (Baran & Sweezy, 1966, S. 324).

Dienlich ist dieser Dauerhaftigkeit, dass die Einbindung des personalen dynamischen Unbewussten in die herrschenden Verkehrsformen, die Rationalisierung des Irrationalen in den gesellschaftlich vorherrschenden Bewusstseinsformen des gesellschaftlich *Noch-Nicht-Bewussten*, zwangsläufig mit einer Irrationalisierung des Rationalen einhergeht. Was objektiv irrational ist – etwa dafür Sorge zu tragen, dass die bestehende Organisationsform der Gesellschaft so bleibt, wie sie ist –, erscheint subjektiv als rational, und was objektiv rational wäre – nämlich diese Organisationsform, die »als Ganzes irrational« geworden ist (Marcuse, 1964, S. 11), durch eine rationalere Organisationsform zu ersetzen –, erscheint den Individuen irrational. Durch die enge Verklammerung von gesellschaftlicher und subjektiver Irrationalität wird Rationalität zu einer Rationalisierung beider, oder – wie es Adorno (1955, S. 64) in unnachahmlicher Weise treffend formuliert – zu »Narben der ratio im Stande der Unvernunft«, die gleichwohl die Zukunft der herrschenden Verhältnisse sicherstellen.

Dies legt natürlich die Frage nahe, wie es zu dieser Rückwirkung der inneren auf die äußere Entfremdung kommen konnte, wie aus dem möglichen Widerstand ein Instrument der Anpassung wurde. Man könnte meinen, dass Wandel den Interessen etwa der Chefs großer Industrien, Vorstandsvorsitzenden von Banken, Regierungen oder von ihnen beauftragter sog. »Think Tanks« geschuldet ist, die sie Mithilfe der »Bewusstseins-Industrie« (Enzensberger, 1976, S. 3) durchsetzen. Aber damit verliehe man einem mit Naturgewalt sich durchsetzenden Prozess noch den Glanz des Humanen. In Wirklichkeit hat dieser Vorgang keine intentionale Grundlage. Er ist bewusstlos, setzt sich automatisch durch und wird von der sich selbst genügenden »Selbstverwertung« des Kapitals (Marx, 1867, S. 169) angetrieben, dem »automatischen Subjekt« (ebd.) der kapitalistischen Gesellschaftsform, das in Gestalt seiner kapitalistischen Personifikationen um seine Existenz besorgt ist.

Es trifft zu, die Erkenntnisse von Marx und Engels sind in Büchern fixiert, sodass es möglich wäre, sich mit diesen Erkenntnissen auseinanderzusetzen und sie sich anzueignen. Schon ein Klick im Internet und Nachdenken würden genügen. Aber diese Erkenntnismöglichkeit bleibt nicht nur ungenutzt, weil ihrer Realisierung die dominierenden gesellschaftlichen Interessen entgegenstehen. Mitentscheidend für die bleibende Bewusstlosigkeit ist vielmehr, dass sich diese Interessen mit irrationalen Bestrebungen verbünden, die im personalen dynamischen Unbewussten gründen, und die Anlass sind, an der im Alltagsbewusstsein erscheinenden kategorialen »Gestalt der ökonomischen Verhältnisse, wie sie sich auf der Oberfläche zeigt« (Marx, 1894a, S. 219) festzuhalten. Der Grund ist, dass diese kategorialen Bestimmungen immer auch individuelle und gesellschaftssyntone Ersatzbildungen des personalen dynamischen Unbewussten darstellen, an denen festgehalten wird, weil sie eine Ersatzbefriedigung ermöglichen und zugleich das personale dynamische Unbewusste unbewusst halten.

Metatheoretisch ausgeschrieben ergibt sich mithin folgende Sequenz: konkrete Arbeit« → abstrakte Arbeit« → »Mehrarbeit« → »Mehrwert« → »Aneignung« → »Kapitalist« → »Entfremdung« → elterliche »Projektionen« → »Unlust« (des Kindes) → »Identifikation« → »Verschiebung« → »Ersatzbildung« → »Verdrängung« → »unbewusst« → erneute »Verschiebung« → »gesellschaftskonforme Kategorien der Oberflächengestalt«. Auf eine Kurzform gebracht erweist sich die gesellschaftliche Entfremdung als hinreichende Bedingung der mit der Bildung des Unbewussten einhergehenden inneren Entfremdung der Individuen, und diese als notwendige Bedingung für eine weitere Verschiebung des entfremdeten Unbewussten in die Kategorien der Oberflächengestalt der gesellschaftlichen Verhältnisse als gesellschaftskonforme Ersatzbildungen des entfremdeten Unbewussten.

Fassen wir zusammen. Ohne dass es die Psychoanalytiker wüssten, wird in den Kategorien ihrer Wissenschaft das gesellschaftliche und *noch-nicht-bewusste* Wesen der Individuen so auf Begriffe gebracht ist, wie es in den Individuen existiert. Die gesellschaftliche Entfremdung, die aus dem Widerspruch im gesellschaftlichen Wesen der Individuen erwächst und diesen Widerspruch indiziert, führt mit der Bildung des Unbewussten zur inneren Entfremdung der Individuen von sich selbst. Der verinnerlichte gesellschaftliche Widerspruch, der sich im Subjekt in dieser inneren Entfremdung präsentiert und eigentlich zur Auflösung ihrer gesellschaftlichen Bedingungen treibt, führt nicht zu deren Aufhebung. Der Warenfetischismus, die Oberflächengestalt der gesellschaftlichen Verhältnisse, verbirgt den Menschen ihre gesellschaftliche Entfremdung von ihren Arbeitsprodukten – im Warenfetischismus wird der Wert der Waren, der sich der abstrakten Arbeit der Menschen verdankt, den Menschen als eine

Natureigenschaft der Waren zurückgespiegelt. In den Menschen verbirgt sich die innere Entfremdung von ihrem Unbewussten, indem sie die kategoriale Fassung der Oberflächengestalt der gesellschaftlichen Verhältnisse als gesellschaftssyntone Ersatzbildungen nutzen, die sie ihr Unbewusstes als etwas anderes erkennen lassen. Generell gilt, dass im Alltagsbewusstsein der Mehrheit das gesellschaftlich *Noch-Nicht-Bewusste* in ökonomischen, religiösen oder anderen Formen erscheint, die von den Medien offeriert werden. Diese Darstellungsformen sind für die Individuen zugleich Angebote, in die sie in ihrem individuellen Alltagsbewusstsein ihr personales Unbewusstes in gesellschaftskonformen Ersatzbildungen einbinden können. Diese Einbindung führt dazu, dass sie die ihnen entfremdeten gesellschaftlichen Verhältnisse als menschliche Gemeinschaft missverstehen und es ihnen auch aus inneren Gründen notwendig wird, am gesellschaftlich notwendigen Schein festzuhalten. Innerhalb der gesellschaftlichen Totalität besteht mithin die Rückwirkung der Individuen mehrheitlich darin, dass sie das Joch ihrer Entfremdung nicht nur nicht abschütteln, sondern darüber hinaus selbst für die Erhaltung der gesellschaftlichen Bedingung ihrer gesellschaftlichen und inneren Entfremdung Sorge tragen.

X   Kapitalismus forever?

> »Wir können die Wilden [...] Barbaren nennen, wenn wir
> ihr Vorgehen von der Vernunft aus beurteilen, aber nicht,
> wenn wir sie mit uns vergleichen; denn wir sind in vieler
> Beziehung barbarischer.«
>
> *Michel de Montaigne, 1588*

Man kann durchaus den Eindruck gewinnen, als wäre der heutige
Kapitalismus durch die Inanspruchnahme des personalen dynamischen Unbewussten zu einem tendenziell in sich geschlossenen und
sich selbst reproduzierenden System geworden, in dem sich die Logik
der gesellschaftlichen Entwicklung im Endzustand eines vollständig
durchinstrumentalisierten Lebens erfüllt. Rückblickend erwiese sich
die Entfaltung der Subjekte dem Selbstverwertungsinteresse des Kapitals lange Zeit insofern förderlich, als es sich in der Konkurrenz
optimal verwirklichen konnte, dann aber die Konkurrenz in der zunehmenden Konzentration des Kapitals aufgehoben und die Auto-
nomie der Subjekte in einem sich einstellenden Automatismus der
Produktion und Realisation von Mehrwert negiert wurde. Horkheimer (1949/69, S. 406) hatte dies einst zu Recht so auf den Begriff
gebracht: »Was in der bürgerlichen Welt sich vollzieht, wird in der
automatisierten Welt vollendet. Indem das Subjekt verwirklicht wird,
verschwindet es.«
   Wäre der Kapitalismus ein in sich geschlossenes, sich selbst repro-
duzierendes und bis ans Ende der Zeiten fortdauerndes Gesellschaftssystem geworden, müsste man davon ausgehen können, dass der Widerspruch zwischen Produktivkraft und Produktionsverhältnissen
verschwunden ist, die Produktivkräfte sich in den Produktionsverhältnissen aufgelöst haben und diese selbst zur entscheidenden Produktivkraft wurden. Wir müssten eingestehen, dass die Dialektik an ihrem
Ende angekommen ist, »die kapitalistische Produktion« nicht mehr
»mit der Notwendigkeit eines Naturgesetzes ihre eigene Negation«
(Marx, 1867, S. 791) erzeugen wird und wir nicht mehr in der »Vorge-
schichte der menschlichen Gesellschaft« (Marx, 1859, S. 9) arretiert
bleiben. Da »nichts geschieht ohne bewusste Absicht, ohne gewolltes

Ziel« (Engels, 1886, S. 296) und die Geschichte »*nichts* als die Tätigkeit des seine Zwecke verfolgenden Menschen« ist (Engels & Marx, 1845, S. 98), wäre dieses Naturgesetz ebenso außer Kraft gesetzt wie die den Kapitalismus transzendierenden »*radikalen Bedürfnisse[.]*« (Heller, 1974, S. 96) der Menschen verschwunden wären, vermittels deren Befriedigung sich diese dialektische Negation realisieren würde.

Die Dialektik lässt sich aber nicht außer Kraft setzen, und der Ist-Zustand lässt sich nicht bis an der Zeiten Ende ausdehnen. Eine dialektische Negation, die sich nicht wie ein Naturgesetz durchsetzt, hat nicht Stillstand und die Erhaltung des Bestehenden zur Alternative. Die Alternative zur dialektischen Negation ist die nackte Negation, die Zerstörung des Bestehenden. Den Unterschied dieser beiden Arten von Negation erläutert Engels am Beispiel des Gerstenkorns. Findet ein Gerstenkorn normale Bedingungen vor, fällt es »auf günstigen Boden«, keimt es und vergeht, indem es in der entstehenden Pflanze dialektisch negiert wird (Engels, 1878, S. 126).

Die Pflanze wiederum wächst, blüht, wird befruchtet und produziert schließlich wieder Gerstenkörner, stirbt ab und wird ihrerseits in den von ihr produzierten Gerstenkörnern dialektisch »negiert« (ebd.).[64] Dieser Entwicklungsprozess ist an die Voraussetzung gebunden, dass das Gerstenkorn nicht zermahlen wird, sondern auf einen für es günstigen Boden fällt. Findet das Gerstenkorn keine günstigen Verhältnisse vor, die ihm eine Entfaltung ermöglichten, unterliegt es ebenfalls einem Naturgesetz: es verfällt der nackten Negation und geht unter.[65]

---

64 Dieses Beispiel bedeutet nicht, dass eine dialektische Negation nur das Nämliche reproduziert. Im Falle des Gerstenkorns ist das Produkt dieser Negation der Negation nicht das »anfängliche Gerstenkorn«, sondern das Gerstenkorn in »zehn-, zwanzig-, dreißigfacher Anzahl« (Engels, 1878, S. 126). Sich selbst überlassen dauert eine qualitative Veränderung des Gerstenkorns Hunderte von Jahren. Dass diese dialektische Negation auch in einer kürzeren Zeitspanne zu einer qualitativen Veränderung des Nämlichen führt, zeigt Engels am Beispiel der Orchidee. Wird hier der »Samen und die aus ihm stehende Pflanze nach der Kunst des Gärtners behandelt«, erhält man »als Ergebnis dieser Negation der Negation nicht nur mehr Samen, sondern auch qualitativ verbesserten Samen, der schönere Blumen erzeugt« (ebd.).

65 Amin (2010, S. 13) bspw., der Marx' Wertgesetz »*zum globalisierten Wertgesetz*« erweitert, demonstriert überzeugend die Katastrophe, zu welcher der Kapitalismus in seiner Phase des globalen Oligopol-Finanzkapitals für unseren Planeten wird.

Übertragen auf die Gesellschaft heißt dies, dass der Kapitalismus nicht automatisch seine »eigene Negation« (Marx, 1867, S. 791) erzeugen muss, die dialektisch wäre, in den Sozialismus führte und »diese Scheiße erledigt« wäre (1861/63c, S. 360). Fehlen die hierfür günstigen Bedingungen, kann der Kapitalismus einer nackten Negation unterliegen, eine Negation, die sich ebenfalls wie ein Naturgesetz dann blind durchsetzt, wenn die Menschen nicht die Bedingungen für eine dialektische Negation herstellen.

Einvernehmlich mit der Feststellung des jungen Marx (1843/44, S. 385) – »Radikal sein ist die Sache an der Wurzel fassen. Die Wurzel für den Menschen ist [...] der Mensch selbst« – rückt mithin sowohl hinsichtlich einer qualitativen Veränderung des Bestehenden als auch betreffs der Verhinderung seiner unwiderruflichen Zerstörung der »subjektive Faktor«, rücken die Menschen ins Zentrum,[66] deren Fähigkeiten letztendlich immer auch die Produktivkräfte in einer Gesellschaft sind, und der auch bei Marx keineswegs als bloßer Vollstrecker objektiver Gesetzmäßigkeiten gedacht ist. Auch er konzediert, dass der Kampf zwischen Lohnarbeit und Kapital sich letztlich in »die Frage nach dem Kräfteverhältnis der Kämpfenden« auflöst (Marx, 1865, S. 149), der Ausgang des Kampfes mithin offen ist.

Der subjektive Faktor rückt auch deshalb ins Zentrum, weil trotz der zunehmenden systemischen Widersprüche die Menschen auch weiterhin ihnen fremde Interessen für ihre eigenen halten, die mit dem tendenziellen Fall der Profitrate periodisch auftretenden Krisen[67] bisher keineswegs zu einem Zusammenbruch des ganzen Systems, sondern zu einer voranschreitenden Monopolisierung des Kapitals führten, und die Erscheinungsformen systemischer Widersprüche des Kapitalismus in den Wahlen nicht die Linken, sondern die Rechtspopulisten stärkten.

---

66 Čagin (1968, S. 44) ortet den »subjektiven Faktor« im Begriffssystem des historischen Materialismus als eine Kategorie, die »den Mechanismus des Einwirkens des Menschen auf die objektiven Bedingungen und Verhältnisse in allen Bereichen des gesellschaftlichen Lebens [widerspiegelt], indem sie die Bedeutung der Praxis bei der Veränderung der Wirklichkeit aufzeigt«.

67 Die Steigerung der Produktivkraft der Arbeit »erhöht den relativen Mehrwert nur dadurch, indem sie bei gegebenem Kapitaleinsatz den Arbeitseinsatz vermindert. Dadurch senkt sie die Profitrate und schafft eine Verwertungsschranke, die nur durch die Krise überwunden werden kann« (Müller, 2009, S. 51).

Zur Erinnerung: Mit dem Ziel, die Mehrwertsrate[68] zu erhöhen, wird die Arbeitsproduktivität durch neue, arbeitssparende Technologien gesteigert, sodass mehr Waren pro Zeiteinheit produziert werden können. Durch die Investitionen in diese neuen Technologien erfolgt eine Zunahme des konstanten Kapitals im Verhältnis zu dessen variablen Anteil, sodass einerseits die Profirate sinkt.[69] Andererseits führt die Steigerung der Arbeitsproduktivität dazu, dass das Warenangebot die Nachfrage übersteigt. Der geringer werdende Profit kann nicht mehr realisiert werden und eine ökonomische Krise ist die Folge.

Das heißt, nicht nur um den gesellschaftlichen Bestand zu wahren und qualitativ weiterzuentwickeln, sondern auch um den Rückfall ins Vorgestrige, die bloße Zerstörung der bestehenden Gesellschaftsform zu verhindern, ist es die Aufgabe der Menschen, die »Gesetze ihres eignen gesellschaftlichen Tuns [...] mit voller Sachkenntnis« anzuwenden und zu beherrschen« (Engels, 1880, S. 226).

Marx (1843/44, S. 386) hatte in diesem Zusammenhang u. a. zwei Sätze

---

68 »Das Gesamtkapital C teilt sich in das konstante Kapital c und das variable Kapital v, und produziert einen Mehrwert m. Das Verhältnis dieses Mehrwerts zum vorgeschoßnen variablen Kapital, also m/v, nennen wir die Rate des Mehrwerts und bezeichnen sie mit m'. Es ist also m/v = m' und folglich m = m'v. Wird dieser Mehrwert, statt auf das variable Kapital, auf das Gesamtkapital bezogen, so heißt er Profit (p) und das Verhältnis des Mehrwerts m zum Gesamtkapital C, also m/C heißt die Profitrate p'. Wir haben demnach: p' = m/C = m/(c+v)« (Marx, 1894a, S. 59).

69 Die kapitalistische Produktion »erzeugt mit der fortschreitenden relativen Abnahme des variablen Kapitals gegen das konstante eine steigend höhere organische Zusammensetzung des Gesamtkapitals, deren unmittelbare Folge ist, dass die Rate des Mehrwerts bei gleich bleibendem und selbst bei steigendem Exploitationsgrad der Arbeit sich in einer beständig sinkenden allgemeinen Profitrate ausdrückt [...]. Die progressive Tendenz der allgemeinen Profitrate zum Sinken ist also nur *ein der kapitalistischen Produktionsweise eigentümlicher Ausdruck* für die fortschreitende Entwicklung der gesellschaftlichen Produktivkraft der Arbeit. Es ist damit [...] aus dem Wesen der kapitalistischen Produktionsweise als eine selbstverständliche Notwendigkeit bewiesen, dass in ihrem Fortschritt die allgemeine Durchschnittsrate des Mehrwerts sich in einer fallenden allgemeinen Profitrate ausdrücken muss. Da die Masse der angewandten lebendigen Arbeit stets abnimmt im Verhältnis zu der Masse der von ihr in Bewegung gesetzten vergegenständlichten Arbeit, der produktiv konsumierten Produktionsmittel, so muss auch der Teil dieser lebendigen Arbeit, der unbezahlt ist und sich in Mehrwert vergegenständlicht, in einem stets abnehmenden Verhältnis stehn zum Wertumfang des angewandten Gesamtkapitals. Dies Verhältnis der Mehrwertsmasse zum Wert des angewandten Gesamtkapitals bildet aber die Profitrate, die daher beständig fallen muss« (Marx, 1894a, S. 223).

geschrieben: »Die Theorie wird in einem Volke nur so weit verwirklicht, als sie die Verwirklichung seiner Bedürfnisse ist«; und: »Eine radikale Revolution kann nur die Revolution radikaler Bedürfnisse sein« (ebd., S. 387). Da er in der Arbeiterklasse die Träger der radikalen Bedürfnisse sah, die in Verwirklichung der radikalen Theorie diese radikalen Bedürfnisse befriedigen werden, rückt hier der Klassengegensatz – die entscheidende Triebkraft der Veränderung – in den Blick.

Klasse und Klassenbewusstsein

In den Augen der meisten Soziologen ist dieser Klassengegensatz seit Jahren aus der Gesellschaft verschwunden. Bereits vor über 60 Jahren stellte Schelsky (1957) der Klassengesellschaft die These einer nivellierten Mittelstandsgesellschaft gegenüber. Sie sei dadurch zustande gekommen, dass immer mehr Menschen aus den Unterschichten in die Mittelschicht auf- und aus der Oberschicht in die Mittelschicht abgestiegen wären. Dahrendorf (1957) wiederum sah die Gesellschaft in Konfliktgruppen unterschiedlichster Art gegliedert, und 1964 erkannte Marcuse (1964) eine fortgeschrittene Industriegesellschaft, sowie sieben Jahre später Bell (1973) eine klassenlose postindustrielle Gesellschaft. 1998 konstatierte Ritsert (1998) soziale Ungleichheiten, die sich aus dem Milieu und der Lebenssituation ableiten, die stabile Strukturen wie Klassen und Schichten sozialökonomisch unbestimmt werden lassen, und 2012 subsumiert Mau (2012) abhängig Beschäftige (Angestellte, Beamte) und Selbstständige (Handwerker, Händler, freie Berufe) unter den Begriff der »Mitte«.

Es scheint in der Tat, als sei der Klassengegensatz von diesen Soziologen nicht nur sprachkosmetisch entfernt worden, sondern auch real in einer Schichtung nach Einkommen, Lebensstandard, Bildung und verallgemeinerten, an Individuen gewonnenen Befunden aufgegangen ist und diese Triebkraft nicht mehr in Anspruch genommen werden kann, wenn ein Absturz in längst Vergangenes verhindert werden soll.

Aus der Perspektive des Klassenkriteriums von Marx und Engels betrachtet erweist sich allerdings, dass in einer kapitalistisch organisierten Gesellschaft die Teilung der Menschen in Klassen keineswegs aus der Welt gefallen ist. Dieses Klassenkriterium wurde von Marx und Engels nicht erfunden, sondern auf der Grundlage des Klassenbegriffs entwickelt, der zu ihrer Zeit vorlag. Seit dem römischen Staatsrecht, das die Bürger in mehrere Steuerklassen einteilte, ist dieser Begriff geläufig. 1766 unterteilte Quesnay (1766) in seinem *Tableau économic* die Nation in drei Klassen von Bürgern, die produktive (Pächter, die durch die Landwirtschaft den jährlichen Reichtum der Nation produzieren), die distributive (Grundbesitzer) und die sterile Klasse (Handwerker und Bürger, die Dienste und andere Arbeiten leisten, und deren Ausgaben von den anderen beiden Klassen bezahlt werden). Im 19. Jahrhundert war jedenfalls die Ansicht eher trivial, dass nach dem Sieg der Bourgeoisie über den Feudaladel in England und Frankreich eine neue Klasse entstandenen war, die Klasse der Industriearbeiter, die zur Bourgeoisie im Gegensatz stand. Ferner hatte Ricardo bereits 1817 die fortgeschrittenen Gesellschaften in drei Klassen eingeteilt: Große Grundbesitzer, Industriekapital und Lohnarbeit (Vester, 2008, S. 738). Marx und Engels gliederten Klassen nach der objektiven Position von Menschengruppen in Relation zu den Produktionsmitteln in den gesellschaftlichen Produktionsverhältnissen (z. B. Lenin, 1919, S. 410), und definierten Klasse wie folgt:

> »Unter Bourgeoisie wird die Klasse der modernen Kapitalisten verstanden, die Besitzer der gesellschaftlichen Produktionsmittel sind und Lohnarbeit ausnutzen. Unter Proletariat die Klasse der Arbeiter, die modernen Lohnarbeiter, die, da sie keine eigenen Produktionsmittel besitzen, darauf angewiesen sind, ihre Arbeitskraft zu verkaufen, um leben zu können« (Marx & Engels, 1847/48, S. 462).[70]

Dieses Kriterium, das die Klassen differenziert, ist in der gesellschaftlichen Entwicklung nicht außer Kraft gesetzt worden. Im Gegenteil, mit der Monopolisierung und Anonymisierung des Kapitals hat sich die Polarisierung der Menschen in Klassen, von denen die eine sich vom Lohn und die andere sich von deren erwirtschaftetem Mehrwert alimentiert, in quantitativer Hinsicht noch insofern verschärft, als dem Kapital immer mehr Lohnabhängige gegenüberstehen, die nichts als ihre Arbeitskraft zu verkaufen haben. Im Zuge der Entwicklung fielen immer mehr Angehörige der »bisherigen kleinen Mittelstände [...] ins Proletariat hinab«, da ihr ökonomisches Kapital für die neue Produktionsweise nicht ausreichte, und ihre Arbeitsqualifikation durch dieselben »entwertet« wurde (Marx & Engels,

---

[70] Diese Formulierung wurde von Engels als Anmerkung in die englische Ausgabe des *Manifests der Kommunistischen* Partei 1888 eingefügt.

1847/48, S. 469). Auch »ganze Bestandteile der herrschenden Klasse« (ebd., S. 471) wie auch »den Arzt, den Juristen, den Pfaffen, den Poeten, den Mann der Wissenschaft [wurden] in [...] bezahlte[.] Lohnarbeiter verwandelt« (ebd., S. 465).

Allerdings ist aus der Verkleinerung der Klasse der Kapitalisten und der Vergrößerung der Klasse der Lohnabhängigen kein wirkliches gesellschaftliches Veränderungspotenzial erwachsen. Dazu wäre es erforderlich gewesen, dass die Klasse der Lohnabhängigen, in welche die »ökonomischen Verhältnisse [...] die Masse der Bevölkerung [...] verwandelt« hat, von einer Klasse *an sich* zu einer Klasse »*für sich selbst*« (Marx, 1847a, S. 181; unsere Kurs.) würde. D. h., dass diese Klasse ein Bewusstsein ihrer objektiven sozialen Lage gewonnen, sich über ihre »radikalen Bedürfnisse«, die der Kapitalismus »*notwendigerweise* hervor[bringt]« (Heller, 1974, S. 107), aufgeklärt hätte und »vom Objekt zum Subjekt der Geschichte« (Vester, 2008, S. 736) geworden wäre.

Was also abhandenkam, sind nicht Klassen, sondern ein Klassenbewusstsein. Bis dahin fehlt den Lohnabhängigen jedenfalls ein solches Bewusstsein ihrer objektiven sozialen Lage. Dieser Mangel lässt nach den Gründen fragen, warum sich kein Klassenbewusstsein bildete und aus einer Klasse *an sich* keine Klasse *für sich* geworden ist und keine radikalen, auf eine qualitative Veränderung des Bestehenden drängenden Bedürfnisse entstanden sind.

Die Entwicklung der Lohnabhängigen in eine Klasse *für sich* wurde von Marx und Engels nicht zusammenhängend und begrifflich genau ausgearbeitet, sodass man bei ihnen auch keine Antwort auf die Frage finden kann, warum die Entwicklung eines Klassenbewusstseins und einer Klasse *für sich* bis heute ausblieb. Generell gilt ihnen, dass nicht allein aus der sozioökonomisch beschreibbaren Klassenstellung abgeleitet werden kann, wie eine Klasse *an sich* zu einer Klasse *für sich* wird. Das müsse an den wirklichen historischen Bewegungen »studiert werden«, schrieb Engels (1890b, S. 436). Als Orientierung bei diesem Studium wird angemerkt, dass sich die Klasse für sich mit der Bildung ihres Klassenbewusstseins im »politische[n] Kampf« mit der Kapitalistenklasse (Marx, 1847a, S. 181) selbst konstituiere.

Man mag darüber streiten, ob sich in Russland und China zu Beginn des 20. Jahrhunderts Ansätze eines solchen Klassenbewusstseins entwickelt haben. Bis anhin hat sich jedoch in der Geschichte noch kein proletarisches Klassenbewusstsein herausgebildet, das in einen erfolgreichen Klassenkampf geführt hätte, sodass sich dem Studium der Geschichte wohl eher entnehmen lässt, warum sich bislang kein Klassenbewusstsein entwickelte.

Festzuhalten ist zunächst, dass die »Großindustrie« nicht mehr wie zu Zeiten von Marx und Engels »eine Menge einander unbekannter Leute an einem Ort zusammen« (ebd., S. 180) bringt. Heute sind sie über die ganze Welt verteilt, was der Herstellung einer klassenmäßigen Solidargemeinschaft sicherlich nicht förderlich ist. U.E. ist jedoch heutzutage der Mangel eines gemeinsamen Klassenbewusstseins vor allem jener ökonomischen Differenzierung der Klasse der Lohnabhängigen geschuldet, auf die wir bereits hingewiesen haben. Definiert man mit Marx und Engels die Klasse der Lohnabhängigen durch den Nicht-Besitz der Produktionsmittel, reicht die Klasse derjenigen, die vom Verkauf ihrer Arbeitskraft leben, vom Fondmanager, Vorstandsvorsitzenden eines Autokonzerns, einer Bank oder einer Versicherung über den Vorarbeiter in einem Betrieb, dem Beamten in einer staatlichen Dienststelle, dem Abteilungsleiter eines Industriebetriebs bis zum Leih- bzw. Hilfsarbeiter und 450 (bzw. nunmehr im Erscheinungsjahr dieses Buches 520) Euro-Minijobber.

Es ist klar, dass diese Personen aufgrund der Höhe ihres Einkommens (und unterschiedlichen Einkommensquellen) in verschiedenen Welten leben und ganz unterschiedliche ökonomische und politische Interessen und kulturelle Wert- und Zielvorstellungen entwickeln, die sich nicht in einem gemeinsamen Klassenbewusstsein vereinheitlichen und bündeln lassen. Warum sollte etwa der Vorstandsvorsitzende von Siemens (Jahressalär: ca. 14 Mio. Euro) oder der Daimler AG (Jahressalär: ca. 9 Mio. Euro) sich gegen die wenden, die sie so fürstlich entlohnen, die »Aufrechterhaltung der Assoziation« (ebd., S. 180) mit anderen der Aufrechterhaltung ihres Lohns vorziehen und »einen großen Teil ihres Lohnes zugunsten von Assoziationen opfern« (ebd.)? Es ist schwer vorstellbar, dass sie sich aufgrund ihrer objektiven Klassenlage auch subjektiv veranlasst sehen, in eine Situation einzutreten, in der sich Marx (ebd.) zufolge »alle Elemente für eine kommende Schlacht« – damit ist der Klassenkampf gemeint – entwickeln, wenn sie in den gegebenen Verhältnissen optimal leben können.

Des Weiteren sind auch bei den Geringverdienern die Reproduktionskosten ihrer Arbeitskraft gesichert, sodass auch ökonomische Nöte nicht in ein Klassenbewusstsein einmünden können, das sich gegen das Kapital richtet. Ebenso reicht ein bloßes Bemerken unterschiedlicher Entscheidungsspielräume und Macht, das eigene Leben zu gestalten und über andere zu verfügen, und der gravierenden ökonomischen Differenzen innerhalb der eigenen Klasse sowie zwischen ihren Mitgliedern und den Eignern der Produktionsmittel – gleichgültig, ob es sich um Personen oder Aktionäre handelt – für die Entwicklung eines Klassenbewusstseins nicht aus. Dazu bedürfte es eines Nachdenkens über die Gründe für diese Unterschiede, und dieses Nachdenken wird durch die Bewusstseins- und Kulturindustrie verstellt. Sie lenkt das Interesse von den gesellschaftlichen Verhältnissen weg auf Sportereignisse (Fußball, Leichtathletik, Biathlon), kulturelle Events (Wagner-Festspiele, Oscar-Verleihung), oder Dschungel-Camp, Tatort-Krimi, Design, und Ähnlichem mehr.

Gemeinsam mit einer drohenden ökonomischen Sanktionierung trägt sie zugleich Sorge, dass dieses Denken nur in Kategorien erfolgen kann, die sich auf die Oberflächengestalt unserer Gesellschaft beschränken, ihre wesentlichen Bestimmungen unsichtbar bleiben lässt und die eine Kapitalismuskritik auf erkenntnislose Begriffe bringen, die letztlich im Alltagsbewusstsein in der schicksalsergebenen Einsicht enden: Da kann man nichts machen.

Es dürfte einsichtig geworden sein, dass sich angesichts der Erkenntnisbeschränkungen und vor allem der ökonomischen Differenzierungen innerhalb der eigenen Klasse ein Klassenbewusstsein, wie es Marx und Engels verstanden haben, nicht wird entwickeln können.[71]

Was jedoch noch entstehen könnte, ist ein gesellschaftskritisches Bewusstsein. Gemeint ist damit jener kritische Reflex der Gesellschaft, als den Camus (1951, S. 17) den Historischen Materialismus versteht. Wir sind hier mit Marcuse (1967, S. 12) der Ansicht, dass die Entwicklung eines gesellschaftskritischen Bewusstseins »heute in der Tat [...] eine der Hauptaufgaben des Materialismus« ist.

Deshalb werden wir uns auf den sog. »subjektiven Faktor« konzentrieren und das gesellschaftskritische Bewusstsein erörtern, und zwar in Abgrenzung von Lukács' Konzept des Klassenbewusstseins. Wie in unseren steht auch in seinen Überlegungen die Verdinglichung des Menschen und der Welt, die sich unter den Bedingungen der Warenproduktion herstellt, im Zentrum. Wir werden auch nach den Umständen fahnden, die ein gesellschaftskritisches Bewusstsein verhindern, uns dabei insbesondere auf

---

71 Mit dieser Feststellung verlassen wir nicht den Historischen Materialismus. Wenn das von Marx und Engels entworfene Klassenkonzept ein historisches im Sinne von zeitgebunden ist (Vester, 2008, S. 738), kann sich Klasse optional auch in andere Formen des Zusammenschlusses entwickeln.

das personale dynamische Unbewusste fokussieren, und fragen, inwieweit das personale dynamische Unbewusste, der Rest an Subjektivität, der sich der Verdinglichung noch entzog, für den in der Gesellschaft vorherrschenden Mangel an einem gesellschaftskritischen Bewusstseins verantwortlich ist, und auf welchen Wegen ein solches Bewusstsein noch entstehen könnte.

Gesellschaftskritisches Bewusstsein

Bei der Diskussion des Klassenbewusstseins geht auch Lukács von der in der kapitalistischen Warenproduktion veränderten menschlichen Arbeit aus. Die Warenform bedingt sowohl objektiv wie subjektiv eine Abstraktion von der konkreten Arbeit. Damit Waren ausgetauscht werden können, müssen sie formal als gleich aufgefasst werden. Die objektive Grundlage dieser formalen Gleichheit ist die abstrakte Arbeit, ihre Bestimmung als Tauschwert. Die Warenform entsteht aus der abstrahierenden Reduktion heterogener Qualitäten auf unterschiedslose, abstrakte Arbeit. Die subjektive Seite dieser abstrahierenden Reduktion sieht er darin, dass die formale Gleichheit der abstrakten menschlichen Arbeit »zum realen Prinzip des tatsächlichen Produktionsprozesses der Waren wird« (Lukács, 1923, S. 176). Gemeint ist damit »das Prinzip der auf Kalkulation, auf *Kalkulierbarkeit* eingestellten Rationalisierung« (ebd., S. 177), das mit der Zerlegung des Arbeitsprozesses in rationelle Teiloperationen nach Maßgabe einer möglichst optimalen Mehrwertproduktion den einzelnen Arbeiter auf eine sich wiederholende Spezialfunktion verdinglicht. Wie das Produkt zur Zusammenfassung rationalisierter Teilsysteme, die sich rein kalkulatorisch bestimmt, und »die organische Notwendigkeit der aufeinander bezogenen und im Produkt zur Einheit verbundenen Teiloperationen« vernichtet ist (ebd., S. 178), wird auch die Einheit des Arbeiters vernichtet. Er wird auf seine mehrwertproduzierende Arbeitskraft reduziert, in der sich sein Gebrauchswert erfüllt, und »als mechanisierter Teil in ein mechanisches System eingefügt« (ebd.), in dem seine menschlichen Besonderheiten nur noch »*bloße Fehlerquellen*« (ebd.) im rational vorausberechneten Funktionieren darstellen.[72]

---

[72] An Rande wollen wir anmerken, dass es sich im Verständnis von Marx und Engels beide Male um produktive Arbeit handelt. Ganz grundsätzlich gilt: »Nur die Arbeit, die sich direkt in Ka-

Klassenbewusstsein versteht Lukács (ebd., S. 126) als die »rationell angemessene Reaktion [...] die [...] einer bestimmte Lage im Produktionsprozess« zuzurechnen ist. Auch wir verstehen das gesellschaftskritische Bewusstsein als eine solche Reaktion, aber nicht nur. Kritisches Bewusstsein ist weiter gefasst. Ohne selbst in einer solch bestimmten Lage im Produktionsprozess zu sein, kann ein solches Bewusstsein auch aus der Erkenntnis der Lage entstehen, in der andere sich befinden. Gesellschaftskritisches Bewusstsein ist ein Bewusstsein, das Menschen haben würden, wenn sie die eigene gesellschaftliche Lage oder die anderer hinsichtlich ihres Handelns und der gesellschaftlichen Konsequenzen vor dem Hintergrund des gesellschaftlichen Aufbaus ihrer Gesellschaft vollkommen erfassen könnten. Wie das Klassenbewusstsein ist auch das gesellschaftskritische Bewusstsein daran gebunden, dass Menschen die »gegenseitigen Beziehungen mit nüchternen Augen« ansehen (Marx & Engels (1847/48, S. 465).

Ob aber die Entstehung des Klassenbewusstseins, wie sie von Lukács gedacht wird, in Gänze als Vorbild für die Entstehung eines gesellschaftskritischen Bewusstseins dienen kann, ist fraglich. Lukács argumentiert, dass die verdinglichten Erscheinungsformen der Wirklichkeit für das Alltagsbewusstsein Aller eine unmittelbare Selbstverständlichkeit sind und hingenommen werden. Der Arbeiter allerdings würde die bürgerliche Gesellschaft spontan infrage stellen, weil er typischerweise mit Arbeiten befasst wäre, die ihren Verdinglichungscharakter durch die erfahrene qualitätslose Quantifizierung offenbaren:

> »Die Quantifizierung der Gegenstände, ihr Bestimmtsein von abstrakten Reflexionskategorien kommt im Leben des Arbeiters unmittelbar als ein Abstraktionsprozess zum Vorschein, der an ihm selbst vollzogen wird, der seine Arbeitskraft von ihm abtrennt und ihn dazu nötigt, diese als eine ihm gehörende Ware zu verkaufen. Und indem er diese seine einzige Ware verkauft, fügt er sie (und da seine Ware von seiner physischen Person unabtrennbar ist: sich selbst) in einen mechanisch-rationell gemachten Teilprozess ein, den er unmittelbar fertig, abgeschlossen und auch ohne ihn funktionierend vorfindet, worin er als eine rein auf abstrakte Quantität reduzierte Nummer, als ein mechanisiertes und rationalisiertes Detailwerkzeug eingefügt ist« (Lukács, 1923, S. 291).

---

pital verwandelt, ist produktive Arbeit« (Marx, 1861/63a, S. 369), d.h. Arbeit, die »Mehrwert für den Kapitalisten produziert oder zur Selbstverwertung des Kapitals dient« (1867, S. 532).

Diese repressive Reduktion auf Quantität würde der Arbeiter unmittelbar wahrnehmen, weil er quantitative Veränderungen der Arbeitskraft immer auch als qualitative Modifikation erfahre. Die Ausbeutung schlage sich als Erfahrung des Ausgeliefertseins nieder, d. h. als Erfahrung, dass seine Individualität und Qualität in seiner Behandlung als Ware keine Berücksichtigung findet. Würde er die fertig vorgefundene verdinglichte Wirklichkeit verlassen, würde mit der folgenden Frage auch die Antwort im Bewusstsein auftauchen:

>»Ein Arbeiter in einer Baumwollfabrik, produziert er nur Baumwolle? Nein, er produziert Kapital. Er produziert die Werte, die von neuem dazu dienen, seine Arbeit zu kommandieren, um vermittels derselben neue Werte zu schaffen« (Marx, 1849, S. 410).

Die Bildung eines Klassenbewusstseins wäre möglich, weil das Zur-Ware-werden der von der Gesamtpersönlichkeit des Menschen abgetrennten Leistung im Arbeitsverhältnis des Arbeiters unmittelbar zutage trete. Zwar würde durch das Zur-Ware-werden die »>Seele<« des Arbeiters »verkümmert und verkrüppelt, *jedoch sein menschlich-seelisches Wesen nicht zur Ware verwandelt*« (Lukács, 1923, S. 300; unsere Kurs.). Deshalb könne er sich selbst vom Warencharakter und seiner Verdinglichung objektivieren. Mit Hinweis auf Marx (1857/58, S. 38f.) – »Die Arbeit hat aufgehört, als Bestimmung mit dem Individuum in einer Besonderheit verwachsen zu sein« – formuliert Lukács (1923, S. 301) für den Arbeiter:

>»Es müssen nur die falschen Erscheinungsformen dieses Daseins in seiner Unmittelbarkeit aufgehoben werden, damit das eigene Dasein als Klasse für das Proletariat zum Vorschein komme.«

Problematisch an dieser Konzeption ist, angesichts der 6. Feuerbach-These auf ein abstraktes menschliches Wesen zu rekurrieren und es kritisch der Verdinglichung entgegenzustellen. Im Urteil von Adorno (1953a, S. 449) ist eine solche Abstraktion »die allerleerste und ärmste Bestimmung, die von menschlichen Dingen überhaupt gewonnen werden kann«.[73]

---

[73] Eine kritische Theorie darf »nicht ihrerseits im Medium des Allgemeinen sich häuslich einrichten« (Adorno, 1968, S. 14).

Nimmt man Lukács' These nach ihrem Wortlaut, wird der idealistische Charakter seines Konzepts des menschlich-seelischen Wesens überdeutlich.[74] Interessant aus historisch-materialistischer Perspektive bleibt aber sein Konzept, wenn man unterstellt, dass es noch etwas anderes meint, als es sagt, und sein Verständnis des menschlichen Wesens eine Metapher ist, in der sich etwas anderes in idealistischer Form präsentiert.

Unter dieser Prämisse müsste die Metapher eine strukturelle Identität mit dem metaphorisch Dargestellten aufweisen. Eine solch strukturelle Identität besteht in der Tat zwischen Lukács' abstraktem Wesen und dem personalen dynamischen Unbewussten. Lukács stattet jedenfalls dieses abstrakte Wesen mit denselben Eigenschaften aus, die auch dem personalen dynamischen Unbewussten eigen sind. Nicht nur, dass das menschlich-seelische Wesen als Abstraktum wie das personale dynamische Unbewusste außerhalb des Bewusstseins des konkreten Menschen situiert ist, im Menschen, bzw. im Bewusstsein des Menschen lediglich erscheint, und wie das personale dynamische Unbewusste ebenfalls von der Verdinglichung nicht erreicht wird. Wie das personale dynamische Unbewusste ist auch das menschlich-seelische Wesen als ein Überbleibsel gedacht, als ein Rest des Subjekts, der nicht in Ware verwandelt wurde, und wie dieses Wesen, dem als »einziger Träger seiner Auflehnung gegen diese Verdinglichung« von Lukács (1923, S. 300) Widerständiges zugeschrieben wird, ist auch das personale dynamische Unbewusste ein Widerstandspotenzial. Wir werden sehen, dass das personale dynamische Unbewusste sowohl bei der Verhinderung wie auch bei der Entwicklung eines gesellschaftskritischen Bewusstseins eine Rolle spielt.

---

74 E. Hahn (2017, S. 25) weist auf die »nahezu uneingeschränkte Akzeptanz idealistischer Positionen« in einigen Texten von Lukács hin. Im 1967 geschriebenen *Vorwort zu Geschichte und Klassenbewusstsein* hat Lukács selbst eingestanden, dass die Entstehung des Klassenbewusstseins »ohne echt ökonomische Begründung« blieb (Lukács, 1923, S. 17), als »das reine Wunder« erscheine (ebd., S. 19) und dass »das Proletariat in seinem Klassenbewusstsein [...] identisches Subjekt-Objekt der Geschichte« wird, »in Wahrheit [...] eine rein metaphysische Konstruktion« ist (ebd., S. 24).

Gesellschaftskritisches Bewusstsein und das personale dynamische Unbewusste

Während Lukács' These nicht darüber informieren kann, warum bislang kein Klassenbewusstsein entstanden ist, obwohl sich die Situation, die er als dessen Bedingung nennt, in den letzten 100 Jahren noch verschärft hat, kann ein als personales Unbewusstes dechiffriertes menschlich-seelisches Wesen diese Fragen beantworten. Gewiss, die bereits erwähnte ökonomische Differenzierung der Lohnabhängigen und ihre Hierarchisierung in einzelnen Bereichen des Angestellten- und Beamtentums sowie die Kultur- und Bewusstseinsindustrie und Meinungsmonopole, die für das Fehlen eines Klassenbewusstseins verantwortlich sind, können auch für das Ausbleiben eines gesellschaftskritischen Bewusstseins verantwortlich gemacht werden. In Durchsetzung einer »kulturellen Hegemonie« (Gramsci), welche die Menschen überzeugt, dass sie in der besten aller möglichen Welten leben würden, lähmten sie im Urteil von Adorno (1968, S. 21) »die bloße Fähigkeit, die Welt konkret anders sich vorzustellen, als sie überwältigend denen erscheint, aus denen sie besteht«.

Allerdings lässt Adorno in diesem Aufsatz im Unklaren, wie den gesellschaftlichen Einrichtungen diese Lähmung gelingen konnte. Emil Lorenz (1919) hat in diesem Zusammenhang als erster psychologische Gründe angeschuldigt. Ebenso verweist auch Adorno 50 Jahre nach Lorenz auf das personale dynamische Unbewusste und beantwortet damit die von ihm offen gelassene Frage. Er (1969, S. 182f.) erklärt:

> »Anders als durch die Psychologie hindurch, in der die objektiven Zwänge stets aufs Neue sich verinnerlichen, wäre weder zu verstehen, dass die Menschen einen Zustand unveränderter destruktiver Irrationalität passiv sich gefallen lassen, noch dass sie sich in Bewegungen einreihen, deren Widerspruch zu ihren Interessen keineswegs schwer zu durchschauen wäre.«

Auch Fromm (1930), Horkheimer (1932) und Reich hatten schon Jahre davor auf diese unbewussten Verwurzelungen des gesellschaftlichen Nicht-Handelns aufmerksam gemacht. Fromm (1930, S. 21) hatte generell festgehalten:

> »Die gesellschaftliche Stabilität beruht nur zum kleineren Teil auf Mitteln der äußeren Gewalt, zum größeren Teil beruht sie darauf, dass die Menschen

sich einer solchen seelischen Verfassung befinden, die sie innerlich in einer bestehenden gesellschaftlichen Situation verwurzelt.«

Horkheimer (1932, S. 168) hatte geschrieben:

> »Je mehr das geschichtliche Handeln von Menschen und Menschengruppen durch Erkenntnis motiviert ist, umso weniger braucht der Historiker auf psychologische Erklärungen zurückzugreifen. [...] Je weniger aber das Handeln der Einsicht in die Wirklichkeit entspringt, ja, dieser Einsicht widerspricht, umso mehr ist es notwendig, die irrationalen, zwangsmäßig die Menschen bestimmenden Mächte psychologische aufzudecken.«

Und Reich (1934, S. 193f.) hatte Horkheimers Formulierung in etwas anderen Worten wiederholt:

> »Je rationaler das Verhalten, desto enger ist der Aufgabenbereich der Psychologie des Unbewussten; je irrationaler, desto weiter, desto mehr bedarf die Soziologie der Hilfe der Psychologie.«[75]

Beachtet man, dass sich das personale dynamische Unbewusste in entstellter Weise sowohl in den Bewusstseinsformen verdinglichter Beziehungen als auch in den ideologischen Kategorien des herrschenden Alltagsbewusstseins aufhält, lassen sich mit dem personalen dynamischen Unbewussten nicht nur die Gründe der von Adorno beschriebene Lähmung aufklären. Es lässt sich auch begründen, warum Lohnarbeiter nicht selbst über ihren verdinglichten Warencharakter sich bewusst werden konnten. Wie soll es ihnen möglich gewesen sein, »*das Selbstbewusstsein der Ware*; oder anders ausgedrückt: die Selbsterkenntnis, die Selbstenthüllung der auf Warenproduktion, auf Warenverkehr fundierten kapitalistischen Gesellschaft« (Lukács, 1923, S. 295) für sich zu entwickeln, wenn ihr Bewusstsein von den kategorialen Figuren der herrschenden Ideologie angereichert ist, die

---

75 In einem Gespräch kurz vor seinem Tod äußerte sich Marcuse in derselben Weise. Es ist die psychische Struktur des Menschen gewesen, die eine mögliche Revolution immer wieder verhindert hat, sagte er. Und fügte hinzu: Es war »Freud allein, der enthüllte, in welchem Ausmaß die repressive Gesellschaft von den Individuen selbst unbewusst introjiziert und reproduziert wird. Dies ist der Sachverhalt, der von Marx und Engels überhaupt nicht wahrgenommen und untersucht worden ist; heute erkennen wir, dass er vielleicht der wichtigste ist« (Marcuse, 1978, S. 27).

durch ihre irrationale Verankerung gegen eine Veränderung sich imprägnieren?

Zwar ist die enge Verklammerung ideologischer Bewusstseinsfiguren mit dem personalen dynamischen Unbewussten verantwortlich für das Fehlen eines kritischen Bewusstseins. Darüber hinaus aber entbindet die strukturell gleichartige Bestimmung des menschlich-seelischen Wesens und des personalen dynamischen Unbewussten zugleich die Frage, ob das personale dynamische Unbewusste nicht nur das Ausbleiben eines kritischen Bewusstseins begründet, sondern als unbewusstes Widerstandspotenzial vielleicht überzeugender als das von Lukács konzipierte menschlich-seelische Wesen die Entstehung eines gesellschaftskritischen Bewusstseins begründen kann. Im Verständnis der Psychoanalyse beherbergt das personale dynamische Unbewusste ein Widerstandspotenzial insofern, als im Unbewussten zurückblieb, was in der Sozialisation zwar hergestellt, aber zugleich verpönt wurde. Es sind Verhaltensentwürfe, welche die Zeche für die Eingliederung in die bestehenden sozialen Verkehrsformen bezahlten, die Existenzform gesellschaftlicher Widersprüche im Subjekt. Vielleicht lässt sich das Widerstandspotenzial, das aus diesem Widerspruch resultiert, in irgendeiner Weise nutzbar machen, um eine weiterhin marktförmige Zurichtung der Menschen zu unterbinden und sie nicht in einer Sinn-freien Welt, einem subjektlosen »Ameisenhaufen mit [...] vielen aufeinander abgestimmten klugen Funktionen« (Horkheimer, 1970, S. 359) enden zulassen.

Es ist selbstevident, mit der Frage, wie das personale dynamische Unbewusste dienlich sein kann zu verhindern, dass Menschen »in einer neuen Art von Barbarei versink[en] [...] anstatt in einen wahrhaft menschlichen Zustand einzutreten« (Horkheimer & Adorno, 1947, S. 16), und sich an die Psychoanalyse zu wenden. Im Gewande der »analytischen Psychologie« ist sie im Urteil Adornos (1955, S. 42) »die einzige, die im Ernst den subjektiven Bedingungen der objektiven Irrationalität nachforscht [...]«. Als »Wissenschaft [...] vom Unbewusst-Seelischen« (Freud, 1925, S. 96) verspricht sie den Menschen, sie über ihr personales Unbewusstes zu informieren und sie damit auch über die unbewussten Verwurzelungen ihrer gesellschaftlichen Bewusstseinsformen aufzuklären, aus denen sich die Dauerhaftigkeit des Bestehenden generiert – gleichgültig, ob vermittels auf Fetische bezogener oder ökonomischer, der Oberflächengestalt des Wirklichen verpflichteter Vorstellungen.

Dieses Ansinnen wird verunmöglicht, weil sich das Interesse der Psychoanalytiker an der Realität inzwischen nicht mehr auf Erkenntnis, sondern auf das Geldverdienen fokussiert. Als Leitdisziplin unserer Gesellschaft hat die Ökonomie auch die psychoanalytische Praxis mit der Konsequenz ihrer Industrialisierung unter sich subsummiert. Die Behandlung kommt heute als »logisches Resultat« (Maio, 2016, S. 94) eines Krankheitsbildes in derselben Weise zur Anwendung wie die Handgriffe eines Arbeiters, mit denen er aus vorhandenem Material eine Ware herstellt. Bestimmt vom »Rentabilitätskalkül« (ebd.) wird Sinnverstehen durch strategisches Handeln ersetzt, das sich nicht am Latenten, sondern am Manifesten orientiert. Wie andernorts (Zepf & Seel, 2019) ausführlich dargestellt, gilt heutzutage das Interesse der Psychoanalytiker nicht mehr vorrangig dem die Lebensgeschichte aufklärenden Gebrauchswert ihrer Dienstleistung,[76] sondern dem Verdienst, der Bewusstseinsform ihres Tauschwerts, den sie bei der Realisierung ihrer Dienstleistung erwirtschaften können.

Für die Realisierung des Tauschwerts ist es gleichgültig, ob die Realisierung des Gebrauchswerts zum therapeutischen Erfolg führt oder nicht, und wenn die Realisierung des Tauschwerts mit einem therapeutischen Erfolg einhergeht, heißt das noch nicht, dass das unbewusste Widerstandspotenzial in gesellschaftskritischen Bewusstseinsformen zur Sprache gebracht würde. Es scheint eher, als würde der »Schrei nach jenen Veränderungen in unserer Kultur [...] in denen wir allein das Heil für die Nachkommen erblicken können« (Freud, 1910b, S. 115), weiter stumm gestellt, indem das im Symptom aus gesellschaftssyntonen Ersatzbildungen ausgescherte Unbewusste wieder in eben diese herrschenden gesellschaftlichen Verkehrsformen resozialisiert wird[77] (Zepf & Seel, 2019).

Wenn es darum geht, dass aus den affirmativen Bewusstseinsfiguren ein kritisches Bewusstsein entsteht, müssten die unbewussten Verankerungen der bestehenden Bewusstseinsfiguren aufgelöst werden. Da man auf den aufklärerischen Impetus der *psychoanalytischen Methode im Gewande der analytischen Psychotherapie* nicht mehr vertrauen kann, erübrigt sich im

---

76 Dieses Desinteresse am Gebrauchswert ihrer therapeutischen Dienstleistung offenbart sich bspw. in den als gleichermaßen gültig angesehenen theoretischen Ansichten und behandlungstechnischen Konzepten, obwohl sie, wie z. B. Abend (1990), Frank (2000), Hamilton (1996), Hanly (1983) und Shervin (2003) feststellen, unvereinbar sind. Desgleichen zeigt auch die fehlende Auseinandersetzung zwischen Psychoanalytikern, die unterschiedliche Konzepte vertreten, wie bspw. Rangell (1974), Compton (1985) und Green (2005) monieren, das Desinteresse an Erkenntnis und am Gebrauchswert.

77 Wir werden dieses Thema nochmals im letzten Kapitel aufgreifen.

Rahmen der *psychoanalytischen Theorie* dem Nachdenken allenfalls noch die Option eines *Transfers des aus seiner Gefangenschaft in individuellen und überindividuellen gesellschaftsstabilisierenden Ersatzbildungen befreiten personalen dynamischen Unbewussten in andere Bewusstseinsformen.* Wenn man sich darüber aufklärt, dass ein jeder sowohl Objekt der Ersatzbildungen anderer als auch das Subjekt ist, das andere in die eigenen Ersatzbildungen einbezieht, kann ein solcher Transfer als Umschlag von Quantität in eine neue Qualität verstanden werden. Das soll heißen, dass in dem Maße, in dem sich Menschen in all ihren Lebensbereichen als lebende Tauschwerte begegnen, die im Unbewussten gründenden Ersatzbildungen, in denen sich der instrumentelle Charakter zwischenmenschlicher Beziehungen verbirgt, für andere als vorgetäuscht erkennbar werden. Mit der Generalisierung des Selbstverwertungsprozess des Kapitals wird es zunehmend schwerer, die in verschiedenen Beziehungen immer in derselben Weise auftretenden, dem Wiederholungszwang verfallenen Gefühle, die vergangenen und nicht den aktuellen Figuren gelten, als das zu nehmen, was sie vorgeben zu sein, aber nicht sind. Erkennen Menschen, dass das, was man ihnen entgegenbringt, nicht ihnen gilt, begreifen sie auch, dass es nicht so gemeint ist, wie es scheint. Die vorgetäuschten Gefühle werden belanglos, und es erübrigt sich nur die Erfahrung der Täuschung. Baran & Sweezy (1966, S. 334) beschreiben die Konsequenzen an einem Beispiel:

> »Durchschaut ein Mensch, der angelächelt wird, erst einmal das Künstliche, Unaufrichtige, ja Gezwungene dieses Lächelns, dann hört es auf, ein Zeichen für menschliche Freundlichkeit, Güte und Wärme zu sein. Er wird es dann mit einem gleichfalls künstlichen, unaufrichtigen, gezwungenen Lächeln erwidern, wodurch der Gesichtsausdruck beider aufgehoben wird und nichts hinterlässt als gegenseitige Gleichgültigkeit, die er eigentlich verbergen sollte.«

Aufseiten des Subjekts geht die Erfahrung des Objekts, dass es getäuscht wurde, mit der Erfahrung einher, dass seine aktuellen Ersatzbildungen nicht genügen, um sein personales Unbewusstes zu verbergen.

Mit der zunehmenden Generalisierung der Selbstverwertung des Kapitals auf alle Lebensbereiche verliert der Anschein emotionaler, menschlicher Beziehungen für das betreffende Objekt seine Glaubwürdigkeit, und dieser Verlust lässt für das Subjekt die Tauglichkeit seiner Ersatzbildung als Mittel, das personale dynamische Unbewusste außerhalb des Bewusstseins zuhalten, brüchig werden. Nimmt man beide Erfahrungen zusammen, die als Subjekt und Objekt mit Ersatzbildungen gemacht werden, wandelt sich das irrationale Vertrauen in die Ersatzbildungen in ein ebenso irrationales Misstrauen, einen Zweifel, der sich wegen seiner irrationalen Begründung auch nicht mithilfe der Bewusstseinsfiguren des Alltagsbewusstseins argumentativ beseitigen lässt.

Zwar beginnt dieses Misstrauen an einzelnen Vorstellungen, es muss aber nicht auf diese beschränkt bleiben. Es kann sich auf andere gesellschaftssyntone Ersatzbildungen ausdehnen, sodass auch gesellschaftliche Gegebenheiten nicht mehr zweifelsfrei als das hingenommen werden, als das sie erscheinen. Die Verdinglichung des Menschen gibt sich zu erkennen und der Zweifel eröffnet auch die Möglichkeit, das hinter der Verdinglichung sich Verbergende, das eigentliche Subjekt gesellschaftlichen Handelns – das Selbstverwertungsinteresse des Kapitals – letztendlich als menschliches und damit auch veränderbares Produkt zu erfassen.

Denn auch den ideologischen Bewusstseinsformen des gesellschaftlich *Noch-Nicht-Bewussten* wird misstrauisch begegnet, wenn sie aus welchen Gründen auch immer kritisch befragt werden – etwa religions-, politik-, konsum-, bzw. Populismus-kritisch. Durch solche Befragungen wird der gesellschaftliche Konsens dieser affirmativen Bewusstseinsfiguren infrage gestellt, womit sie in Zweifel geraten, ob sie sich noch als Ersatzbildungen des personalen dynamischen Unbewussten für die Bildung einer »habituellen« Masse (Freud, 1921, S. 159) eignen. Verlieren die ideologischen Bewusstseinsformen des gesellschaftlich *Noch-Nicht-Bewussten* ihre Tauglichkeit als Ersatzbildungen des personalen dynamischen Unbewussten, wird ihnen auch ihre irrationale Unterfütterung entzogen. Die Irrationalisierung des Rationalen wäre damit beendet, das Bestehende wäre nicht mehr irrational verfestigt und das für rational gehaltene Irrationale würde einer rationalen Argumentation zugänglich werden. Stünde ein entsprechendes Angebot zur Verfügung, wäre es möglich, dass sich entlang der von Lukács beschriebenen Bedingungen ein gesellschaftskritisches Bewusstsein entwickelt, in welches das personale dynamische Unbewusste verlagert werden könnte. Analog der Studentenbewegung könnten die gesellschaftskritischen Bewusstseinsfiguren noch eine irrationale Unterstützung erfahren, das personale dynamische Unbewusste hörte auf, »Kitt zu sein« und könnte schließlich zum »Sprengstoff« werden (Fromm, 1932, S. 57), indem es wie damals in eine gesellschafts-

kritische »habituelle[.] Massenbildung[.]« (Freud, 1921, S. 159) eingebunden wird.

Diese Option stünde nicht nur den Arbeitern, sondern allen Lohnabhängigen offen, auch jenen, die in der Bürokratie als Dienstleister
arbeiten und denen Lukács die Fähigkeit abspricht, ein gesellschaftskritisches (Klassen-)Bewusstsein ausbilden zu können. Im Unterschied zum
Arbeiter wäre der in der Bürokratie und Ähnlichem tätige Dienstleister
auch in »seinen Organen verdinglicht, mechanisiert, zur Ware« geworden (Lukács, 1923, S. 300). Während für den Arbeiter seine Stellung
im Produktionsprozess keine Aufstiegsmöglichkeiten einschließe, etwas
Endgültiges habe und in Gestalt der Unsicherheit der täglichen Markt-
schwankungen seinen Warencharakter unmittelbar erkennen ließe, bestünde in den sonstigen Arbeitsformen eine scheinbare Stabilität sowie
die Möglichkeit eines individuellen sozialen Aufstiegs. Dies ermögliche
ein Standesbewusstsein, das die Entstehung eines Klassenbewusstseins
wirksam verhindere.

Lukács Unterscheidung zwischen einem Arbeiter und einem unselbst-
ständigen Dienstleister hinsichtlich der Bildung eines Klassenbewusstseins
mag früher zutreffend gewesen sein, ist heute aber sicherlich nicht mehr
gerechtfertigt. Heute gibt es auch in der Welt der Arbeiter Aufstiegsmöglichkeiten – man denke an den Vorarbeiter auf dem Bau, – und erinnert
man sich an die Verkäuferinnen in den Schlecker-Filialen, ist die Sicherheit
der Anstellung bei Dienstleistern ebenso brüchig wie bei Arbeitern. Auch
will uns nicht einleuchten, dass die Verdinglichung eines Dienstleistenden
tiefer gehen soll als die des Arbeiters. Die einzige Differenz zwischen ihnen
ist eine sinnliche und formale. Sie besteht darin, dass sich die Arbeitskraft
des Arbeiters in einem ihm äußerlichen Produkt vergegenständlicht, während in der bürokratischen Arbeit die Arbeitskraft in einer Dienstleistung
vergegenständlicht wird. Auch als Dienstleister erfährt der Lohnabhängige
heute den Abstraktionsprozess unmittelbar, der an ihm vollzogen wird, der
seine Arbeitskraft von ihm trennt, ihn nötigt, sie als Ware zu verkaufen, der
ihn auf eine abstrakte Quantität reduziert und ihn als ein Detailwerkzeug
in den Produktionsprozess einfügt. Beide Male wird der Mehrwert, der von
der Arbeitskraft produziert wird, von der Selbstverwertung des Kapitals
angeeignet, der es gänzlich gleichgültig ist, ob die Ware, mit der sie sich
realisiert, dinglichen oder den Charakter einer Dienstleistung aufweist.

Ebenso trifft heute auch das von Lukács angeführte Marx-Zitat auf beide
Arbeitsformen zu. Es gehört in folgenden Kontext:

»Die Gleichgültigkeit gegen die bestimmte Arbeit entspricht einer Gesellschaftsform, worin die Individuen mit Leichtigkeit aus einer Arbeit in die
andere übergehn und die bestimmte Art der Arbeit ihnen zufällig, daher
gleichgültig ist. Die Arbeit ist hier in Wirklichkeit als Mittel zum Schaffen des Reichtums überhaupt geworden und hat aufgehört als Bestimmung
mit dem Individuum in einer Besonderheit verwachsen zu sein« (Marx,
1857/58, S. 38f.).

Dieser Text informiert, dass aus der Perspektive des Kapitals die konkrete Arbeit gleichgültig ist und nur die abstrakte Arbeit interessiert,
weil allein sie Mehrwert schafft. Diese Einsicht ist nicht auf dingliche
Waren beschränkt. Sie gilt heute ebenso für die Ware »Dienstleistung«.
Gleichgültig, ob sich die Arbeitskraft in einer dinglichen Ware oder in
einer Dienstleistung verwirklicht, indem sie nicht dem Arbeiter oder
Dienstleister, sondern dem Kapitalisten gehört, ist sie beide Male entfremdet.

Den Lohnabhängigen würden sich heute ihre individuellen personalen Beziehungen als enthumanisierte Beziehungen offenbaren, und ließen
sie als unmittelbare Erscheinungsformen des Selbstverwertungsprozess
des Kapitals erkennen. Ferner ließe sich zeigen, was gezeigt werden muss,
nämlich

»wie Staat, Privateigentum usw. die Menschen in Abstraktionen verwan-
deln oder Produkte des *abstrakten* Menschen sind, statt die Wirklichkeit
der individuellen, konkreten Menschen zu sein« (Marx & Engels, 1845,
S. 204).

In der Entwicklung eines gesellschaftskritischen Bewusstseins ließe sich
das gesellschaftlich *Noch-Nicht-Bewusste* aus seinen Oberflächengestalten erschließen und die gesellschaftskritischen Substitute, die quer zur
herrschenden Ideologie und Ökonomie liegen – gleichgültig, ob ihr
Inhalt philosophischer, erkenntnistheoretischer, politischer Natur oder
von sonst irgendeiner Art wäre –, hielten den schmalen Spalt zwischen
Ökonomie und Politik offen. Es wäre dies der Spalt, in dem sich die einzige Möglichkeit eines richtigen Lebens noch verwirklichen kann, welche
Adornos (1944a, S. 42) Feststellung »Es gibt kein richtiges Leben im
falschen« noch zulässt, wenn man hinzunimmt: »Will man standhalten, so darf man nicht befangen bleiben im leeren Erschrecken« (1953b,

S. 72). Es ist der Spalt, der die Option eines kritischen Subjekts enthält, das mit der Hoffnung eines Besseren in der Zukunft die »radikale[n] Bedürfnisse« (Marx, 1843/44, S. 387) nach Transzendenz des Bestehenden noch in sich trägt.

Allerdings wird eine kritische Befragung der herrschenden Bewusstseinsfiguren nicht ausreichen, um Figuren des affirmativen in die eines in die Zukunft weisenden gesellschaftskritischen Bewusstseins zu wandeln. Dass ein bloßes Infrage stellen nicht ausreicht, dokumentiert nachdrücklich das Wiedererstarken des Rechtspopulismus.[78] Sieht man genauer hin, kann man wiederentdecken, was Adorno (1967, S. 10) schon vor über 50 Jahren beschrieben hat, nämlich dass die zunehmende »Konzentrationstendenz« des Kapitals mit der »Deklassierung von Schichten« einherging, die bürgerlich und nicht in der Lage waren, an ihren »Privilegien« und ihrem »sozialen Status« festzuhalten.

Einvernehmlich mit Adornos (ebd., S. 14) Feststellung, dass das Festhalten an nationalsozialistischen Ideen »eine Angst vor den Konsequenzen der gesamtgesellschaftlichen Entwicklung« zugrunde liegt, sieht Koppetsch (2019) im Erstarken des Rechtspopulismus einen »*kollektiven emotionalen Reflex*« (ebd., S. 23) auf die Gesellschaft. In der Gesellschaft hätte sich in relativ kurzer Zeit der Kapitalismus in einen »Netzwerkkapitalismus« (ebd., S. 15) mit transnationalen Wertschöpfungsketten entwickelt, lokale Unternehmen verwandelten sich in global vernetzte Einheiten, Nationalstaaten hätten ihre Souveränität an ökonomische Akteure verloren, Großstädte wären zu transnationalen Steuerungszentren aufgestiegen und ländliche Regionen entleerten sich und verödeten. Soziale Ungleichheiten transnationalisierten sich ebenso. Am oberen Pol die Superreichen und die relativ breite Schicht der in Großstädten lebenden transnationalen Kosmopoliten mit postnationalen Identitäten, global einsetzbaren Fähigkeiten und transnational verwertbarer Bildung. Am unteren Pol Geringverdiener aus unterschiedlichen Weltregionen, globales Dienstleistungsproletariat, unterschiedlich geringqualifizierte bis gut ausgebildete Migranten und gering- und de-qualifizierte einheimische abhängig Bedienstete wie einfache Dienstleister, Randbelegschaften im industriellen Sektor, Arbeits-

---

[78] Unter Rechtspopulismus verstehen wir u. a. mit Häusler & Roeser (2014) einen nationalistisch geprägten Antiuniversalismus, dualistisches Gut/Böse Schema, Eigencharakterisierung als antipolitisch, Problemzuschreibungen zu Ethnien, Inszenierung als Opfer.

lose und Sozialhilfeempfänger. Dazwischen findet sich noch eine in den nationalen Wirtschafts- und Wohlfahrtsraum eingebundene Mittelschicht, deren akademisch ausgebildeter urbaner Teil sich zunehmend in die Oberschicht zu integrieren sucht, während sich die in den Regionen und Kleinstädten Lebenden den nationalen Wirtschafts- und Wohlfahrtsraum unbedingt erhalten möchten.

Mit dieser strukturellen Veränderung der Gesellschaft gingen alle Zugehörigkeiten – zu einem Land, einer Region, kulturellen Traditionen – verloren. Dieser Verlust brachte Bedrohungen hervor, insbesondere in der unteren Mittelschicht. Die Bewohner der schrumpfenden Regionen befürchten den Abstieg in die Gruppe der gesellschaftlich gänzlich Machtlosen und Vergessenen. Da sie ihre Werte mehr in der Nation, der gemeinsamen Abstammung und Kultur gründen, erfahren sie zugleich die kosmopolitischen Werte als Bedrohung. Insofern sind ihnen auch Migranten eine Gefahr.

Kurz zusammengefasst heißt dies, dass in der Situation, in welcher der Rechtspopulismus erstarkte – nach der »Mitte-Studie« der Friedrich-Ebert-Stiftung neigen heute 21 % der Deutschen zu einer rechtspopulistischen Einstellung und bei 42 % lässt sich eine solche Tendenz feststellen (Zick et al., 2019) –, die aktuell vorherrschende neoliberale Ideologie für einen bestimmten Personenkreis problematisiert wurde. Für diese Gruppen war die Vorstellung eines freien Markts, der alles regelt, den Menschen, die für die Realisierung ihrer Belange selbst verantwortlich sind, eine ebenso freie Entfaltung ermöglicht und ein jeder sich praktisch alles ermöglichen kann, wenn er sich ständig selbst optimiert und nur hart genug an sich arbeitet, nicht mehr von ihrer Realität gedeckt.

Warum sich in dieser Situation kein vorwärts gerichtetes Bewusstsein entwickelte, welches das Wesen des Kapitalismus auf den kritischen Begriff gebracht hätte, sondern zwar ein kritisches, aber doch rückwärts gerichtetes, rechtspopulistisch organisiertes Bewusstsein entstanden ist, das am Phänomen haften bleibt und über die wirklichen Ursachen der Misere, die keineswegs schwer zu durchschauen wären, hinwegsieht, ist eine offene Frage.

In der Perspektive dieser Frage wollen wir im Folgenden außer der Arbeit von Koppetsch (2019) noch die Arbeiten von Adorno (1951, 1966b, 1967) und Lorenzer (1981) in Augenschein nehmen, nicht um diese Frage detaillierter zu beantworten, sondern weil in ihren Analysen rechtsgerichteter Massenbildung ein Instrument Kontur gewinnt, das bei der Herstellung eines wirksamen kapitalkritischen Bewusstseins hilfreich sein könnte.

Koppetsch (2019) begründet das Erstarken des Rechtspopulismus u. a. mit dem propagandistischen Diskurs rechtsgerichteter Parteien. Sie knüpften an die unterschiedlich begründeten sozialen Ängste an, agierten polythematisch als eine Art »gesamtgesellschaftlicher Gegenbewegung«, indem sie bislang Unverbundenes (»Weltwirtschaftskrise, ›Flüchtlings-krise‹, Verkrustung der Eliten, emotionale Entfremdung«) kombinierten und darauf mit einer dreifachen Zielsetzung reagierten: »*Re-Nationalisie-rung*«, »*Re-Souveränisierung*«, »*Re-Vergemeinschaftung*« (ebd., S. 24). Zusammengefasst:

>»Gegen das Regime individualistischer Markt- und Selbstverwirklichungs-kulturen soll das Volk als Hort exklusiver Zusammengehörigkeit gestärkt und gegen nicht Dazugehörige verteidigt werden. Die neuen Rechtsparteien reagieren damit auf Verunsicherungen der Globalisierung und erfüllen eine weit verbreitete Sehnsucht nach Geborgenheit und Gemeinschaft. Als at-traktive Lebensform kann diese Gemeinschaft deshalb erscheinen, weil sie die Schwächen der globalen Moderne mit ihren Ausscheidungskämpfen, den Kämpfen um Sichtbarkeit, persönlichen Wert und Individualität kom-pensieren und überwinden will« (ebd., S. 25).

Würden die Anhänger rechter Parteien um die Gründe für ihre Ängste und Verunsicherungen wissen, wären die daraus entstehenden Sehnsüchte bewusst, ließe sich mit ihnen auch rational diskutieren. Wie die Erfahrung zeigt, ist genau dies nicht möglich. Der Umstand, dass das Beharren auf die nur mit rationa-lisierenden Phrasen – wie »Deutschland den Deutschen«, »Früher war alles besser« bzw. »Europa ist Scheiße« – begründeten Ansichten, legt nahe, dass das rückwärtsgewandte und nicht diskutable Verharren im Alten und Favorisie-ren des Vergangenen im Irrationalen gründet. Offensichtlich drohten in Kon-frontation mit der gesellschaftlichen Praxis die gesellschaftlichen Vorstellungen, die gesellschaftlichen Verkehrsformen, die mit der neoliberalen Ideologie ver-bunden sind, ihre Eignung als Ersatzbildungen des personalen dynamischen Unbewussten dieser Gruppierungen zu verlieren. Anders ausgedrückt: Für be-stimmte Menschen wurden mit ihren Bewusstseinsfiguren auch die bisherigen Ersatzbildungen ihres personalen dynamischen Unbewussten durch die struktu-rellen Veränderungen der Gesellschaft[79] problematisiert, und die rechtsgerichte-

---

79 Koppetsch (2019, S. 96) berichtet, dass bei der Bundestagswahl 2017 fast zwei Drittel der AfD-Wähler männlich waren und die AfD besonders bei den noch erwerbstätigen 35-

ten Parteien versprachen für Ersatzbildungen, die ihre Tauglichkeit zu verlieren drohen oder schon verlorenen haben, unter den Begriffen »Nationalismus«, »Souveränität« und »Gemeinschaft« andere Ersatzbildungen für das personale dynamische Unbewusste.

So gesehen informiert die Analyse von Koppetsch, dass Menschen ihre bisherigen Bewusstseinsfiguren durch praktische Kritik in ein Alltagsbewusstsein wandeln, dessen Figuren sich als taugliche Ersatzbildungen ihres personalen dynamischen Unbewussten erweisen.

Liest man Koppetsch' Überlegungen im Kontext von Lorenzers (1981) geläuterter Fassung von Freuds (1921) *Massenpsychologie und Ich-Analyse*, erfährt man noch genauer, wie sich ein solches rechtspopulistisches Bewusstsein herstellt, das zugleich das personale dynamische Unbewusste in Gestalt von Ersatzbildung in sich tragen kann. Unter Bezugnahme auf Simmels (1946, S. 508) Statement »Die antisemitische *Idee* ersetzt [...] den Führer. An die Stelle des gesprochenen Führerworts tritt die durch Zeitungen und Flugblätter verbreitete Propaganda«, argumentiert Lorenzer (1981, S. 119), dass

> »Gruppenbildung [...] keine zufällige Anhäufung von gestörten Individuen [ist]. Es bedarf eines ›objektiven Organisators‹, der in bereitliegende Persönlichkeitsdefekte einhakt. Es bedarf [...] einer ›*Idee*‹, die die weltanschauliche Ausrichtung besorgt.«

Wird diese Idee von anderen geteilt, schreibt Simmel (1946, S. 495) im Hinblick auf den Judenhass, tut es »gut zu wissen, dass viele [...] seine [die eignen] Gefühle teilen«. Bei einer zugrundeliegenden ödipalen Problematik wird in diesem Fall die Versagung ödipaler Wünsche durch den gleichgeschlechtlichen Elternteil auf die Juden verschoben, wodurch sie zugleich zum Objekt der aggressiven Regungen werden, die eigentlich dem verbietenden Elternteil galten: »Der Feind wird benannt: Der Jude darf/ muss vernichtet werden, weil er Schuld ist an unserem/meinem Unglück« (Lorenzer, 1981, S. 121). Dadurch wird der Einzelne »im organisierten Bewusstsein einer Masse eingebettet und damit von seiner asozialen Isolie-

---

bis 59-Jährigen erfolgreich war. Im Westen reüssierte sie überproportional bei Wählern, die einer industriellen Tätigkeit nachgingen und/oder über ein geringes Einkommen verfügten, im Osten war sie besonders in solchen ländlichen Regionen erfolgreich, die besonders stark von Abwanderung betroffen waren.

rung erlöst«, wobei die »Vereinigung ›Gleichgeschalteter‹ [...] die nötige Stallwärme« gibt (ebd., S. 122).

Lorenzers Überlegungen zur Massenbildung im Nationalsozialismus lassen sich problemlos auf das Entstehen eines rechtspopulistischen Bewusstseins übertragen. Dazu bedarf es nur einer entsprechenden Aktualisierung der Idee eines Außenfeindes wie »Die da oben« bzw. »Migranten«. Folgt man Lorenzer, scheint es, als hätte diese Art einer irrationalen Verklammerung des rechtsgerichteten Bewusstseins nichts mit der Entstehung eines gesellschaftskritischen Bewusstseins zu tun, das über den Kapitalismus hinausweist. Lorenzer (ebd., S. 129) will jedenfalls die »weltanschauliche[n] Massenbildung« im Faschismus vom »Kollektivbewusstsein einer Solidargemeinschaft« unterschieden wissen, bei dem es sich um ein solches kapitalkritisches Bewusstsein handeln soll. Dieses Kollektivbewusstsein setze »nicht am fatal schlechten Kompromiss der Symptome an, sondern an [...] den symbolischen Interaktionsformen« (ebd.). Eine Solidargemeinschaft vereinige die Individuen nicht über ihre neurotischen Defekte, »sondern an jenen Punkten, in denen die Liebesfähigkeit und Reflexion unangetastet blieben« (ebd., S. 130):

> »Die nicht symptomzentrierte Vergesellschaftung organisiert die Individuen zu überindividueller Subjektivität und macht sie damit fähig zur Bewältigung sozialer Aufgaben. Sie mobilisiert den Leidensdruck der persönlichen Irritation und eröffnet so der individuell/überindividuellen Subjektivität den Weg zu einer kreativen Debatte und einer kreativen Neugestaltung des Verhältnisses von Individuum und gesellschaftlichem Zustand.«

Gegen diese Begründung des »Kollektivbewusstseins einer Solidargemeinschaft« ist nichts einzuwenden, allerdings nur solange, wie man sie im Abstrakten belässt und nicht nach der Praxis fragt. Es lässt sich nicht bestreiten, dass sich ein solches Kollektivbewusstsein unter der Voraussetzung symbolischer Interaktionsformen, d. h., Verhaltensmuster, die nicht unbewusst unterfüttertet sind, entwickeln kann. Aber diese Voraussetzung wird sich im praktischen Leben so nicht finden. Denn diese Begründung tut so, als wären im Innenleben des Menschen Unbewusstes und Bewusstes getrennt, bzw. als wäre eine symptomlose Person frei von einer Neurose. Indem Lorenzer das Konzept der Ersatzbildungen außer Acht lässt und das Unbewusste lediglich in der Symptombildung wirksam sieht, kann mit dem Konzept der sog. »Symptomschablone« eine solche Trennung unterstellt werden. Es ist diese eine Unterscheidung von der Person, deren Seelenleben sich durch symbolische, d.h. vollumfänglich bewusste Interaktionsformen strukturiert, und dem neurotischen Symptom, das in seinem Sprachgebrauch aus Klischees, desymbolisierten Interaktionsformen besteht, die unter falschem Namen im Bewusstsein erscheinen. In Wirklichkeit freilich geht es dialektisch zu, und das Unbewusste ist nicht isoliert vom Bewusstsein und punktuell auf das Symptom begrenzt. Im Gegenteil, es ist generalisiert und im Bewusstsein vorhanden: »The unconscious is […] an aspect of the indivisible totality of consciousness« (Ogden, 1997, S. 9), das sich in der Person in ich- und gesellschaftssyntonen Ersatzbildungen, die Freud (1926a, S. 176) in struktureller Hinsicht den Symptombildungen gleichsetzt, und im Symptom in ich- und gesellschaftsdystoner Form verbirgt und darstellt (s. Zepf, 2012).

Offensichtlich kann die Entstehung eines Kapitalismus-kritischen Bewusstseins nicht so begründet werden, wie es von Lorenzer begründet wird. Dazu ist nicht von abstrakten, sondern von den konkreten Bedingungen auszugehen. Dass soll heißen: »Neurosen sind soziale Erkrankungen«, sind als Erscheinungsformen des gesellschaftlichen Widerspruchs in den Subjekten aufzufassen, »die mit einiger Notwendigkeit aus ihm hervorgehen« (Fenichel, 1945b, S. 194). Da jeder diesem Widerspruch ausgesetzt ist, ist davon auszugehen, dass auch die Mehrheit der Menschen neurotisch strukturiert ist, sodass bei der Entstehung eines solchen Bewusstseins nicht von den Ersatzbildungen, den Bewusstseinsformen des Unbewussten im Subjekt abgesehen werden kann.

Dass die Idee, von der die Ersatzbildungen »weltanschaulich gefüllt« wird (Lorenzer, 1981, S. 121), nicht zwingend die Nation beherbergen und antisemitisch oder gegen »Die da oben« bzw. »Migranten« gerichtet sein muss, dürfte ebenfalls einsichtig sein. Die Fans eines Fußballvereins versammeln sich ebenso unter einer Idee, die Gemeinsamkeit suggeriert – »You'll never walk alone« heißt es in der Vereinshymne des FC Liverpool, die inzwischen auch von Anhängern anderer Vereine gesungen wird –, und die andere Vereine, die sich ebenfalls unter einer Idee zusammenschließen, eine Masse im Kleinen bilden, zu Feinden stempelt. Auch in Lorenzers (ebd., S. 126) Verständnis können »andere ›Inhalte‹ massenwirksam« werden, wie er u.a. mit dem Beispiel einer spontanen Massenbildung bei einem Auftritt Billy Grahams illustriert. Ebenso gut ließen sich die Ersatzschablonen von einer antikapitalistischen Idee ausfüllen, etwa der einer Gemeinschaft der »Ausgebeuteten« gegen die »kapitalistischen Ausbeuter«. Zwar würden mit dieser Idee im Unterschied zum Nationalsozialismus soziale Konflikte nicht »stillgestellt und reaktionär umgekehrt werden« (ebd., S. 122). Vielmehr würde eine rationale Erklärung geschaffen, die über die realen gesellschaftlichen Verhältnisse und die darin bestehenden Konflikte aufklärt und die nicht in die Vergangenheit, sondern in eine bessere Zukunft weist. Gleichwohl könnte diese Idee bei entsprechender Propaganda ebenso als Organisator einer Gruppenbildung fungieren, welche die kindliche Sehnsucht »nach Geborgenheit und Gemeinschaft« erfüllt und »als Hort exklusiver Zusammengehörigkeit [...] gegen nicht Dazugehörige« verteidigt wird (Koppetsch, 2019, S. 24). Orientiert an der Struktur faschistischer Propaganda könnten in Erfüllung des »infantilen Wunsch[s] nach endloser, unveränderter Wiederholung« (Adorno, 1951, S. 336) die Kapitalisten agitatorisch immer wieder den Schädlingen – niederen Tieren und Ungeziefer – gleichgestellt, ihr realer blutsaugender, vampirhafter Charakter bildhaft hervorgehoben werden. Mit der »Konzentration der Feindseligkeit auf die Fremdgruppe ließe sich zugleich die Intoleranz innerhalb der eignen Masse« (ebd., S. 333) beseitigen. Der Einzelne wäre »im organisierten Bewusstsein einer Masse eingebettet« (Lorenzer, 1981, S. 122) und könnte zwar irrational unterfüttert, aber doch solidarisch mit anderen handeln.

Für die Herstellung eines gesellschaftskritischen Bewusstseins wäre mithin die permanente Kritik affirmativer Bewusstseinsfiguren um eine ebenso permanente propagandistische Vorwegnahme eines kapitalismusfreien Zustands zu ergänzen, der über das Bestehende hinausweist und ungestillte Kindheitssehnsüchte mystifiziert als erfüllt darstellt.

Auf den ersten Blick mag unsere Anregung irritieren, für die Herstellung eines massenwirksamen gesellschaftskritischen Bewusstseins eine Anleihe beim Nationalsozialismus aufzunehmen. Er steht jedenfalls für das Gegenteil von dem, was von einem gesellschaftskritischen Bewusstsein bewirkt werden soll. Aber dieses Paradoxon ist nur ein scheinbares. Die Anleihe betrifft nicht die Idee des Nationalsozialismus, sondern die Struktur der massenwirksamen Form, in der diese Idee verbreitet wurde und die Abwesenheit eines Kapital-kritischen Bewusstseins in der Nachfolge der 1968er[80]

---

80 Wir wollen die 1968er nicht idealisieren. Sie hatten ein gesellschaftskritisches Bewusstsein und im Kapitalismus auch einen gemeinsamen Feind — jedenfalls abstrakt. Konkret aber waren die Feinde, die man argwöhnisch beäugte und gegen die man täglich kämpfte, die jeweils anderen K-Gruppen (z. B. Ernst Thälmann Kampfbund, KPD-ML, Rote Garde, SDS, Spartakus etc.). Das gesellschaftskritische Bewusstsein, welches in den

zeigt, dass für die Verbreitung eines solchen Bewusstseins eine ebensolche Form erforderlich ist, um massenwirksam zu werden. In der Zeit nach den 1968ern jedenfalls versickerte ein solches Bewusstsein im Nirgendwo, auch weil den Aktivitäten der »Bewusstseins-Industrie« (Enzensberger, 1976, S. 3), welche die Kerngestalt unserer Gesellschaft im Alltagsbewusstsein verschleierten, nicht diese Art einer Propaganda entgegen gehalten wurde.

Erkennbar ist jedenfalls, dass wir von einer solch unablässigen und massenwirksamen Kritik affirmativer Bewusstseinsfiguren ebenso weit entfernt sind wie von einer konstanten linksgerichteten Propaganda, die zielgerichtet in mystifizierter Form die Erfüllung von Kinderwünschen verspricht. Wie uns Koppetschs Darstellung und die vorliegenden Daten informieren, sind die gegenwärtigen Ersatzschablonen mehrheitlich eher von rechts- und rückwärtsgerichteten, in jedem Fall aber von affirmativen, das Alltagsbewusstsein gegen Irritationen imprägnierenden und nicht von linksgerichteten, gesellschaftskritischen und progressiven Inhalten angefüllt.

Angesichts dieser und der weiteren Einsicht, dass Rückfälle meistens beim unbedachten Voranschreiten geschehen, scheint es wahrscheinlicher, dass nicht die Entwicklung eines gesellschaftskritischen Bewusstseins, sondern eine andere Möglichkeit näher an die Wirklichkeit rückt: die Wiederholung jenes Verfalls »in die Barbarei« von Ausschwitz, von dem Adorno (1966b, S. 674) spricht. Die »Barbarei«, sagt er,

> »besteht fort, solange die Bedingungen, die jenen Rückfall zeitigten, wesentlich fortdauern. Das ist das ganze Grauen. Der gesellschaftliche Druck lastet weiter, trotz aller Unsichtbarkeit der Not heute. Er treibt die Menschen zu dem Unsäglichen, das in Auschwitz nach weltgeschichtlichem Maß kulminierte. Unter den Einsichten von Freud, die wahrhaft auch in Kultur und Soziologie hineinreichen, scheint mir eine der tiefsten die, dass die Zivilisation ihrerseits das Antizivilisatorische hervorbringt und es zunehmend verstärkt« (ebd.).

Zu unterstreichen ist an diesem Zitat, dass das Wiederauftreten der Barbarei nicht das sich Durchsetzen eines Archaischen bedeutet. Gemeint ist vielmehr, dass Barbarei und Zivilisation nicht nur Gegensätze sind, sondern dialektisch aufeinander bezogen, d. h. ineinander verschränkt existieren. Bar-

---

einzelnen Gruppierungen vorlag – die Idee, die für deren Zusammenhalt verantwortlich war –, unterschied sich in der jeweiligen Marx-Rezeption und der jeweiligen Handlungsstrategie, mit welcher der Kapitalismus überwunden werden sollte.

barei ist keine Rückkehr der Prähistorie. Barbarei ist der im Namen der Zivilisation in der Gegenwart produzierte Gegensatz der Zivilisation. Es ist eine Barbarei *in* der Zivilisation. Schon Engels (1844, S. 502) hatte mit Bezug auf die »Verteidiger der Handelsfreiheit« festgestellt, »dass hinter der gleisnerischen Humanität der Neuen ein Barbarei steckt, von der die Alten nichts wussten«, und Marx (1847b, S. 553) hatte geschrieben: »Die Barbarei erscheint wieder, aber aus dem Schoß der Zivilisation selbst erzeugt und ihr angehörig.« Wir unterstreichen: Der Gegensatz der Zivilisation wird von der Zivilisation selbst hergestellt. Beim Fortschritt des Kapitalismus, der bestenfalls »die materielle Grundlage einer neuen Welt« schaffen kann (Marx, 1853, S. 226), braucht man nur an

➢ Kinderarbeit zu denken,
➢ an die als Kulturgut akzeptierte Genitalverstümmelung der Mädchen und Beschneidung der Knaben,
➢ die ökonomisch erzeugten Hungersnöte,
➢ geheime Foltereinrichtungen der CIA,
➢ Stellvertreterkriege, Massenvernichtungsmittel, Nagasaki, Hiroshima,
➢ qualvolle Tiertransporte,
➢ Todesstrafe – 100 Länder besitzen noch die Todesstrafe und jährlich werden ca. 4.000 Menschen hingerichtet (Schächtele, 2001) –
➢ Vernichtung unserer Lebensgrundlagen – pro Minute wird weltweit eine Fläche von 42 Fußballfeldern abgeholzt (Regenwald, 2019) und jedes Jahr verschwinden bis zu 58.000 Tierarten (Stein, 2014) –,[81]
➢ Verdinglichung der Menschen auf »lebende Kadaver« (Chargaff, 1989, S. 17) in der Humanmedizin, in der Organe transplantiert werden als wären es »Zündkerzen« und »tiefgefrorene Embryos [...] zum Tode im Mistkübel verurteilt« werden (ebd., S. 10),
➢ Flüchtlingskinder, die an Grenzen der USA, von ihren Eltern getrennt, in Käfigen eingesperrt leben,
➢ das Quälen der Flüchtlinge an den EU-Außengrenzen,
➢ die unzähligen toten Flüchtlinge im Mittelmeer und

---

81 Die Kabarettistin Monika Gruber verglich die Bepreisung des CO_2-Ausstoßes mit einem Ehemann, der sein Frau schlägt, und dies damit rechtfertigt, dass er die Behandlung seiner Frau bezahle.

➢ die Bestrafung derjenigen, die Flüchtlinge vor dem Ertrinken retten.[82]

Nochmals: Die Wiederholung dieses Verfalls ist nicht eine Wiederbelebung von Vergangenem in der Gegenwart. Im abermaligen Verfall an die Barbarei in der Gegenwart wird die vergangene Barbarei neu geboren. Zwar endet Adorno mit der Bemerkung: »Wenn im Zivilisationsprinzip selbst die Barbarei angelegt ist, dann hat es etwas Desperates, dagegen aufzubegehren« (Adorno, 1966b, S. 674). Aber auch wenn unter Adornos Blickwinkel ein Sich-wehren gegen die Barbarei wenig erfolgreich erscheint, die Zukunft wird nicht von unseren Gedanken bestimmt werden. Die Praxis wird die Zukunft bestimmen und nichts kann gegen eine Praxis sprechen, in der wir wenigstens versuchen zu verhindern, dass wir erneut die barbarischen Lebensverhältnisse herstellen, denen wir schon einmal anheimgefallen sind.

---

82 Schiller (2017, S. 179) verweist in diesem Zusammenhang noch auf die »alltägliche Brutalität und Dummheit der Unterhaltungsindustrie«.

XI Psychoanalyse heute und Historischer Materialismus

> »Die Wahrheit liegt in der Zukunft.«
> *Georg Diez, 2018*

Rückblickend wird erkennbar, dass der Historische Materialismus über das widersprüchliche gesellschaftliche Wesen des Menschen aufklärt, während die Psychoanalyse Freuds, bislang ohne es zu wissen, dessen Existenzformen im Menschen erkundet, sie und der Historische Materialismus entsprechend ihren unterschiedlichen Objekten – die psychischen Verhältnisse im Subjekt hier und die gesellschaftlichen Verhältnis dort – sich unterschiedlicher Methoden bedienen, denen dieselbe Logik inhärent ist, und Psychoanalyse und Historischer Materialismus in den psychoanalytischen Kategorien Freuds bereits vermittelt sind, die Vermittlung sich jedoch bisher dem Begriff entzog. Darüber hinaus haben wir dargelegt, dass das mit Laplanche geläuterte psychoanalytische Kategoriensystem Freuds auf die Existenzform der zur Vermittlung anstehenden *noch-nicht-bewussten* gesellschaftlichen Prozesse in den Subjekten verweist, die zwar auf historisch-materialistische Begriffe gebracht sind, sich aber außerhalb des Alltagsbewusstseins befinden. Beschränkt auf diesen verkürzten Erkenntnisstand verkannten Psychoanalytiker in ihren theoretischen Rekonstruktionen erlebter Lebensgeschichten Gesellschaftliches *als* Seelisches, und missdeuteten Erscheinungsformen als Wesen ihres Gegenstands. Indem die in den psychoanalytischen Konzepten bereits enthaltende Vermittlung entmystifiziert und die gesellschaftliche Herkunft des in den psychoanalytischen Konzepten gefassten Gegenstands auf die entsprechenden Begriffe gebracht wurden, vertieft sich fraglos der bisherige beschränkte Erkenntniszustand. Mit dem Begreifen der Vermittlung geben sich die psychoanalytischen Konzepte als wissenschaftliche Begriffe zu erkennen, in denen sich die Erscheinungsformen des in den Begriffen des Historischen Materialismus gefassten gesellschaftlichen Wesens des Menschen abbilden.

Nachdem erkannt ist, dass sich in den psychoanalytischen Kategorien die Existenzform des gesellschaftlich *Noch-Nicht-Bewussten* in den Subjekten und im Triebbegriff das elterliche Unbewusste verbirgt, hat es den Anschein, als müssten die Psychoanalytiker nur noch ausreichend über die Herkunft des Seelenlebens aus dem gesellschaftlich *Noch-Nicht-Bewussten* informiert werden, damit diese Erkenntnis auch in ihr Alltagsbewusstsein eingeschrieben wird. Aber wie so oft ist auch hier das Augenscheinliche nicht das Selbstverständliche. Die Psychoanalyse hat sich inzwischen längst einer »Konventionalisierung« (Adorno, 1944c, S. 79) unterzogen, und Psychoanalytiker sind mehrheitlich in *analytische Psychotherapeuten* mutiert, und haben »zuerst in Worten und dann allmählich auch in der Sache« nachgegeben (Freud, 1921, S. 99). Wir haben bereits darauf hingewiesen, dass sich deren Interesse an der Realität vorrangig auf das Behandlungshonorar und nicht auf die Aufklärung der gesellschaftlichen Verursachung neurotischer Erkrankungen fokussiert. Auch sieht sich dieses Unternehmen mit der ideologischen Barriere konfrontiert, die aus der sozialen Lage der Psychoanalytiker als Kleinbürger und selbstständige Kleinkapitalisten erwächst (s. Zepf & Seel, 2019). Ihre soziale Lage ließ die Psychoanalytiker bislang gar nicht auf die Idee kommen, dass die als »Neurose« etikettierten Widersprüche im Seelenleben der Individuen in Widersprüchen im gesellschaftlichen Leben gründen, und die sie auch nicht erkennen lässt, was sich in ihrem Interesse am Behandlungshonorar verbirgt.

Menschen halten den Wert einer Ware für deren Natureigenschaft und wissen nicht, dass »sie ihre verschiednen Arbeiten einander als menschliche Arbeit gleich[setzen]«, wenn »sie ihre verschiedenartigen Produkte einander im Austausch als Werte gleichsetzen« (Marx, 1867, S. 88). Ebenso wenig wissen auch Psychoanalytiker, dass ihr Behandlungshonorar nicht das bloße Ergebnis von Verhandlungen ist, sondern dass seine objektive Grundlage im Tauschwert ihrer Dienstleistung liegt, den sie mit der Behandlung realisieren. Beide Male gilt: »Sie wissen das nicht, aber sie tun es« (ebd.). Wüssten die Psychoanalytiker, was sie tun, hätten sie auch die Möglichkeit, den Zustand ihrer Wissenschaft als Folge ihrer Arbeitssituation zu erkennen und zu entscheiden, ob sie ihre Wissenschaft sowie ihre Haltung ihr gegenüber kritisch-selbstkritisch betrachten, und inwieweit sie sich Systemzwängen unterwerfen und ihre Konsequenzen mittragen wollen.

Des Weiteren wird die Einschreibung dieses Sachverhalts in das Alltagsbewusstsein der Psychoanalytiker auch dadurch gehemmt, dass einer Befragung der psychoanalytischen Konzepte irrationale Gründe entgegenstehen. Wir haben andernorts ausführlich dargestellt (Zepf & Hartmann, 2005; Zepf & Seel, 2020), dass die psychoanalytischen Konzepte in die restneurotischen Überbleibsel einzementiert sind, welche die Lehranalyse der Psychoanalytiker überdauerten. Es kann heutzutage kaum ernsthaft bestritten werden, dass Psychoanalytiker längst der »Versuchung« erlegen sind, das, was sie »in dumpfer Selbstwahrnehmung von den Eigentümlichkeiten [ihrer] eigenen Person erkenn[en], als allgemeingültige Theorie in die Wissenschaft hinauszuprojizieren« (Freud, 1912b, S. 383). Zum fehlenden Interesse an der Aufklärung der gesellschaftlichen Verursachung neurotischer Erkrankungen und der ideologischen Borniertheit, die eine Entmystifizierung erschweren, kommt eine weitere Schwierigkeit hinzu. Diese Schwierigkeit besteht darin, dass ihre theoretischen Überzeugungen die Psychoanalytiker vor dem Bewusstwerden ihrer unbewussten Strebungen in derselben Weise schützen, in der sich andere mit religiösen Überzeugungen davor abschirmen. Sie schützen sie zum einen, weil sie ihnen helfen, Ersatzbildungen ihres personalen dynamischen Unbewussten als unverfängliche Bewusstseinsformen rationalisierend zu begründen, und zum anderen, weil sie selbst als Ersatzbildungen dienlich sind.

Hinter der daraus entstehenden Erkenntnisbarriere können Psychoanalytiker in ihrem Alltagsbewusstsein und in ihren theoretischen Konzepten sowohl ihre eigene wie auch die gesellschaftliche Realität, in welcher der Patient lebte und lebt, und auch den Historischen Materialismus nur noch in ideologischen Entstellungen verkennen. Ob diese Barriere noch einer rationalen Argumentation zugänglich ist und sich beseitigen lässt, ist ungewiss. Aufgrund der unbewussten Einbetonierung der verschiedenen Konzeptualisierungen muss an ihnen aus irrationalen Gründen festgehalten werden, sodass es u. E. sehr verwegen scheint, in der gegenwärtigen Situation an eine Vermittlung von Psychoanalyse und Historischem Materialismus überhaupt zu denken. Verfolgt man diese Idee trotzdem, müssten sich zunächst die ideologischen Bewusstseinsformen der Psychoanalytiker in der Weise infrage gestellt sehen, wie wir es beschrieben haben, und sich in ein gesellschaftskritisches Bewusstsein gewandelt haben. Gelänge dies, bestünde aber noch immer die irrationale Verankerung der Konzeptualisierungen in den Psychoanalytikern, die nicht einfach zum Verschwinden gebracht werden kann. Dazu müssten die verschiedenen psychoanalytischen Fassungen der Erscheinungsformen der gesellschaftlichen Verhältnisse im Menschen, die wir andernorts als Metametaphern der psychoanalytischen Konzepte Freuds begriffen haben (Zepf & Seel, 2020), erst entmystifiziert, auf eine gemeinsame Begrifflichkeit zurückgeführt und zu den Kategorien des Historischen Materialismus metatheoretisch in Beziehung gesetzt werden. Erst dann könnte die Vermittlung von Psychoanalyse und Historischem Materialismus als gelungen behauptet werden.

Ob aber die neuen Etiketten, mit denen Freuds Konzepte überklebt wurden, wieder entfernt werden und dieser Weg beschritten wird, wird davon abhängen, inwieweit es gelingt, die psychoanalytischen Konzepte aus ihrer irrationalen Einbettung in den Psychoanalytikern zu befreien. Wie die affirmativen Bewusstseinsfiguren bei der Herstellung eines kritischen Bewusstseins müsste auch in diesem Fall der manifeste Inhalt der bestehenden konzeptuellen Metaphern immer wieder aufs Neue kritisch befragt werden – etwa erkenntnis- und wissenschaftskritisch. Damit würden die Metaphern in Zweifel geraten, ob sie noch als Ersatzbildungen des personalen dynamischen Unbewussten für den Zusammenhalt einer »habituellen« Masse (Freud, 1921, S. 159) von Psychoanalytikern geeignet sind. Verlieren sie ihre Tauglichkeit als Ersatzbildungen des personalen dynamischen Unbewussten der Psychoanalytiker, würden sie auch ihre irrationale Unterfütterung verlieren und könnten einer rationalen Argumentation zugänglich werden. Analog der Bildung eines gesellschaftskritischen Bewusstseins, bei der sich das den affirmativen Bewusstseinsfiguren entzogene personale dynamische Unbewusste auf eben dieses kritische Bewusstsein verlagerte, müsste sich auch in diesem Fall das von den unterschiedlichen Konzeptualisierungen abgekoppelte personale dynamische Unbewusste der Psychoanalytiker auf eine einheitliche Konzeption transferieren. Diese Konzeption wiederum wäre in der Weise klinisch auf ihren Wahrheitsgehalt zu prüfen, wie wir es anderorts beschrieben haben (s. Zepf, 2016).

Als eine solch einheitliche Konzeption bietet sich das bereits von uns dekonstruierte und um die *noch-nicht-bewussten* gesellschaftlichen Prozesse dekontaminierte kategoriale System der Psychoanalyse Freuds an, auf dessen Schultern ohnehin alle anderen psychoanalytischen Konzeptionen stehen. Da sich der gegenwärtige Erkenntnisgegenstand der Psychoanalyse von dem Freuds unterscheidet, würden in solchen Auseinandersetzungen, die mit dem Ziel durchgeführt werden, die Erscheinungsformen des gesellschaftlichen Wesens im Menschen möglichst präzise und einheitlich zu erfassen, auch die Konzepte Freuds nicht unberührt bleiben können. Gelingt diese Aufklärung, könnte die Psychoanalyse zu Recht das epitheton ornans »wissenschaftlich« für sich in Anspruch nehmen. Die Feststellung Freuds (1910b, S. 111), die Psychoanalyse weise der Gesellschaft nach,

»dass sie an der Verursachung der Neurosen selbst einen großen Anteil hat«, könnte substanziiert werden, indem die Psychoanalyse zeigt, *wie* das gesellschaftliche Wesen der Menschen sich im Menschen in seine Erscheinungsformen entwickelt. Im Gewande der analytischen Sozialpsychologie könnte sie ferner gemeinsam mit dem Historischen Materialismus darüber aufklären, *wie* das gesellschaftliche Wesen in den Menschen gelangt, und *wie* seine personalen Erscheinungsformen auf die gesellschaftlichen Verhältnisse Einfluss nehmen. Aus einer heterogenen und widersprüchlichen Meinungsvielfalt wäre die Psychoanalyse endlich zu dem geworden, was sie ihrem Anspruch nach schon ist, aber nie wirklich war: Die »Wissenschaft des Unbewussten« (1926c, S. 301), welche über die soziale Herkunft des Unbewussten ebenso aufklären kann wie über seine Funktion im gesellschaftlichen Getriebe.

Ist man mit Lukàcs (1966, S. 273) vertraut, dürften wir unschwer als Theoretiker zu erkennen sein, die es als ihre Aufgabe ansehen,

> »Klarheit über die Möglichkeiten des Menschen in dieser Periode zu bringen, wissend, dass der Nachklang dieser Erkenntnisse bei den Massen momentan gering sein wird.«

Legt man noch Emil Ciorans (1979, S. 107) Kriterium des »rechten Wege[s]« zugrunde –

> »Das Kriterium ist einfach: wenn die anderen sich von uns abwenden, gibt es keinen Zweifel, dass wir dem Wesentlichen näher sind« (ebd.) –,

wird der Umgang mit unserer Schrift auch über die Haltung unserer Kollegen Auskunft geben. Belehrt von der Gegenwart, in der sie entstanden ist, erübrigt sich wenig Hoffnung, dass aus den Wunden, die sie bereitet haben mag, eine Psychoanalyse entsteht, die sich noch in die von uns beschriebene Richtung entwickeln wird. »Nur um der Hoffnungslosen willen ist uns die Hoffnung gegeben«, schrieb Walter Benjamin (1925, S. 201), und eine solche Hoffnung wäre ohnehin einem momentanen Delirium des Verstands geschuldet. Eher werden die Schmerzen von der gesellschaftlichen Realität betäubt und die Wunden schneller vernarben, als sie entstanden sind. Die Wirksamkeit von Kritik setzt jedenfalls voraus, dass das Kritisierte noch ein Sujet der Reflexion ist, und ein solches gemeinsames Nachdenken über das Kritisierte hat sich längst in einander entfremdete und »Erkenntnis« bloß vortäuschende Informationen zerstückelt, die nur noch die Oberfläche des Gegenstands spiegeln. Die Psychoanalyse wird es vorziehen, auf diesem Zustand zu verharren, wird weiter vor dem gesellschaftlichen Wesen ihres Gegenstands die Augen geschlossen halten, dessen Erscheinungsformen verhaftet bleiben und sie für das Wesen halten. Sie wird sich weiter als wesenlose, d. h. als Scheinwissenschaft zielstrebig auf den Weg machen zu ihrer »endgiltigen[n] Ablagerung im Lehrbuch der Psychiatrie, im Kapitel Therapie« (1926b, S. 283), und schließlich daraus verschwinden wie praktisch sämtliche, bislang von Psychoanalytikern vertretene Lehrstühle für Psychotherapie und Psychosomatik aus den Medizinischen Fakultäten der Universitäten in der BRD bereits in die Vergangenheit entglitten sind. Obwohl für das Verständnis der Entstehung neurotischer Störungen eine Vermittlung von historisch-materialistischen und psychoanalytischen, in einheitlichen Konzepten gefassten Erkenntnissen unentbehrlich ist, werden Psychoanalytiker in der Auseinandersetzung mit der Realität wohl in erster Linie weiterhin die Sicherung ihrer Behandlungshonorare im Fokus haben und hilflos versuchen, in den Universitäten mit scheinbar wissenschaftlich, d. h. nomologisch verifizierter *analytischer Psychotherapie* zu reüssieren. Anstatt über den desolaten Zustand ihres Fachgebiets nachzudenken, werden sie in den Weiterbildungsinstituten zur Wahrung ihres Geschäftsmodells eine Art von »Drückerkolonnen« zum Kandidatenfang ausschicken. Sie werden dafür Sorge tragen, dass der Stachel Freuds noch weiter in einen Parasiten mutiert, ihre Konzepte solange nicht vereinheitlichen und auf das in ihnen Verborgene kritisch befragen, wie sie ihr Alltagsbewusstsein vor einer ideologiekritischen Aufarbeitung bewahren müssen, ihre theoretischen Vorstellungen als einen Schutzwall gegen ihr personales Unbewusstes benötigen und nicht wissen wollen, was sie wissen sollten.

Gewiss, Annäherung an die Wahrheit benötigt Zeit. Aber unter diesen Umständen wird Wahrheit kaum eine Zukunft haben können. Die Zukunft kommt jedenfalls von allein. Die Wahrheit nicht.

Literatur

Abend, S. M. (1990). The psychoanalytic process: Motives and obstacles in the search for clarification. *Psychoanal. Quart. 59*: 532–549.

Adler, N. & Benveniste, D. (2012). Conversations with clinicians. *Fort Da 18*: 58–76.

Adorno, Th. W. (1927). *Der Begriff des Unbewussten in der transzendentalen Seelenlehre.* In: *Gesammelte Schriften, Bd. 1.* Suhrkamp, 1990, 79–322.

— (1944a). Asyl für Obdachlose. In: *Minima moralia.* Suhrkamp, 1985, 40–42.

— (1944b). Diesseits des Lustprinzips. In: *Minima moralia.* Suhrkamp, 1985, 71–73.

— (1944c). Immer davon reden, nie daran denken. In: *Minima moralia.* Suhrkamp, 1985, 78–80.

— (1951). Die Freudsche Theorie und die Struktur der faschistischen Propaganda. In: Dahmer, H. (1980). *Analytische Sozialpsychologie, Bd. 1.* Suhrkamp, 318–342.

— (1952). Die revidierte Psychoanalyse. In: *Gesammelte Schriften, Bd. 8.* Suhrkamp, 20–41.

— (1953a). Individuum und Organisation. In: *Gesammelte Schriften, Bd. 8.* Suhrkamp, 1990, 440–456.

— (1953b). Individuum und Organisation. In: *Kritik. Kleine Schriften zur Gesellschaft.* Suhrkamp, 1973, 67–86.

— (1955). Zum Verhältnis von Soziologie und Psychologie. In: *Gesammelte Schriften, Bd. 8.* Suhrkamp, 1990, 42–85.

— (1956a). Gesellschaft. In: Adorno, Th. W. & Dirks, W. (Hg.), *Soziologische Exkurse nach Vorträgen und Diskussionen. Frankfurter Beiträge zur Soziologie. 4.* EVA, 22–39.

— (1956b). *Zur Metakritik der Erkenntnistheorie.* In: *Gesammelte Schriften, Bd. 5.* Suhrkamp, 1990.

— (1959/66). *Negative Dialektik.* In: *Gesammelte Schriften, Bd. 6.* Suhrkamp, 1990, 7–295.

— (1963). *Sexualtabus und Recht heute.* In: *Gesammelte Schriften, Bd. 10.2.* Suhrkamp, 1977, 533–554.

— (1966a). Postscriptum. In: *Gesammelte Schriften, Bd. 8.* Suhrkamp, 1990, 86–92.

— (1966b). Erziehung nach Auschwitz. In: *Gesammelte Schriften, Bd. 10.2.* Suhrkamp, 1977, 674–690.

— (1967). *Aspekte des neuen Rechtsradikalismus.* Suhrkamp, 2019.

— (1968). Einleitungsvortrag zum 16. Deutschen Soziologentag. In: *Spätkapitalismus oder Industriegesellschaft? Verhandlungen des 16. Deutschen Soziologentages in Frankfurt/M.* Enke, 1969, 12–26.

— (1969). Marginalien zu Theorie und Praxis. In: *Stichworte. Kritische Modelle 2.* Suhrkamp, 169–191.

Althusser, L. (1976). Über Marx und Freud. In: *Ideologie und ideologische Staatsapparate*. VSA, 1977, 89–107.

Amin, S. (2010). *Das globalisierte Wertgesetz*. LAIKA, 2012.

Anchin, J. C. (2008). Pursuing a unifying paradigm for psychotherapy: Tasks, dialectical considerations, and biopsychosocial systems metatheory. *J. Psychother. Integrat.* *18:* 310–349.

Andreski, S. (1972). *Social science and sorcery*. A. Deutsch.

Anochin, P. K. (1967). Das funktionelle System als Grundlage der physiologischen Architektur des Verhaltensaktes. *Abh. Geh. Forsch. Verhaltensphysiol. Bd. 1.* G. Fischer.

Apel, K. O. (1964/65). Die Entfaltung der sprachanalytischen Philosophie und das Problem der Geisteswissenschaften. *Phil. Jhb. 72:* 239–289.

Aristoteles (1994). *Metaphysik*. Rowohlt.

Backhaus, H. G. & Reichelt, H. (1995). Wie ist der Wertbegriff in der Ökonomie konzipiert? Zu Michael Heinrich: »Die Wissenschaft vom Wert«. In: *Beiträge zur Marx-Engels Forschung Neue Folge 1995. Engels' Druckfassung versus Marx' Manuskripte zum III. Buch des Kapital*. VSA, 60–94.

Baran, P. A. (1960). Marxismus und Psychoanalyse. In: *Unterdrückung und Fortschritt*. Suhrkamp, 1966, 71–98.

— & Sweezy, P. M. (1966). *Monopolkapital*. Suhrkamp, 1967.

Bebbington, P. E. (1998). Epidemiology of obsessive-compulsive disorder. *Brit. J. Psychiat. 998:* 2–6.

Becker, E. (1973). *The denial of death*. Free Press.

Becker, W. (1975). Zur Kritik der Marxschen Wertlehre und ihrer Dialektik. In: Lührs, G., Sarrazin, T., Spreer, F. & Tietzel, M. (Hg.), *Kritischer Rationalismus und Sozialdemokratie*. Dietz, 201–211.

Benjamin, W. (1925). Goethes Wahlverwandtschaften. In: *Gesammelte Schriften, Bd. 1.1.* Hg. v. Tiedemann, R. & Schweppenhäuser, H. Suhrkamp, 1991, 123–201.

Bell, D. (1973). *Die nachindustrielle Gesellschaft*. Campus, 1976.

Benedek, Th. (1973). The instinct theory in the light of microbiology. *Ann. Psychoanal. 1:* 53–72.

Bernfeld, S. (1926). Sozialismus und Psychoanalyse. In: Werder, L. v. & Wolff, R. (Hg.), *Autoritäre Erziehung und Psychoanalyse 2*. 1970, 490–497.

— (1930). »Neuer Geist« contra »Nihilismus«. Die Psychologie und ihr Publikum. *Psychoanal. Bewegung 2:* 105–122.

— (1931). Zur Sublimierungstheorie. In: Dahmer, H. (Hg.), *Analytische Sozialpsychologie, Bd. 1*. Suhrkamp, 1980, 139–149.

Boesky, D. (1986). Questions about sublimation. In: Richards, A. & Willick, M. S. (Hg.), *Psychoanalysis*. Analytic Press, 153–176.

Bondas, T. & Hall, E. O. (2007). Challenges in approaching metasynthesis research qualitative health research. *Qual. Health Res., 17:* 113–121.

Bonß, W. (1980). Kritische Theorie und empirische Sozialforschung: Anmerkungen zu einem Fallbeispiel. In: Fromm, E., *Arbeiter und Angestellte am Vorabend des Dritten Reichs*. DVA, 7–46.

Brandl, Y., Bruns, G., Gerlach, A., Hau, S., Janssen, P., Kächele, H., Leichsenring, F., Leuzinger-Bohleber, M., Mertens, W., Rudolf, G., Schlösser, A.-M., Springer, A., Stuhr, U. & Windaus, E. (2004). Psychoanalytische Therapie. *Forum Psychoanal. 20:* 13–125.

Brandt, G. (1986). Max Horkheimer und das Projekt einer materialistischen Gesellschaftstheorie. In: Schmidt, A. & Altwicker, N. (Hg.), *Max Horkheimer heute: Werk und Wirkung*. Fischer, 279–297.

Braun, K.H. (1979). *Kritik des Freudo-Marxismus*. Pahl-Rugenstein.

Brede, K. (1984). Zum Verhältnis von gesellschaftlicher Arbeit und Trieb: Marx und Freud im Vergleich. In: Lohmann, H.-M. (Hg.), *Die Psychoanalyse auf der Couch*. Qumran, 47–59.

— (1995). Unbewusstes – und sonst gar nichts? Stellungnahme zu Reimut Reiche »Von innen nach außen?« *Psyche – Z. Psychoanal. 49:* 259–280.

Brenner, Ch. (1969). Discussion. *J. Amer. Psychoanal. Assoc. 17:* 41–53.

— (1982). *Elemente des seelischen Konflikts*. Fischer, 1986.

— (2000). Observations on some aspects of current psychoanalytic theories. *Psychoanal. Quart. 69:* 597–632.

— (2002). Reflections on Psychoanalysis. *J. Clin. Psychoanal. 11:* 7–37.

— (2008). Revolution in mind: The creation of psychoanalysis by George Makari. *Int. J. Psychoanal. 89:* 1086–1088.

Brierley, M. (1947). Notes on psycho-analysis and integrative living. *Int. J. Psychoanal. 28:* 57–105.

Brohm, J.M. (1972). Psychoanalyse und Revolution. In: Gente, H.-P. (Hg.), *Marxismus, Psychoanalyse, Sexpol 2: Aktuelle Diskussion*. Fischer, 241–289.

Bruch, H. (1969). Obesity and orality. *Contemp. Psychoanal. 5:* 129–143.

Bühring, P. (2010). Psychische Erkrankungen: Dramatische Zunahme – kein Konzept. *Dt. Arztebl. 107:* A-1548/B-1380/C-1360.

Čagin, B.A. (1968). *Der subjektive Faktor, Struktur und Gesetzmäßigkeiten*. Pahl-Rugenstein, 1974.

Camus, A. (1951). *Der Mensch in der Revolte. Essays*. Rowohlt, 1969.

Caruso, I. (1962). *Soziale Aspekte der Psychoanalyse*. Klett.

Chargaff, E. (1989). *Erforschung der Natur und Denaturierung des Menschen*. Basilisken Drucke.

Cilliçilli, A.S., Telcioglu, M., Aşkin, R., Kaya, N., Bodur, S. & Kucur, R. (2004). Twelve-month prevalence of obsessive-compulsive disorder in Konya, Turkey. *Comp. Psychiat. 45:* 367–74.

Cioran, E.M. (1979). *Gevierteilt*. Suhrkamp, 2017.

Colomy, P. (1991). Metatheorizing in a postpositivist frame. *Soc. Perspect. 34:* 269–286.

Colson, D.B. (1995). An analyst's multiple losses: Countertransference and other reactions. *Contemp. Psychoanal. 31:* 459–477.

Compton, A. (1981). On the psychoanalytic theory of instinctual drives – I: the beginnings of Freud's drive theory. *Psychoanal. Quart. 50:* 190–218.

— (1985). The concept of identification in the work of Freud, Frenzy, and Abraham: A review and commentary. *Psychoanal. Quart. 54:* 200–233.

Cooper, A.M. (1988). Our changing views of the therapeutic action of psychoanalysis: Comparing Strachey and Loewald. *Psychoanal. Quart. 57:* 15–27.

Dahmer, H. (1970). Psychoanalyse und historischer Materialismus. In: *Pseudonatur und Kritik. Freud, Marx und die Gegenwart*. Suhrkamp, 1994, 75–107.

— (1972). Wilhelm Reichs Stellung zu Freud und Marx. *Psyche – Z. Psychoanal. 26:* 208–247.

— (1973). *Libido und Gesellschaft*. Suhrkamp, 1994.

— (1984). Wozu brauchen wir eine kritische Theorie der Individuen? In: Lohmann, H.-M. (Hg.), *Die Psychoanalyse auf der Couch*. Qumran, 75–87.

Dahrendorf, R. (1957). *Soziale Klassen und Klassenkonflikte in der Industriegesellschaft*. Siebeck & Mohr.

Danon, G. & Lauru, D. (2015). Interview with Jean Laplanche. *Psychoanal. Rev. 102:* 709–718.

Darwin, Ch. (1871). *The descent of man, and selection in relation to sex, 2 Vol*. John Murray.

Davies, K. & Fichtner, G. (2006). *Freud's library. A comprehensive catalogue*. edition discord.

Diderot, D. (1749). *Lettre sur les aveugles à l'usage de ceux qui voient*. Flammarion, 2000.

Diez, G. (2018). *Das andere Land*. C. Bertelsmann,

Ebbighausen, R. (2013). Karl Marx – Die Karriere einer Idee. https://p.dw.com/p/17vhX

Ebner-Eschenbach, M. v. (1861). https://gutezitate.com/zitat/103813

Elbe, I. (2008). *Marx im Westen. Die neue Marx-Lektüre in der Bundesrepublik*. de Gruyter.

Engels, F. (1844). Umrisse zu einer Kritik der Nationalökonomie. MEW *1*, 499–524.

— (1859). Karl Marx »Zur Kritik der politischen Ökonomie (Rezension)«. MEW *13*, 468–477.

— (1878). *Herrn Eugen Dührings Umwälzung der Wissenschaft*. MEW *20*, 1–303.

— (1880). Die Entwicklung des Sozialismus von der Utopie zur Wissenschaft. MEW *19*, 177–228.

— (1884). Der Ursprung der Familie, des Privateigentums und des Staats. MEW *21*, 25–173.

— (1885). Zur Geschichte des Bundes der Kommunisten. MEW *21*, 206–224.

— (1886). Ludwig Feuerbach und der Ausgang der klassischen deutschen Philosophie. MEW *21*, 259–307.

— (1890a). Engels an Conrad Schmidt. MEW *37*, 435–438.

— (1890b). Engels an Joseph Bloch in Königsberg. MEW *37*, 462–464.

— (1892). Einleitung [zur englischen Ausgabe (1892) der »Entwicklung des Sozialismus von der Utopie zur Wissenschaft«]. MEW *22*, 287–311.

— (1893a). Engels an Paul Laforgue. MEW *39*, 88–92.

— (1893b). Engels an Franz Mehring, 14. Juli 1893. MEW *39*, 96–100.

— (1895/96). Ergänzung und Nachtrag zum III. Buch des »Kapital«. MEW *25*, 895–919.

— & Marx, K. (1845). Die heilige Familie oder Kritik der kritischen Kritik. MEW *2*, 3–223.

Enzensberger, H. M. (1976). Von der Unaufhaltsamkeit des Kleinbürgertums. Eine soziologische Grille. *Kursbuch 45:* 1–8.

Etkind, A. (1993). *Eros des Unmöglichen. Die Geschichte der Psychoanalyse in Russland*. Kiepenheuer, 1996.

Faulkner, W. (1951). *Requiem für eine Nonne*. Scherz & Goverts, 1956.

Faust, D. (2005). Why Paul Meehl will revolutionize the philosophy of science and why it should matter to psychologists. *J. Clin. Psychol. 61:* 1355–1366.

Fenichel, O. (1931). Reich, Wilhelm: Dialektischer Materialismus und Psychoanalyse. Unter dem Banner des Marxismus III, 5. Oktober 1929. *Imago 17:* 132–137.

— (1934). Über die Psychoanalyse als Keim einer zukünftigen dialektisch-materialistischen Psychologie. In: *Aufsätze, Bd. 1*. Walter, 1979, 276–296.

— (1945a). *Psychoanalytische Neurosenlehre, Bd. I*. Walter, 1973.

— (1945b). *Psychoanalytische Neurosenlehre, Bd. III*. Walter, 1973.

Ferenczi, S. (1908). Psychoanalyse und Pädagogik. In: *Bausteine zur Psychoanalyse, Bd. III*. Hg. v. Balint, M. Huber, 1964, 9–22.

Feuerbach, L. (1841). *Das Wesen des Christentums. Sämtliche Werke, Bd. VI*. Hg. v. Bolin, W. & Jodl, F. Frommann & Holzboog, 1960.

Fine, S. & Fine, E. (1991). Psychoanalysis: The common ground. *Int. J. Psychoanal. 72:* 166.

Finfgeld, D. L. (2003). Metasynthesis: The state of the art – so far. *Qual. Health Res. 13:* 893–904.

Fletcher, J. (2007). Seduction and the vicissitudes of translation: the work of Jean Laplanche. *Psychoanal. Quart. 76:* 1241–1291.

Frank, G. (2000). The status of psychoanalytic theory today. *Psychoanal. Psychol. 17:* 174–179.

Freeman, D. (1967). Totem and taboo: A reappraisal. In: Münsterberger, W. (Hg.), *Man and his culture: Psychoanalytic anthropology after totem and taboo*. Taplinger, 53–78.

Friedmann, G. (1952). *Der Mensch in der mechanisierten Produktion*. Bund-Verl.

Freud, S. (1895b).[83] *Über die Berechtigung von der Neurasthenie einen bestimmten Symptomenkomplex als »Angstneurose« abzutrennen*. GW *1*, 313–342.

— (1899a). Über Deckerinnerungen. GW *1*, 531–558.

— (1900). *Die Traumdeutung*. GW *2/3*.

— (1905a). *Drei Abhandlungen zur Sexualtheorie*. GW *5*, 27–145.

— (1905b). Bruchstück einer Hysterie-Analyse. GW *5*, 161–286.

— (1906). Tatbestandsdiagnostik und Psychoanalyse. GW *7*, 1–15.

— (1907a). *Der Wahn und die Träume in W. Jensens »Gradiva«*. GW *7*, 29–125.

— (1907b). Zwangshandlungen und Religionsübungen. GW *7*, 129–139.

— (1908a). Die »kulturelle« Sexualmoral und die moderne Nervosität. GW *7*, 141–167.

— (1908b). Der Dichter und das Phantasieren. GW *7*, 213–223.

— (1909). Analyse der Phobie eines fünfjährigen Knaben. GW *7*, 241–377.

— (1910a). *Über Psychoanalyse*. GW *8*, 1–60.

— (1910b). Die zukünftigen Chancen der psychoanalytischen Therapie. GW *8*, 104–115.

— (1911). Psychoanalytische Bemerkungen über einen autobiographisch beschriebenen Fall von Paranoia (Dementia paranoides). GW *8*, 239–320.

— (1912a). Über neurotische Erkrankungstypen. GW *8*, 322–330.

— (1912b). Ratschläge für den Arzt bei der psychoanalytischen Behandlung. GW *8*, 375–387.

— (1913a). Ein Traum als Beweismittel. GW *10*, 12–22.

— (1913b). Das Interesse an der Psychoanalyse. GW *8*, 389–420.

— (1914a). Zur Einführung des Narzissmus. GW *10*, 137–170.

— (1914b). Erinnern, Wiederholen und Durcharbeiten. GW *10*, 125–136.

— (1915a). Triebe und Triebschicksale. GW *10*, 219–232.

— (1915b). Die Verdrängung. GW *10*, 247–262.

— (1915c). Das Unbewusste. GW *10*, 263–303.

— (1916/17). *Vorlesungen zur Einführung in die Psychoanalyse*. GW *11*.

— (1917). Eine Schwierigkeit der Psychoanalyse. GW *12*, 1–12.

— (1918). Aus der Geschichte einer infantilen Neurose. GW *12*, 27–157.

---

83 Die Jahre, in denen Freuds Arbeiten publiziert wurden, folgen den Angaben von Meyer-Palmedo, I. & Fichtner, G. (1999). *Freud Bibliographie mit Werkkonkordanz*. Fischer.

— (1920). *Jenseits des Lustprinzips.* GW *13*, 1–69.
— (1921). *Massenpsychologie und Ich-Analyse.* GW *13*, 71–161.
— (1923). »Psychoanalyse« und »Libidotheorie«. GW *13*, 209–233.
— (1924). Kurzer Abriss der Psychoanalyse. GW *13*, 405–427.
— (1925). »*Selbstdarstellung*«. GW *14*, 31–96.
— (1926a). *Hemmung, Symptom und Angst.* GW *14*, 111–205.
— (1926b). *Die Frage der Laienanalyse.* GW *14*, 207–286.
— (1926c). Psycho-Analysis. GW *14*, 297–307.
— (1926d). Die Frage der Laienanalyse. GW *14*, 209–286.
— (1927a). Nachwort zur »Frage der Laienanalyse«. GW *14*, 287–298.
— (1927b). *Die Zukunft einer Illusion.* GW *14*, 323–380.
— (1930). *Das Unbehagen in der Kultur.* GW *14*, 419–506.
— (1932). Zur Gewinnung des Feuers. GW *16*, 3–9.
— (1933). *Neue Folge der Vorlesungen zur Einführung in die Psychoanalyse.* GW *15*.
— (1937). Die endliche und die unendliche Analyse. GW *16*, 57–99.
— (1939). *Der Mann Moses und die monotheistische Religion.* GW *16*, 101–246.
— (1940a). Abriss der Psychoanalyse. GW *17*, 63–138.
— (1940b). Some elementary lessons in psycho-analysis. GW *17*, 139–147.
— (1950). Entwurf einer Psychologie. GW *Nachtrag*, 387–422.
— (1985a). ›Übersicht der Übertragungsneurosen‹ [Entwurf der XII. Metapsychologischen Abhandlung von 1915]. In: Grubrich-Simitis, I. (Hg.), *Freud, S. Übersicht der Übertragungsneurosen. Ein bisher unbekanntes Manuskript.* Fischer, 65–81.
— (1985b). *Sigmund Freud. Briefe an Fließ 1887–1904.* Hg. v. Masson, J. M. Fischer, 1986.
Fröhlich, N. (2009). *Die Aktualität der Arbeitswerttheorie. Theoretische und empirische Aspekte.* Metropolis.
Fromm, E. (1930). Die Entwicklung des Christusdogmas. Eine psychoanalytische Studie zur sozialpsychologischen Funktion der Religion. In: *Gesamtausgabe, Bd. VI.* dtv, 1980, 11–68.
— (1932). Über Methoden und Aufgaben einer analytischen Sozialpsychologie: Bemerkungen über Psychoanalyse und historischen Materialismus. In: *Gesamtausgabe, Bd. I.* dtv, 1981, 37–57.
— (1936). Sozialpsychologische Teil. In: Horkheimer, E. (Hg.), *Studien über Autorität und Familie.* Felix Alcan (Junius-Drucke), 1936, 76–135.
— (1937a). Die Determiniertheit der psychischen Struktur durch die Gesellschaft. In: *Die Gesellschaft als Gegenstand der Psychoanalyse.* Hg. v. Funk, R. Suhrkamp, 2016, 158–218.
— (1937b). Zum Gefühl der Ohnmacht. In: *Gesamtausgabe, Bd. I.* dtv, 1989, 189–206.
— (1950). Psychoanalyse und Religion. In: *Gesamtausgabe, Bd. VI.* dtv, 1980, 227–292.
— (1958). Psychoanalyse – Wissenschaft oder Linientreu? In: *Gesamtausgabe, Bd. VIII.* dtv, 1989, 27–34.
Fuchs, Ch. (2005). *Emanzipation. Technik und Politik bei Herbert Marcuse.* Shaker.
Fuchs, S. (1991). Metatheory as cognitive style. *Soc. Perspect. 34:* 287–301.
Gabler Wirtschaftslexikon (2018). https://wirtschaftslexikon.gabler.de/definition/produktionsfaktoren-45598
Gadomski, A. M. (2001). *Meta-knowledge unified framework: The Top-down Object based Goal-oriented Approach perspective.* http://erg4146.casaccia.enea.it/HID-server/Meta-know-1.htm

Gente, H. P. (1970). *Marxismus, Psychoanalyse, Sexpol 1. Dokumentation*. Fischer, 1973.

Gillet, E. (1995). Levels of description and the unconscious. *Psychoanal. & Contemp. Thought 18:* 293–316.

Glover, E. (1931). Sublimation, substitution and social anxiety. *Int. J. Psychoanal. 12:* 263–297.

Goffman, E. (1956). *The presentation of the self in everyday life*. Soc. Sc. Res. Centre.

Goggin, J. E. & Goggin, E. B. (2001). Politics, ideology, and the psychoanalytic movement before, during, and after the Third Reich. *Psychoanal. Rev. 88:* 155–193.

Gramsci, A. (1930/31). *Gefängnishefte 4, § (19)*. Argument, 2012.

Green, A. (2000). The intrapsychic and intersubjective in psychoanalysis. *Psychoanal. Quart. 69:* 1–39.

— (2005). The illusion of *common* ground and mythical pluralism. *Int. J. Psychoanal. 86:* 627–632.

Grotjahn, A. (1912). *Soziale Pathologie*. A. Hirschwald, 1915.

Habermas, J. (1963). *Theorie und Praxis. Sozialphilosophische Studien*. Suhrkamp, 1978.

— (1968). *Erkenntnis und Interesse*. Suhrkamp, 1994.

— (1983). Bemerkungen zu Alexander Mitscherlichs analytischer Sozialpsychologie. *Psyche – Z. Psychoanal. 37:* 352–363.

Hahn, E. (2017). *Lukács und der orthodoxe Marxismus. Eine Studie zu »Geschichte und Klassenbewusstsein«*. Aurora.

Hahn, Y. B. (1999). *Die Geldtheorie von Marx und Keynes. Ein Vergleich in Bezug auf den Krisenbegriff in der Geldwirtschaft*. Phil. Diss. FB Polit. Wiss. der Freien Univ. Berlin.

Hale, N. G. jr. (Hg.). (1971). *James Jackson Putnam and Psychoanalysis: Letters between Putnam and Sigmund Freud, Ernest Jones, William James, Sandor Ferenczi and Morton Prince, 1877–1917*. HavardUP.

Hamilton, V. (1996). *The analyst's preconscious*. Analytic Press.

Hanly, Ch. (1983). A problem of theory testing. *Int. Rev. Psychoanal. 10:* 393–405.

Hardt, J. (2013). *Methode und Techniken der Psychoanalyse. Versuche zur Praxis*. Psychosozial-Verlag.

Hardt, M. & Negri, A. (2000). *Empire. Die neue Weltordnung*. Campus, 2003.

— & Negri, A. (2004). *Multitude. Krieg und Demokratie im Empire*. Campus.

Hartmann, H. (1950). The application of psychoanalytic concepts to social science. *Psychoanal. Quart. 19:* 385–392.

Haug, W. F. (1968). Das Ganze und das ganz andere. Zur Kritik der reinen revolutionären Transzendenz. In: Habermas, J. (Hg.), *Antworten auf Herbert Marcuse*. Suhrkamp, 50–72.

— (1969). Sexuelle Verschwörung im Spätkapitalismus? Zur Kritik von Reimut Reiches »Sexualität und Klassenkampf«. In: *Warenästhetik, Sexualität und Herrschaft – Gesammelte Aufsätze*. Fischer, 1972, 130–154.

Häusler, A & Roeser, R. (2014). *Rechtspopulismus in Europa und die rechtspopulistische Lücke in Deutschland*. https://mobit.org/Material/Rechtspopulismus_08_2014.pdf

Heinrich, M. (1991). *Die Wissenschaft vom Wert. Die Marxsche Kritik der politischen Ökonomie zwischen wissenschaftlicher Revolution und klassischer Tradition*. Westf. Dampfboot, 2006.

Heller, A. (1974). *Theorie der Bedürfnisse bei Marx*. VSA, 1976.

Hoffman, I. Z. (1991). Discussion. Towards a social-constructivist view of the psychoanalytic situation. *Psychoanal. Dial. 1:* 74–105.

— (1992). Reply to Orange. *Psychoanal. Dial. 2:* 567–570.

Holt, R.R. (1965). A review of some of Freud's biological assumptions and their influence on his theories. In: Greenfield, N.S. & Lewis, W.S. (Hg.), *Psychoanalysis and current biological thought.* Wisconsin UP, 93–124.

— (1976). Drive or wish? A reconsideration of the psychoanalytic theory of motivation. In: Gill, M. & Holzman, P.S. (Hg.), *Psychology versus metapsychology: Psychoanalytic essays in Memory of George S.Klein.* Int. UP, 158–197.

Horkheimer, M. (1928/29). Über Lenins Materialismus und Empiriokritizismus. In: *Nachgelassene Schriften 1914–1931. Gesammelte Schriften, Bd. 11.* Fischer, 1987, 171–188.

— (1931/34). Dämmerung. Notizen in Deutschland. In: *Philosophische Frühschriften 1922–1932. Gesammelte Schriften, Bd. 2.* Fischer, 1987, 309–452.

— (1932). Geschichte und Psychologie. In: Dahmer, H. (Hg.), *Analytische Sozialpsychologie, Bd. 1.* Suhrkamp, 1980, 158–178.

— (1937a). Nachtrag. In: *Schriften 1936–41. Gesammelte Schriften, Bd. 4.* Fischer, 1988, 217–2225.

— (1937b). Traditionelle und kritische Theorie. In: *Schriften 1936–1941. Gesammelte Schriften, Bd. 4.* Fischer, 1988, 162–216.

— (1940/42). Autoritärer Staat. In: *›Dialektik der Aufklärungen‹ und Schriften 1940–1950. Gesammelte Schriften, Bd. 5.* Fischer, 1987, 293–319.

— (1948). Ernst Simmel und die Freudsche Philosophie. *Psyche – Z.Psychoanal. 32:* 483–491, 1978.

— (1949/69). Notizen 1949–1969. In: »Zur Kritik der instrumentelle Vernunft« und »Notizen 1949–1969«. *Gesammelte Schriften, Bd. 6.* Fischer, 1991, 187–425.

— (1968). Vorwort zur Neupublikation. In: *Schriften 1931–1936. Gesammelte Werke, Bd. 3.* Fischer, 1988, 14–19.

— (1969/72). Kritische Theorie gestern und heute. In: *Vorträge und Aufzeichnungen 1949–1973.Gesammelte Werke, Bd. 8.* Fischer, 1985, 336–353.

— (1970). Was wir mit Sinn meinen, wird verschwinden [Gespräch mit Georg Wolff und Helmut Gumnior. In: *Vorträge und Aufzeichnungen 1949–1973. Gesammelte Schriften, Bd. 7.* Fischer, 1985, 345–357.

— & Adorno, Th.W. (1947). *Dialektik der Aufklärung. Gesammelte Schriften, Bd. 5.* Fischer, 1987, 13–290.

Horney, K. (1951). *Neue Wege der Psychoanalyse.* Kindler, 1977.

Hörz, H. (1970). *Der dialektische Determinismus in Natur und Gesellschaft.* VEB, Dt. Verl. Wiss.

Institut für Marxismus-Leninismus (1983). Vorwort. In: *MEW 42*, 2015, V–XXI.

Jacobi, F., Höfler, M., Strehle, J., Mack, S., Gerschler, A., Scholl, L., Busch, M.A., Maske, U., Hapke, U., Gaebel, W., Maier, W., Wagner, M., Zielasek, J. & Wittchen, H.-U. (2014). Psychische Störungen in der Allgemeinbevölkerung. Studie zur Gesundheit Erwachsener in Deutschland und ihr Zusatzmodul »Psychische Gesundheit« (DEGS1-MH). *Nervenarzt 85:* 77–87.

Jacoby, R. (1975). *Soziale Amnesie. Eine Kritik der konformistischen Psychologie von Adler bis Laing.* Suhrkamp, 1980.

Jeffries, S. (2016). *Grand Hotel Abgrund. Die Frankfurter Schule und ihre Zeit.* Klett-Cotta, 2019.

Jiménez, J. P. (2006). After pluralism: Towards a new, integrated psychoanalytic paradigm. *Int. J. Psychoanal. 87:* 1487–1507.

Jones, E. (1957). *Leben und Werk von Sigmund Freud, Bd. 3.* Huber, 1962.

— (1959). *Free Associations. Memories of a psycho-analyst.* Basic Books.

Jopke, W. (1970). Grundlagen der Erkenntnis und Gesellschaftstheorie Adornos und Horkheimers. In: Heiseler, J. H. v., Schleifstein, J. & Steigerwald, R. (Hg.), *Die Frankfurter Schule im Lichte des Marxismus. Zur Kritik der Philosophie und Soziologie von Horkheimer, Adorno, Marcuse Habermas.* Marxistische Blätter.

Jores, A. (1956). *Der Mensch und seine Krankheit.* Klett, 1957.

Kanzer, M. & Spruiell, V. (1978). Scientific proceedings – panel reports – current concepts of object relations theory. *J. Amer. Psychoanal. Assoc. 26:* 599–613.

Kilian, H. (1970). Kritische Theorie der Medizin. *Das Argument 60:* 87–104.

Kapp, R. (1931). Comments on Bernfeld's and Feitelberg's »The principles of entropy and death instinct«. *Int. J. Psychoanal. 12:* 82–86.

Kopnin, P. V. (1969). *Dialektik, Logik, Erkenntnistheorie.* Akademie, 1970.

Koppetsch, C. (2019). *Die Gesellschaft des Zorns. Rechtspopulismus im globalen Zeitalter.* transcript.

Korthals, M. (1985). Die kritische Gesellschaftstheorie des frühen Horkheimer. Missverständnisse. *Z. Sozialforsch. 14:* 315–329.

Kosing, A. (1964). Wahrheit. In: Klaus, G. & Buhr, M. (Hg.), *Philosophisches Wörterbuch 2.* Das europ. Buch, 1970, 1132–1134.

Kuiper, P. C. (1962). Betrachtungen über die psychoanalytische Technik bei der Behandlung neurotischer Patienten. *Psyche – Z. Psychoanal. 15:* 651–668.

Laplanche, J. (1984). Der Trieb und sein Quell-Objekt; sein Schicksal in der Übertragung. In: *Die allgemeine Verführungstheorie und andere Aufsätze.* edition diskord, 1988, 122–148.

— (1987a). Brief von Jean Laplanche. In: *Die allgemeine Verführungstheorie.* edition diskord, 234–240.

— (1987b). *Neue Grundlagen für die Psychoanalyse.* Psychosozial-Verl, 2011.

— (1988). Von der eingeschränkten zur allgemeinen Verführungstheorie. In: *Die allgemeine Verführungstheorie und andere Aufsätze.* edition diskord, 199–233.

— (1990). Implantation, Intromission. In: *Die unvollendete Kopernikanische Revolution in der Psychoanalyse.* Psychosozial-Verl., 2005, 109–113.

— (1992a). Die unvollendete Kopernikanische Revolution. In: *Die unvollendete Kopernikanische Revolution in der Psychoanalyse.* Psychosozial-Verl., 2005, 7–44.

— (1992b). Masochismus und allgemeine Verführungstheorie. In: *Die unvollendete Kopernikanische Revolution in der Psychoanalyse.* Psychosozial-Verl., 2005, 202–221.

— (2000a). Trieb und Instinkt. In: *Sexual.* Psychosozial-Verl., 2017, 17–32.

— (2000b). Sexualität und Bindung in der Metapsychologie. In: *Sexual.* Psychosozial-Verl., 2017, 33–52.

— (2001). Ausgehend von der anthropologischen Grundsituation [...]. In: Bayer, L. & Quindeau, I. (Hg.), *Die unbewusste Botschaft der Verführung.* Psychosozial-Verl., 17–30.

— (2004). Die rätselhaften Botschaften des Anderen und ihre Konsequenzen für den Begriff des »Unbewussten« im Rahmen der Allgemeinen Verführungstheorie. *Psyche – Z. Psychoanal. 58:* 898–913.

— & Pontalis, J. B. (1967). *Das Vokabular der Psychoanalyse.* Suhrkamp, 1972.

Lefèbvre, H. (1958). *Probleme des Marxismus, heute.* Suhrkamp, 1968.

Lenin, W. I. (1909). *Materialismus und Empiriokritizismus.* LW *14.*

— (1919). Die große Initiative. LW *29,* 408–417.

— (1920). Der »linke Radikalismus«, die Kinderkrankheit im Kommunismus. LW *31,* 1–105.

Lichtenstein, H. (1935). Zur Phänomenologie des Wiederholungszwanges und des To-destriebes. *Imago 21:* 466–480.

Lichtman, R. (1982). *Die Produktion des Unbewussten. Die Integration der Psychoanalyse in die marxistische Theorie.* Argument, 1990.

Lorenz, E. (1919). *Zur Psychologie der Politik; Über Erziehung und Bildung (Zwei Vorträge).* Johannes Heyn.

Lorenzer, A. (1970). *Sprachzerstörung und Rekonstruktion.* Suhrkamp.

— (1972a). Sigmund Freud – ein Lerntheoretiker? *Psyche – Z. Psychoanal. 26:* 156–168.

— (1972b). *Zur Begründung einer materialistischen Sozialisationstheorie.* Suhrkamp.

— (1973a). Einführung in die Taschenbuchausgabe von »Sprachzerstörung und Rekon-struktion«. In: *Sprachzerstörung und Rekonstruktion.* Suhrkamp, 1973, 7–40.

— (1973b). *Über den Gegenstand der Psychoanalyse oder: Sprache und Interaktion.* Suhr-kamp.

— (1974). *Die Wahrheit der psychoanalytischen Erkenntnis.* Suhrkamp.

— (1981). *Das Konzil der Buchhalter – Die Zerstörung der Sinnlichkeit.* EVA.

— (1985). Der Analytiker als Detektiv, der Detektiv als Analytiker. *Psyche – Z. Psychoanal. 39:* 1–11.

— (1986). *Die Sprache, der Sinn, das Unbewußte.* Hg. v. Prokop, U. Klett-Cotta, 2002.

Lothane, Z. (2002). Requiem or reveille: A response to Robert F. Bornstein (2001). *Psy-choanal. Psychol. 19:* 572–579.

Ludwig, H. J. (1979). Der Übergang von der objektiven zur subjektiven ökonomischen Werttheorie und die materialistische Dialektik. *Dt. Z. Phil. 27:* 301–312.

Luhmann, N. (1989). *Gesellschaftsstruktur und Semantik – Studien zur Wissenssoziologie der modernen Gesellschaft, Bd. 3.* Suhrkamp.

Lukács, G. (1923). *Geschichte und Klassenbewusstsein. Studien über die marxistische Dia-lektik.* Luchterhand, 1970.

— (1962). Brief über den Stalinismus. In: Benseler, F. & Jung, W. (Hg.), *Lukács – Autobio-graphische Texte und Gespräche.* Aisthesis, 449–465.

— (1963). *Vorwort zur Theorie des Romans.* Luchterhand, 1971.

— (1966). Gespräche mit Georg Lukács. In: Benseler, F. & Jung, W. (Hg.), *Lukács – Auto-biographische Texte und Gespräche.* Aisthesis, 233–351.

Lurija, A. R. (1925). Psichoanaliz kak sistema monističeskoj psichologii (zit. n. Wygotski, L. S. [1926]. Die Krise der Psychologie in ihrer historischen Bedeutung. In: Lomp-scher, J. (Hg.), *Ausgewählte Schriften, Bd. 1.* Lehmanns, 2003.

Lussier, A. (1991). The search for common ground: A critique. *Int. J. Psychoanal. 72:* 57–62.

Luxemburg, R. (1915). Die Krise der Sozialdemokratie. http://www.mlwerke.de/lu/luf_1. htm

Lynch, A. (2006). My life in theory, by Leo Rangell. *Amer. J. Psychoanal. 66:* 293–312.

Maio, G. (2016). Verstehen nach Zahlen? In: Bruder-Brezzel, A., Bruder, K.-J. & Münch, K. (Hg.), *Neoliberale Identitäten. Der Einfluss der Ökonomisierung auf die Psyche.* Psy-chosozial-Verl., 93–102.

Malcolm, J. (1983). *Vater, lieber Vater [...]. Aus dem Sigmund-Freud-Archiv.* Ullstein, 1986.

Marcuse, H. (1955). *Triebstruktur und Gesellschaft. Ein philosophischer Beitrag zu Sigmund Freud.* Suhrkamp, 1968.

— (1964). *Der eindimensionale Mensch.* Luchterhand, 1968.

— (1967). Das Ende der Utopie. http://www.irwish.de/PDF/Marcuse/Marcuse-Das_Ende_der_Utopie.pdf

— (1969). *Versuch über die Befreiung.* Suhrkamp, 2008.

— (1978). *Gespräche mit Herbert Marcuse.* Suhrkamp.

Marx, K. (1843). Kritik des Hegelschen Staatsrechts (§ § 261–313). MEW *1*, 203–333.

— (1843/44). Zur Kritik der Hegelschen Rechtsphilosophie. MEW *1*, 378–391.

— (1844). *Ökonomisch-philosophische Manuskripte aus dem Jahre 1844.* MEW, Ergänzungsbd. *1*, 465–588.

— (1845). Thesen über Feuerbach. MEW *3*, 5–7.

— (1846). Karl Marx an P. W. Annenkow. MEW *4*, 547–557.

— (1847a). Das Elend der Philosophie. MEW *4*, 63–182.

— (1847b). Arbeitslohn. MEW *6*, 535–556.

— (1849). Lohnarbeit und Kapital. MEW *6*, 397–423.

— (1852). Der achtzehnte Brumaire des Louis Bonaparte. MEW *8*, 111–207.

— (1853). Die künftigen Ergebnisse der britischen Herrschaft in Indien. MEW *9*, 220–226.

— (1857). Einleitung zur Kritik der politischen Ökonomie. MEW *13*, 615–642.

— (1857/58). *Grundrisse der Kritik der politischen Ökonomie.* MEW *42*.

— (1859). Vorwort zur Kritik der politischen Ökonomie. MEW *13*, 7–11.

— (1861/63a). *Theorien über den Mehrwert.* MEW *26.1*.

— (1861/63c). *Theorien über den Mehrwert.* MEW *26.3*.

— (1864). Provisorische Statuten der Internationalen Arbeiter-Assoziation. MEW *16*, 14–16.

— (1865). Lohn, Preis, und Profit. MEW *16*, 101–152.

— (1867). *Das Kapital, Bd. 1.* MEW *23*.

— (1873). Nachwort zur zweiten Auflage. MEW *23*, 18–28.

— (1894a). *Das Kapital, Bd. 3.* MEW *25*.

— (1894b). Zur Geschichte des Urchristentums. MEW *22*, 447–473.

— & Engels, F. (1845). Die heilige Familie oder Kritik der kritischen Kritik. MEW *2*, 3–223.

— & — (1845/46). *Deutsche Ideologie.* MEW *3*, 20–530.

— & — (1847/48). Manifest der Kommunistischen Partei. MEW *4*, 459–493.

Mau, S. (2012). *Lebenschancen. Wohin driftet die Mittelschicht?* Suhrkamp.

Mazzucato, M. (2018). *Wie kommt der Wert in die Welt? Von Schöpfern und Abschöpfern.* Campus.

Meissner, W. W. (2007). What if there is an ethical dimension in Psychoanalysis? *J. Amer. Psychoanal. Assoc. 55:* 541–569.

Metzger, Ph. (2011). *Werttheorie des Postoperaismus.* Tectum.

Mill, J. S. (1862). *System der deductiven und inductiven Logik. Eine Darstellung der Principien wissenschaftlicher Forschung, insbesondere der Naturforschung.* Vieweg, 1877.

Mitchell, J. (1982). Introduction I. In: Mitchell, J. & Rose, J. (Hg.), *Feminine sexuality: Jacques Lacan and the École Freudienne.* Norton, 1–26.

Mitscherlich, A. (1957). Die Krankheit der Gesellschaft und die psychosomatische Medizin. In: (1966), *Krankheit als Konflikt. Studien zur psychosomatischen Medizin I.* Suhrkamp, 1969, 11–34.

— (1970). Über Psychoanalyse und Soziologie. In: *Gesammelte Schriften, Bd. V.* Suhr-kamp, 1983, 37–42.

Möller, P. (2016). *Wissenschaft – Philolex.* http://www.philolex.de/wissensc.htm

Morgane, P.J. & Mokler, D.J. (2000). Dreams and sleep: Are new schemas revealing? *Behav. & Brain Sci. 23:* 976.

Montaigne, M. de (1588). Über die Barbarei. In: *Essays I,* 30, 109–113. https://docplayer.org/23876818-Wie-die-menschen-wirklich-sind-michel-de-montaigne.html

Moore, B.E. & Fine, B.D. (Hg.). (1990). *Psychoanalytic terms and concepts.* APA.

Müller, A. (2009). *Die Marxsche Konjunkturtheorie.* PapyRossa.

Negri, A. (1979). *Marx oltre Marx. Quaderno di lavoro sui Grundrisse.* Feltrinelli.

— (2007). Zur gesellschaftlichen Ontologie. Materielle Arbeit, immaterielle Arbeit und Biopolitik. In: Piper, M., Atzert, Th., Karakayli, S. & Tsianos, V. (Hg.), *Empire und die biopolitische Wende: Die internationale Diskussion im Anschluss an Hardt und Negri.* Campus, 17–35.

Nies, S. & Sauer, D. (2012). Arbeit – mehr als Beschäftigung? Zur arbeitssoziologischen Kapitalismuskritik. In: Dörre, K., Sauer, D. & Wittke, V. (Hg.), *Kapitalismustheorie und Arbeit.* Campus, 34–62.

Nitzschke, B. (1989). Psychoanalyse und Marxismus. *Luzifer – Amor 2:* 108–138.

Nunberg, H. & Federn, E. (Hg.). (1962). *Protokolle der Wiener Psychoanalytischen Vereinigung, Bd. I 1906–1908.* Fischer, 1976.

— & — (Hg.). (1967). *Protokolle der Wiener Psychoanalytischen Vereinigung, Bd. II 1908–1910.* Fischer, 1977.

— & — (Hg.). (1974). *Protokolle der Wiener Psychoanalytischen Vereinigung, Bd. III 1910–1911.* Fischer, 1979.

Ogden, Th. (1984). Instinct, phantasy, and psychological deep structure – A reinterpretation of aspects of the work of Melanie Klein. *Contemp. Psychoanal. 20:* 500–525.

— (1997). Some thoughts on the use of language in psychoanalysis. *Psychoanal. Dial. 7:* 1–21.

Opatow, B. (1989). Drive theory and the metapsychology of experience. *Int. J. Psychoanal. 70:* 645–660.

Osborn, R. (1965). *Marxismus und Psychoanalyse.* März, 1970.

Ottomeyer, K. (2016). Die Bildung von Identität zwischen Liberalismus und Dschihadismus. In: Bruder-Bezzel, A., Bruder, K.-J. & Münch, K. (Hg.), *Neoliberale Identitäten. Der Einfluss der Ökonomisierung auf die Psyche.* Psychosozial-Verl., 29–47.

Panksepp, J. (1999). Emotions as viewed by psychoanalysis and neuroscience: An exercise in consilience. *Neuropsychoanal. 1:* 15–38.

Parell, E. (1934). Einwände gegen Massenpsychologie und Sexualpolitik. Erster Teil. *Z. Polit. Psychol. Sexualökonomie 1:* 62–70.

Parin, P. (1975). Gesellschaftskritik im Deutungsprozess. In: Dahmer, H. (Hg.). (1980), *Analytische Sozialpsychologie, Bd. 2.* Suhrkamp, 511–533.

Parsons, T. (1950). Psychoanalysis and the social structure. *Psychoanal. Quart. 19:* 371–384.

Paterson, B., Thorne, S., Canam, C. & Jillings, C. (2001). *Meta-study of qualitative health research: A practical guide to meta-analysis and meta-synthesis.* Sage.

Penrose, L.S. (1931). Freud's theory of instinct and other psycho-biological theories. *Int. J. Psychoanal. 12:* 87–97.

Perepel, E. (1939). The Psychoanalytic Movement in U.S.S.R. *Psychoanal. Rev. 26:* 298–300.

Person, E. S. (1999). *The sexual century*. Yale UP.

Pfreundschuh, W. (2017). Grenznutzentheorie. https://kulturkritik.Net/begriffe/begrtxt. php?lex=grenznutzentheorie

Piketty, Th. (2013). *Das Kapital im 21. Jahrhundert*. Beck, 2014.

Popper, K. (1957). *Das Elend des Historizismus*. Mohr & Siebeck, 2003.

Posener, A. (2017). 150 Jahre »Das Kapital« (2); Vom Unsinn der Werttheorie. https:// starke-meinungen.de/blog/2017/02/15/150-jahre-das-kapital-2-vom-unsinn-der-werttheorie

Quesnay, F. (1766). *Ökonomische Schriften I und II*. Hg. v. Kuczynski, M. Akademie, 1976.

Rado, S. (1939). Developments in the psychoanalytic conception and treatment of the neuroses. *Psychoanal. Quart. 8*. 427–436.

Rangell, L. (1974). A psychoanalytic perspective leading currently to the syndrome of the compromise of integrity. *Int. J. Psychoanal. 55:* 3–12.

— (2002). Discussion of Brenner: Reflections on psychoanalysis – and parallel reflections. *J. Clin. Psychoanal. 11:* 96–114.

Rapaport, D. (1959). *Die Struktur der psychoanalytischen Theorie*. Klett, 1970.

Regenwald (2019). Der Regenwald wird zerstört. https://www.abenteuer-regenwald. de/wissen/abholzunger

Reich, W. (1929). Dialektischer Materialismus und Psychoanalyse. *Revolutionäre Schriften II*. Underground Press, 1968, 6–68.

— (1933). *Charakteranalyse*. Kiepenheuer & Witsch, 1970.

— (1934). Zur Anwendung der Psychoanalyse auf die Geschichtsforschung. In: Dahmer, H. (Hg.), *Analytische Sozialpsychologie Bd. 1*. Suhrkamp, 1980, 181–195.

Reiche, R. (1995). Von innen nach außen? Sackgassen im Diskurs über Psychoanalyse und Gesellschaft. *Psyche – Z. Psychoanal. 49:* 227–258.

— (1999). Subjekt, Patient, Außenwelt. *Psyche – Z. Psychoanal. 53:* 572–596.

Reichmayr, J. & Mühlleitner, E. (Hg.). (1998). *Otto Fenichel. 119 Rundbriefe (1934–1945). Bd. 1 (1934–1938)*. Stroemfeld.

Richards, A. D. (1990). The future of psychoanalysis: The past, present, and future of psychoanalytic theory. *Psychoanal. Quart. 59:* 347–369.

Ritsert, J. (1998). *Soziale Klassen*. Westf. Dampfboot.

Ritzer, G. (1988). Sociological metatheory: A defense of a subfield by a delineation of its parameters. *Soc. Theo. 6:* 187–200.

Robinson, J. (1965). *Doktrinen der Wirtschaftswissenschaft*. C. H. Beck.

— (1967). Eine nochmalige Betrachtung der Werttheorie. In: *Folgen einer Theorie. Essays über ›Das Kapital‹ von Karl Marx*. Suhrkamp, 61–70.

Rosenblatt, A. D. & Thickstun, J. T. (1970). A study of the concept of psychic energy. *Int. J. Psychoanal. 51:* 265–277.

Rosenfeld, H. (1964). Object relations of the acute schizophrenic patient in the transference situation. Object relations of the acute schizophrenic patient in the transference situation. In: Solomon, P. & Glueck, B. C. (Hg.), *Recent research on schizophrenia*. APA, 59–68.

Rubinstein, S. L. (1946). *Grundlagen der allgemeinen Psychologie*. Volk & Wissen, 1968.

Sandkühler, H. J. (1970). Psychoanalyse und Marxismus. In: *Psychoanalyse und Marxismus. Dokumentation einer Kontroverse*. Suhrkamp, S. 7–45.

Sandleben, G. (2008). Monetäre Werttheorie als Preistheorie. Geld und Wert bei Michael Heinrich. *Sozialismus 10:* 39–46.

Sandler, J. & Freud, A. (1983). Discussions in the Hampstead index of the ego and the mechanisms of sefense. *J. Amer. Psychoanal. Assoc. 31:* 19–146.

Say, J.-B. (1803). *Traité d'économie politique ou simple exposition dont la manière de se forment, se distribuent et se consomment les richesses. Tome I.* Deterville, 1819. https://books.google.co.uk/books?id=jZBAAAAcAAJ&printsec=frontcover&source =gbsViewAPI&rediresc=y#v=onepage&q&f=false

Schächtele, Ph. (2001). *Todesstrafe.* http://www.airport1.de/fs.php?/aiphilj.htm

Schafer, R. (1990). The search for common ground. *Int. J. Psychoanal. 71:* 49–52.

Schaff, A. (1954). *Zu einigen Fragen der marxistischen Theorie der Wahrheit.* Dietz.

Schalin, L.J. (1995). On autoerotism and object relations in the psycho-sexual development: Some viewpoints on Freud's drive theories. *Scan. Psychoanal. Rev. 18:* 22–40.

Schelsky, H. (1957). *Wandlungen der deutschen Familie in der Gegenwart.* Enke, 1960.

Schiller, H.-E. (2017). *Freud-Kritik von links. Bloch, Fromm, Adorno, Horkheimer, Marcuse.* zu Klampen.

Schlick, M. (1936). Sind Naturgesetze Konventionen? In: *Gesammelte Aufsätze 1926– 1936.* Olms, 1969, 312–322.

Schmidt, A. (1988). Schwierigkeiten einer philosophischen Freud-Rezeption. *Psyche – Z Psychoanal. 42:* 392–405.

Schmidt-Hellerau, C. (2005). We are driven. *Psychoanal. Quart. 74:* 989–1028.

Schneider, Ch. (2011). Die Wunde Freud. In: Klein, R., Kreuzer, J. & Müller-Doohm, S. (Hg.), *Adorno Handbuch.* Springer, 283–295.

Schneider, M. (1973). *Neurose und Klassenkampf. Materialistische Kritik und Versuch einer emanzipativen Neubegründung der Psychoanalyse.* Rowohlt.

Schur, M. (1972). *Freud: Living and dying.* Int. UP.

Sève, L. (1972). *Marxismus und Theorie der Persönlichkeit.* Marxistische Blätter.

Shervin, H. (2003). The consequences of abandoning a comprehensive psychoanalytic theory: Revisiting Rapaport's systematizing attempt. *J. Amer. Psychoanal. Assoc. 51:* 1005–1020.

Simmel, E. (1922). In: (1923). Report of the International Psycho-Analytical Congress in Berlin September 25.–27., 1922. *Bull. Int. Psychoanal. Assoc. 4:* 358–381.

— (1946). Antisemitismus und Massen-Psychopathologie. *Psyche – Z. Psychoanal. 32:* 492–527.

Simpson, R.B. (2003). Introduction to Michel De M'Uzan's »Slaves of quantity«. *Psychoanal. Quart. 72:* 699–709.

Smith, A. (1937). *Der Wohlstand der Nationen.* dtv, 1978.

Sohn-Rethel, A. (1961). Warenform und Denkform. In: *Warenform und Denkform.* EVA, 1971, 101–130.

Spero, M.H. (1978). Samson and Masada: Altruistic suicides reconsidered. *Psychoanal. Rev. 65:* 631–639.

Spiegel-online (2018). http://www.spiegel.de/wirtschaft/soziales/eu-erhebung-millio-nen-menschen-in-deutschland-an-der-armutsgrenze-a-12360 82.html

Stalin, J.W. (1952). Ökonomische Probleme des Sozialismus in der UDSSR. https://ma-oistdazibao.wordpress.com/2018/01/27/zur-politischen-oekonomie-des-sozialis-mus

Steigerwald, W.(1969). *Herbert Marcuses »dritter Weg«.* Pahl-Rugenstein.

Stein, D. (2014). Artensterben. https://www.spiegel.de/wissenschaft/natur/artenster-ben-jaehrlich-verschwinden-58-000-tierarten-a-982906.html

Sterba, R. (1964). Comment on Dr Hacker's paper. *Int. J. Psychoanal. 45:* 444–445.

Stinchcombe, A. L. (1987). *Constructing social theories.* Chicago UP.

Stolorow, R. (1986). Beyond dogma in psychoanalysis. *Prog. Self Psychol. 2:* 41–49.

Sullivan, F. J. (1979). *Freud. Biologie der Seele. Jenseits der psychoanalytischen Legende.* Hohenheim, 1982.

Sullivan, H. S. (1953). *Die interpersonale Theorie der Psychiatrie.* Fischer, 1980.

Takla, T. N. & Pape, W. (1985). The force imagery in Durkheim: The integration of theory, metatheory, and method. *Soc. Theo. 3:* 74–88.

Thomä, H. & Kächele, H. (1988). *Lehrbuch der psychoanalytischen Therapie 2. Praxis.* Springer

Tomberg, F. (1969). *Basis und Uberbau. Sozialphilosophische Studien.* Luchterhand, 1974.

Turner, J. H. (1990). The misuse and use of metatheory. *Soc. Forum 5:* 37–53.

Vaillant, G. E. (1992). The historical origins and future potential of Sigmund Freud's concept of the mechanisms of defence. *Int. Rev. Psychoanal. 19:* 36–50.

Vester, M. (2008). Klasse an sich/für sich. In: Haug, W. F., Haug, F. & Jehle, P. (Hg.), *Historisch-kritisches Wörterbuch des Marxismus.* Argument, 736–775.

Viderman, S. (1974). Interpretation in the analytical space. *Int. Rev. Psychoanal. 1:* 467–480.

Waelder, R. (1956). Freud and the history of science. *J. Amer. Psychoanal. Assoc. 4:* 602–613.

— (1963). *Die Grundlagen der Psychoanalyse.* Klett.

Wallace, E. R. (1983). Freud and anthropology. A history and reappraisal. *Psychol. Iss. Mono. 55.* Int. UP.

— (1989). Toward a phenomenological and minimally theoretical psychoanalysis. *Ann. Psychoanal. 17:* 17–69.

Wallerstein, R. S. (1988). One psychoanalysis or many? *Int. J. Psychoanal. 69:* 5–21.

Wallis, S. E. (2010). Toward a science of metatheory. *Int. Rev. 6:* 73–120.

Weinstein, D., & Weinstein, M. A. (1991). The postmodern discourse of metatheory. In: Ritzer, G. (Hg.), *Metatheorizing.* Sage, 135–150.

Weissman, M. M., Bland, R. C., Canino, G. J., Greenwald, S., Hwu, H. G., Lee, C. K., Newman, S. C., Oakley-Browne, M. A., Rubio-Stipec, M. & Wickramaratne, P. J. (1994). *J. Clin. Psychiat. 55:* 5–10.

Werman, D. S. (1985). Freud's Civilization and its Discontents – A reappraisal. *Psychoanal. Rev. 72:* 239–254.

Wittchen, H. -U. & Jacobi, F. (2012). Was sind die häufigsten psychischen Störungen in Deutschland? Vortrag auf dem DEGS-Symposium am 14.06.2012. http://www.rki.de/DE/Content/Gesundheitsmonitoring/Studien/Degs/degs_w1/Symposium/degs_psychische_stoerungen.pdf?__blob=publicationFile

—, —, Rehm, J., Gustavsson, A., Svensson, M., Jönsson, B., Olesen, J., Allgulander, C., Alonso, J., Faravelli, C., Fratiglioni, L., Jennum, P., Lieb, R., Maercker, A., Os, J. v., Preisig, M., Salvador-Carulla, L., Simon, R. & Steinhausen, H. -C. (2011). The size and burden of mental disorders and other disorders of the brain in Europe 2010. *Eur. Neuropsychopharmacol. 21:* 655–679.

Wright, S. (2005). *Den Himmel stürmen. Eine Theoriegeschichte des Operaismus.* Assoziation A.

Wygotski, L. W. (1926). Die Krise der Psychologie in ihrer historischen Bedeutung. In: Lompscher, J. (Hg.), *Ausgewählte Schriften, Bd. 1.* Lehmanns, 2003, 57–278.

Zepf, S. (1976). *Grundlinien einer materialistischen Theorie psychosomatischer Erkrankung.* Campus.

— (2005). Affekt, Spiel, Sprache – Einige grundsätzliche Überlegungen zur Entwicklung des kindlichen Denkens. *Kinderanal. 13:* 241–275.

— (2006a). *Allgemeine psychoanalytische Neurosenlehre, Psychosomatik und Sozialpsychologie, Bd. I.* Psychosozial-Verl.

— (2006b). *Allgemeine psychoanalytische Neurosenlehre, Psychosomatik und Sozialpsychologie, Bd. 2.* Psychosozial-Verl.

— (2012). Abwehr, Verdrängung und Ersatzbildung – Die Beziehung zwischen Freuds Konzepte neu organisiert. *Forum Psychoanal. 29:* 599–515.

— (2016). Psychoanalytische Behandlungen und empirische Forschung. *Psychoanalyse – Texte zur Sozialforschung 20:* 219–230.

— (2018). Psychoanalysis today – A pseudo-science? A critique of the arbitrary nature of psychoanalytic theories. *Psychodyn. Psychiat. 46:* 113–132.

— & Hartmann, S. (1989). *Psychoanalytische Praxis und Theoriebildung: Verstehen und Begreifen – Eine erkenntniskritische Untersuchung.* Springer.

— & Hartmann, S. (2005). The analyst's »blind spot« and some of its consequences – Seen from a Freudian viewpoint. *Scan. Psychoanal. Rev. 28:* 90–100.

— — & Zepf, F.D. (2007). Some remarks about constructivism in psychoanalysis. *Can. J. Psychoanal. 15:* 3–21.

— & Seel, D. (2015). Penisneid und weiblicher Ödipuskomplex – Ein Plädoyer für die Wiederaufnahme einer wirkungslosen Debatte. *Z. psychoanal. Theo. Prax. 30:* 65–92.

— & — (2016). Freuds Triebtheorie – Aufklärung oder Mystifizierung? *Z. psychoanal. Theo. Prax. 31:* 237–259.

— & — (2019). *Psychoanalyse und politische Ökonomie. Kritik der psychoanalytischen Praxis und Ausbildung.* Psychosozial-Verl.

— & — (2020). *Psychoanalyse und das gesellschaftlich Unbewusste.* Psychosozial-Verl.

— & Zepf, F.D. (2008). The concept of functional pleasure – Should it be abandoned? *Int. Forum Psychoanal. 17:* 148–157.

Zhao, S. (2010). Metatheory [zit. n. Wallis, S. (2010). Toward a science of metatheory. *Int. Rev. 6:* 73–120].

Zick, A., Küpper, B. & Berghan, W. (2019). *Verlorene Mitte – Feindselige Zustände. Rechtsextreme Einstellungen in Deutschland.* Dietz.

Zylka-Menhorn, V. (2011). Psychische Erkrankungen – Eine weltweite »Epidemie«. *Dt. Ärztebl. PP 10:* 510.

Psychosozial-Verlag

Siegfried Zepf, Dietmar Seel

Psychoanalyse und das gesellschaftlich Unbewusste

Eine Entmystifizierung psychoanalytischer Konzepte

2020 · 170 Seiten · Broschur
ISBN 978-3-8379-3046-7

Siegfried Zepf und Dietmar Seel sind sich mit Marx und Engels einig, dass das menschliche Wesen im Ensemble der gesellschaftlichen Verhältnisse zu suchen ist. Sie plädieren dafür, das *gesellschaftlich* Unbewusste, das sich nach Marx und Engels auf gesellschaftliche Prozesse bezieht, vom gesellschaftlichen Unbewussten, wie es sich bei Freud, Fromm und anderen finden lässt, zu differenzieren.

Die Autoren kritisieren das Verständnis psychoanalytischer Konzepte als Metaphern, das sie Freuds Verwendung der Metapher gegenüberstellen. Sie reflektieren die Positionen Fromms, Devereux', Erdheims, Hoppers und Weinsteins, Bourdieus und Blochs hinsichtlich des gesellschaftlich Noch-Nicht-Bewussten und diskutieren schließlich Konsequenzen, die sich aus dem *gesellschaftlich* Unbewussten, wie es im historischen Materialismus verstanden und von Marx und Engels vertreten wird, für die Psychoanalyse ergeben. In diesem Zusammenhang betonen sie, dass es nur so lange gerechtfertigt ist, psychoanalytische Konzepte als Metaphern zu bezeichnen, wie verborgen bleibt, dass sich in diesen Konzepten die gesellschaftlichen Verhältnisse in mystifizierter Form präsentieren.

Walltorstr. 10 · 35390 Gießen · Tel. 0641-969978-18 · Fax 0641-969978-19
bestellung@psychosozial-verlag.de · www.psychosozial-verlag.de

Siegfried Zepf, Dietmar Seel

Psychoanalyse und politische Ökonomie
Kritik der psychoanalytischen Praxis und Ausbildung

2019 · 225 Seiten · Broschur
ISBN 978-3-8379-2873-0

»Truth cannot, even with a pragmatist, be what brings money.«
Sigmund Freud, 1913

Mit dieser Streitschrift untersuchen Siegfried Zepf und Dietmar Seel die psychoanalytische Praxis und die psychoanalytische Ausbildung aus der Perspektive der Marx'schen Warenanalyse. Aus dem Warencharakter psychoanalytischer Dienstleistungen leiten die Autoren ab, dass Psychoanalytikerinnen und Psychoanalytiker als kleinbürgerliches »Mittelding zwischen Kapitalist und Arbeiter« (Marx) aufzufassen sind. Ihr vorrangiges Interesse an der Tauschwertrealisierung ihrer Dienstleistung führt dazu, dass sie auf sozialkritische Fragen verzichten.

Kritisch betrachtet wird auch die zunftartige Organisation psychoanalytischer Ausbildungsinstitute, in denen die Kandidatinnen und Kandidaten nicht mehr in Psychoanalyse ausgebildet werden, sondern in »analytischer Psychotherapie« – der Form, in der sich ihr Tauschwert am besten realisieren lässt. Diese Neuausrichtung der Ausbildung führt dazu, dass die originär psychoanalytische Methode, das eigene Unbewusste als Erkenntnisinstrument zu nutzen, in den Hintergrund rückt und stattdessen eine »déformation professionnelle« erzeugt wird, so die Autoren. Der Tauschwert der Psychoanalyse wird im Einvernehmen mit der vorherrschenden neoliberalen Ideologie realisiert.

Walltorstr. 10 · 35390 Gießen · Tel. 0641-969978-18 · Fax 0641-969978-19
bestellung@psychosozial-verlag.de · www.psychosozial-verlag.de